本书出版受湖北工业大学校级科研项目—博士科研启
对绿色经济效率影响研究（编号：XJ2023006601）资助

乡村振兴

对经济社会高质量发展的
驱动效应及对策研究

鲁邦克 ◎ 著

中国财经出版传媒集团

经济科学出版社
Economic Science Press

·北 京·

图书在版编目（CIP）数据

乡村振兴对经济社会高质量发展的驱动效应及对策研
究/鲁邦克著．--北京：经济科学出版社，2024. 10.
ISBN 978 - 7 - 5218 - 6019 - 1

Ⅰ. F124

中国国家版本馆 CIP 数据核字第 20244967KU 号

责任编辑：顾瑞兰
责任校对：易　超
责任印制：邱　天

乡村振兴对经济社会高质量发展的驱动效应及对策研究
鲁邦克　著
经济科学出版社出版、发行　新华书店经销
社址：北京市海淀区阜成路甲 28 号　邮编：100142
总编部电话：010 - 88191217　发行部电话：010 - 88191522
网址：www. esp. com. cn
电子邮箱：esp@ esp. com. cn
天猫网店：经济科学出版社旗舰店
网址：http：//jjkxcbs. tmall. com
固安华明印业有限公司印装
710 × 1000　16 开　16. 75 印张　230000 字
2024 年 10 月第 1 版　2024 年 10 月第 1 次印刷
ISBN 978 - 7 - 5218 - 6019 - 1　定价：69. 00 元
（图书出现印装问题，本社负责调换。电话：010 - 88191545）
（版权所有　侵权必究　打击盗版　举报热线：010 - 88191661
QQ：2242791300　营销中心电话：010 - 88191537
电子邮箱：dbts@ esp. com. cn）

前　言

2021 年初，我国宣布完成了"脱贫攻坚"任务。当前，党的工作重心由"脱贫攻坚"转移到了"乡村振兴"上。2021 年 3 月，在十三届全国人大四次会议上通过了《中华人民共和国国民经济和社会发展第十四个五年规划和 2035 年远景目标纲要》，其中"坚持农业农村优先发展，全面推进乡村振兴"非常明确地将"乡村振兴"列入了"十四五"规划的重要一环。同时，"十四五"时期以推动高质量发展为主题，通过实施创新、协调、绿色、开放、共享的新发展理念，将深化供给侧结构性改革当作主线，将改革创新当作根本动力，根本目的是要满足人民日益增长的美好生活需要，加快建设现代化经济体系，构建新发展格局，推进国家治理体系和治理能力现代化，为全面建设社会主义现代化国家打好基础。

第 1 章，导论部分介绍了研究背景、理论意义和现实意义，对目前国内外最新有关乡村发展历史，乡村振兴、经济社会高质量发展及其社会网络关系，乡村振兴对经济社会高质量发展影响等的文献进行了梳理和述评。基于以上理论基础，提出了本书的研究内容、研究思路和研究方法。

第 2 章，界定了本书所要研究的乡村振兴和经济社会高质量发展等内容的概念，重点阐述了乡村发展理论，乡村振兴理论和经济社会发展中的经济学原理，乡村振兴与经济社会发展的社会网络关系，乡村振兴驱动经济社会高质量发展机制，乡村振兴与经济社会高质量发展的协调发展机制等理论基础。

第 3 章，通过文本分析与社会网络分析，搜集了政府 2017 年 1 月～2022 年 5 月的政策性文件，从政策性文件中选取关键词绘制词云图。再通过关键词搜集 2010～2022 年以来 CSSCI 中文核心期刊的文献，对所搜集的文献进行关键词、作者信息等统计与分析。最后对文献中出现频率排名前 10 的关键词绘制以乡村振兴与经济社会高质量发展为中心的社会网络图，展开社会网络分析，寻找乡村振兴与经济社会高质量发展的相关关系、研究热点和提升路径。

第 4 章与第 5 章，首先建立了乡村振兴与经济社会高质量发展的指标体系，再分别通过宏观数据测度了我国 2010～2021 年的乡村振兴与经济社会高质量发展水平。通过对不同区域的乡村振兴与经济社会高质量发展水平的测度来衡量我国不同区域的发展情况。最后，在此基础上利用 Dagum 基尼系数、Kernel 核密度以及 Markov 链等方法测度了乡村振兴和高质量发展的发展程度、全国发展情况分布和发展状态的转移概率等。

第 6 章，首先研究了乡村振兴以及所选取的外商投资、财政分权度、科技创新投入、城市化水平、金融发展水平、地方公共财政收入几个控制变量对经济社会高质量发展的作用机制成因，并且完成了乡村振兴对经济社会高质量发展驱动作用的模型构建，进行了描述性统计和固定效应回归分析，以及内生性、稳健性和异质性检验。

第 7 章，首先加入了空间影响因素，通过引入空间邻接矩阵和空间经济距离矩阵再构建空间杜宾模型进行空间计量分析，然后利用空间溢出效应分解分析一个地区的经济社会高质量发展受到这些变量的直接影响或者间接影响的显著程度。

第 8 章，首先明确了乡村振兴与经济社会高质量发展的耦合协调关系是交叉重叠模型。在对乡村振兴与经济社会高质量发展测度的基础上，建立了耦合协调模型并进行了耦合度与协调度的等级划分。其次对全国整体、六大地区和各个省市的乡村振兴与高质量发展的耦合度和协调度情况进行了测度以及区域之间的对比。最后测度了协调度的空间状态转移矩阵和时序演进，并且对二者之间协调发展的未来走向进行了预测。

通过以上研究分析，得到了以下主要结论。

（1）乡村振兴推动经济社会高质量发展的内在逻辑在于建立返贫的事前干预机制，构建返贫预警机制，能够有效解决乡村返贫问题；通过发展乡村产业促进乡村经济发展，使乡村的薄弱环节得到根本改善；利用乡村数字化赋能乡村振兴，推动城乡机会均等化；推动城镇化能给乡村带来经济增长，助力城乡经济平衡；支持乡村绿色发展，守住绿水青山，就是守住金山银山。这些方面使得经济社会发展最薄弱的农村地区有了新的动力，有力推动了经济社会高质量发展。因此，乡村振兴与经济社会高质量发展提升的最佳路径分别为：针对乡村振兴有农业经济、农业现代化技术、乡村的经济结构转型、乡村数字化、城市带动乡村经济发展等；针对经济社会高质量发展主要有科技创新发展、数字经济、供给侧结构性改革等。2010 年以来文献研究的热点主要有"乡村振兴""乡村治理""新时代""绿色发展""城镇化"等。2010～2017 年，突现词有"农民收入""农业经济""农业""土地经济"，表明农民收入对农业经济的稳定性很强。对于经济社会高质量发展，提升的路径主要在科技创新发展、数字经济、供给侧结构性改革等方面。

（2）我国乡村振兴和经济社会高质量发展实施的效果显著。乡村振兴发展水平的地区间差距是造成我国乡村振兴发展水平总体差距的主要因素。全国乡村振兴发展水平整体趋势是越来越均衡，东部、中部和西部地区的差距也在不断缩小。各省市维持本身乡村振兴发展水平等级的概率最高，乡村振兴发展水平在空间上有集聚的特征，相邻省市的发展水平等级会对该省市乡村振兴水平状态转移产生影响，等级最高省市的乡村振兴发展水平不受任何相邻省市的影响；传统的经济强省（市）如北京、上海、广东和江苏等在高质量发展上保持强劲的势头。东部和西部地区的经济社会高质量发展有明显的进展，而中部地区的经济发展较一般，受到的扶持相对较少，高新产业发展还处于起步阶段。经济社会高质量发展水平的地区间差异是造成我国经济社会高质量发展水平总体差距的主要因素，且总体发展水平在波动中呈下降趋势。各省市维持本身高质量发展水平等级的概率最高，经济社会高质量发展水平在空间上有集聚的特征，相邻省市的发展水平会对该省市高质量发展水平变化产生影响，高质量发展水平较低的省市向更高等级发展水平的省市发生转移的概率增大。

（3）乡村振兴、科技创新 R&D 和金融发展水平能驱动经济社会高质量发展。乡村振兴、科技创新 R&D 和金融发展水平能推进经济社会高质量发展且有正向作用。且农业大省的乡村振兴发展对其经济社会高质量发展有明显的异质性作用，即有加强的驱动作用。加入空间因素，对于乡村振兴来说，相邻地区或者经济距离邻近的地区有显著的空间溢出效应。加强空间上相邻地区的乡村振兴发展水平、城市化水平、科技创新 R&D、地方公共财政收入、金融发展水平、财政分权度和外商投资对本省份经济社会高质量发展的促进作用显著；加强经济相近水平地区的乡村振兴发展水平、科技创新 R&D 发展水平对经济社会高质量发展有显著影响。

（4）乡村振兴与经济社会高质量发展的契合度高，而协调度较一般，二者各个要素之间的协调状况还需加强。乡村振兴战略的提出使中国城乡经济关系逐步向新发展阶段靠近，也能在新格局中起到一定效果；使城乡经济循环更通畅，与经济社会高质量发展呈现出高水平耦合，是新发展格局在"三农"问题中的关键所在，对全面推进乡村振兴战略与整体经济社会高质量发展等有重要且深远的意义。我国协调度值一直处于中度耦合协调的区间，说明乡村振兴与经济社会高质量发展的协调发展状况总体还在寻求共同发展的模式。我国乡村振兴战略与经济社会高质量发展的协调度水平总体上会受到邻域省市协调度的影响，但是高等级协调度的省区市由于自身的乡村振兴战略和经济社会高质量发展战略实施的情况很好，相邻省区市对其影响并不大。

与已有文献对比，本书主要贡献（创新点）体现在以下几个方面。

（1）通过最新文献进行了乡村振兴与经济社会高质量发展的文本分析，并且提出了新的乡村振兴与经济社会高质量发展新的内在逻辑关系。即通过乡村振兴使得城乡差距得到有效的缓解，机会更加均等化，从而促进共同富裕，有效刻画了二者排名前 10 位关键词的新的社会网络结构图，识别了不同关键词对网络信息传播的贡献程度，描绘了社会网络中各个中心词的新信息环境特征，并且探究了当下对二者的研究热点和相关关系。

（2）本书从综合政策文件和最新文献视角分别构建了乡村振兴与经济社会高质量发展的指标体系。由于结合了政策和最新研究，该指标体系的科学性、严谨性相较当前国内文献的乡村振兴与经济社会高质量发展有明显创新，例如，乡村振兴中选入了"农村九年义务教育巩固率"等有关教育的创新性指标，经济社会高质量发展中选入了"城镇居民最低生活保障人数"等有关安全保障的新指标。

（3）本书提出了新指标下测度的乡村振兴对经济社会高质量发展的空间溢出效应影响的假设并进行了检验。创新性地结合了国外核心期刊的乡村发展与经济高速、高质量发展的研究成果所得到的相关因素，使所选择的控制变量更加合理且有充分的理论，例如，选入了 FDI、金融发展水平、外商投资等变量，加入空间矩阵后对比了东部、中部和西部地区不同的空间溢出效应。

（4）本书提出了乡村振兴与经济社会高质量发展之间协调发展的研究思路。新建立了用于评价乡村振兴与经济社会高质量发展的耦合协调度评价等级，通过研究两个国家大方向的发展战略在实施过程中相互促进的情况，从两个战略协调发展的角度构建了一个新的研究课题，具有探索性。

本专著依托单位：湖北工业大学湖北工业数字经济发展研究中心。

鲁邦克

2024 年 4 月

目　录

第1章 导论

1.1 选题背景及意义

1.1.1 研究背景

国际上，发达国家和地区普遍重视乡村建设和城乡一体化发展，在可持续发展理念的引导下，通过建立健全法律法规和保障制度体系，加快农业农村现代化进程，因地制宜发展特色产业，形成了各具特色的乡村发展道路，有效解决了工农发展不平衡、城乡差距过大等问题。例如，日本的"造村运动"，主要通过政府扶持和"农协"引导，发展农业产业化和农村城镇化；韩国"新村运动"，以美化环境和农村改造建设、教育培训与激励机制结合为着力点；德国的"村庄更新"，侧重乡村规划和布局，强调发展可持续的现代特色农业；荷兰的"土地整理"，强调统一规划土地整理、土地复垦和水资源管理，扩大农地面积，优化产业结构。目前，在欧美发达国家，一些环境优美的乡村已经成为现代生活的标志和象征，生活品质也远高于城市，成为民众休闲休憩的重要区域，一些乡村庄园甚至成为接待外国元首的外交场所。乡村的振兴正从各个角度影响着各国的高质量发展，并且在未来会为高质量发展作出更多的贡献。

不同国家、不同地区的乡村发展和建设道路也存在较大差异。我国人口众多、经济发展不平衡，农业基础差、农村底子薄、农民竞争力弱，实施乡村振兴战略，不能照搬发达国家和地区完全依赖政府强大财政供给的路子，同时，也应尽量避免部分拉美国家城市贫困和农村衰败并存的"陷阱"局面，必须把乡村振兴作为新时期"三农"工作的总抓手，牢牢把握农业农村发展的阶段性特征，科学制定符合现实国情农情的乡村振兴战略规划，稳步推进农业农村现代化，让亿万农民早日过上更加幸福美好的新生活。

1.1.1.1 后扶贫时代，"乡村振兴"成为"十四五"规划中的重要一环

2021年初，在党的领导下我国完成了"脱贫攻坚"任务，消除了我国的长期贫困户。政府工作重心由"脱贫攻坚"转移到了"乡村振兴"上，2021年3月，在十三届全国人大四次会议上通过了《中华人民共和国国民经济和社会发展第十四个五年规划和2035年远景目标纲要》（以下简称"十四五"规划），其中，第七篇"坚持农业农村优先发展，全面推进乡村振兴"非常明确地将"乡村振兴"列入了"十四五"规划的重要一环。

"十四五"规划中，从四个方面叙述了乡村振兴的推进方式，一是提高农业质量效益和竞争力；二是实施乡村建设行动；三是健全城乡融合发展体制机制；四是实现巩固拓展脱贫攻坚成果同乡村振兴有效衔接。

首先，提高农业质量效益和竞争力。不断强化农业基础地位，深化农业供给侧结构性改革，强化质量导向，推进乡村产业振兴。其次，开展乡村建设行动。将乡村建设放在社会主义现代化建设的重要位置，优化生产活动生态空间，持续改善村容村貌和人居环境，建设美丽宜居乡村。再次，健全城乡融合发展体制机制。建立健全城乡要素平等交换、双向流动政策体系，促进要素更多向乡村流动，增强农业农村发展活力。最后，实现巩固拓展脱贫攻坚成果同乡村振兴有效衔接。建立健全农村低收入人口和欠发达地区帮扶机制，保持主要帮扶政策和财政投入力度总体稳定，继续推进脱贫地区发展。

1.1.1.2 从"脱贫攻坚"到"乡村振兴"

2013年11月，中共中央办公厅、国务院办公厅印发《关于创新机制扎实推进农村扶贫开发工作的意见》，国务院扶贫办等印发《建立精准

扶贫工作机制实施方案》《扶贫开发建档立卡工作方案》，对精准扶贫工作模式的顶层设计、总体布局和工作机制等方面做了详尽规制。2015 年11 月，中央发布了《中共中央 国务院关于打赢脱贫攻坚战的决定》，强调要消除贫困、改善民生，逐步实现共同富裕，这也宣告着全国的脱贫攻坚战正式开始。

　　脱贫攻坚战中，通过党的引领和全国各族人民的努力，开创了改革开放后减贫治理的中国案例。摆脱贫困一直是困扰全球发展和治理的突出难题，以我国现行标准，共 7.7 亿农村人口脱贫。2013 ~ 2020 年，中央、省、市、县财政专项扶贫资金累计投入近 1.6 万亿元，其中中央财政累计投入 6 601 亿元。打响脱贫攻坚战以来，土地增减指标跨省域调剂和省域内流转资金 4 400 多亿元，扶贫小额信贷累计发放 7 100 多亿元，扶贫再贷款累计发放 6 688 亿元，金融精准扶贫贷款发放 9.2 万亿元，东部 9 省市共向扶贫协作地区投入财政援助和社会帮扶资金 1 005 多亿元，东部地区企业向扶贫协作地区累计投资 1 万多亿元等。真金白银的投入，为打赢脱贫攻坚战提供了强大资金保障①。

　　脱贫攻坚战与乡村振兴的衔接中，党中央明确要把握的五个关键方面。一是分类优化调整，保持主要帮扶政策总体稳定。我国在过渡期内提出了"保持主要帮扶政策总体稳定""四个不摘"的要求。因此，在衔接过程中，要以政策稳定为主，不能进行大刀阔斧的变动。在风险评判与衔接应对的基础上，分类确定需要退出的、接续的以及调整的政策，加强脱贫攻坚、农村综合改革与乡村振兴的政策统筹，研究现行倾斜性支持政策的延续时限与退出办法，促进超常规政策向常规性、普惠性转变，进一步增强对农村低收入人口与欠发达地区的政策支持力度。二是明确责任分工，体制机制的延续与创新并存。脱贫攻坚侧重于福利性和特惠性保障，乡村振兴更加关注持续性和普惠性发展，脱贫攻坚形成的工作机制可以为乡村振兴提供有益借鉴，但由于战略目标与覆盖人群的差异也需要在借鉴中进行创新。三是做强优势产业，扩大产业联结的利益群体。从产业扶贫

---

　　① 数据来源：习近平总书记 2021 年 2 月 25 日《在全国脱贫攻坚总结表彰大会上的讲话》。

转向产业兴旺的发展阶段，可以从产业发展上积极培育特色主导产业，推动产业优化升级以及积极培育新型经营主体。四是坚持党建引领，激发乡村发展的人才活力。巩固拓展脱贫攻坚成果与乡村振兴有效衔接，要继续发挥基层党组织的引领作用，实行定点联系帮扶。五是注重两个差异，遵循事物发展的基本规律。从人群差异看，脱贫人口中具有劳动能力的人群，在脱贫攻坚产业或就业帮扶的基础上，可以利用乡村振兴的发展举措助力进一步发展；对于脱贫人口中丧失劳动能力的人群，在乡村振兴中要继续进行兜底保障；对于贫困边缘人口与农村低收入人口，在乡村振兴中应予以重点帮扶，避免陷入贫困与产生"悬崖效应"。

1.1.1.3 面对百年未有之大变局国家高质量发展的新要求

"十四五"时期，中国将坚定不移地贯彻创新、协调、绿色、开放、共享的新发展理念，坚持稳中求进工作总基调，以深化供给侧结构性改革为主线，以改革创新为根本动力，以满足人民日益增长的美好生活需要为根本目的，加快建设现代化经济体系，加快构建以国内大循环为主、国内国际双循环相互促进的新发展格局，推进国家治理体系和治理能力现代化，为全面建设社会主义现代化国家打好基础。其中，高质量发展过程中要遵守的原则有五点：一是坚持党的全面领导；二是坚持以人民为中心；三是坚持新发展理念；四是坚持深化改革开放；五是坚持系统观念。

2017 年，中国共产党首次提出"高质量发展"的表述，即中国经济由高速增长阶段转向高质量发展阶段。党的十九大报告中提出"建立健全绿色低碳循环发展的经济体系"为高质量发展指明了方向，同时也提出了一个极为重要的时代课题。高质量发展根本在于经济的活力、创新力和竞争力。而经济发展的活力、创新力和竞争力都与绿色发展紧密相连，密不可分。离开绿色发展，经济发展便因丧失了活水源头而失去了活力；离开绿色发展，经济发展的创新力和竞争力也就失去了根基和依托。绿色发展是我国经济由高速增长阶段转向高质量发展阶段的重要标志。

2018 年 3 月 5 日，十三届全国人大一次会议开幕，2018 年国务院政府工作报告提出，按照高质量发展的要求，统筹推进"五位一体"总体布局和"四个全面"战略布局，坚持以供给侧结构性改革为主线，统筹推进稳增长、促改革、调结构、惠民生、防风险各项工作。

2020 年 10 月，党的十九届五中全会提出，"十四五"时期经济社会发展要以推动高质量发展为主题，以深化供给侧结构性改革为主线，推动质量变革、效率变革、动力变革，使发展成果更好地惠及全体人民，不断实现人民对美好生活的向往。

2021 年，国务院政府工作报告中提到"十四五"时期是开启全面建设社会主义现代化国家新征程的第一个五年，准确把握新发展阶段，深入贯彻新发展理念，加快构建新发展格局，推动高质量发展，为全面建设社会主义现代化国家开好局起好步。2021 年 3 月，《关于新时代推动中部地区高质量发展的指导意见》出台。随着我国不断出台的政策，未来会越来越利于高质量发展。

1.1.2　研究意义

脱贫攻坚战的全面胜利，标志着"两个一百年"奋斗目标的第一个百年奋斗目标已经完成，为乡村振兴战略打下了坚实的基础。2020 年，国家提出，要走中国特色社会主义乡村振兴道路，全面实施乡村振兴战略，将乡村建设摆在社会主义现代化建设的重要位置，实施乡村建设行动，加快农业农村现代化；同时，我国高质量发展进入了新阶段，发展必须坚持新的发展理念，要努力提高高质量发展水平。

1.1.2.1　理论意义

（1）对近年来的政策性文件进行关键词的提取，通过关键词选取中文核心期刊的文献，再对文献中的关键词频率进行社会网络分析，更直观地展现出乡村振兴与经济社会高质量发展的相关关系、研究热点和提升路径。

（2）本书理论上构建了乡村振兴评价指标体系，丰富了乡村振兴评价的理论体系，对全国各省市乡村振兴的发展水平进行了多角度和多层次的深度研究，给"后脱贫"时期乡村振兴战略提供了理论体系支撑。

（3）本书理论上构建了经济社会高质量发展评价指标体系，丰富了高质量发展理论体系。

（4）本书构建了经济社会高质量发展的基础计量回归模型，研究回归模型验证所选择的变量对经济社会高质量发展的影响是否显著，在理论上丰富了经济社会高质量发展的影响因素。

（5）本书在构建计量模型时，引入虚拟变量，分析了农业大省和非农业大省乡村振兴发展水平对社会经济高质量发展具有不同的影响，丰富了乡村振兴理论。

1.1.2.2 现实意义

从后疫情时代开始，随着脱贫攻坚战的胜利，乡村振兴战略开始全面推进。

（1）对乡村振兴和高质量发展的新闻、文献等进行收集并且对其进行文本、情感分析，找出在"十四五"规划中的关键词，让决策者了解社交媒体对乡村振兴和高质量发展的关注点和期待点。并且对提升二者的路径进行研究，从理论、检验和测度中找到我国区域和各省市在乡村振兴和高质量发展的最优模式，为决策者提供了有力的依据。

（2）对乡村振兴的发展水平进行测度，可以让决策者了解当前乡村振兴发展的进度，从而及时调整各区域之间的发展水平，协调发展，更好推进乡村振兴战略。

（3）对全国各省市进行高质量发展的水平测度，对各地政府了解当前全国各省市的高质量发展水平有极大帮助，找准自己当前的定位，给决策者作为决策参考，及时调整高质量发展的战略。

（4）对经济社会高质量发展影响因素的研究，能够在有数据、模型的支撑下，给相关部门提供理论支持，让其在对经济社会高质量发展有显著影响的变量上加大投入。

（5）通过空间计量模型，能够在有数据、模型的支撑下，给相关部门提供理论支持，让各省区市乡村发展间互相支持，共同让经济社会高质量发展得更好。

1.2　国内外研究现状与文献述评

1.2.1　乡村振兴的相关研究

1.2.1.1　国内外乡村振兴的相关理论研究

国外对乡村振兴的研究可以追溯到 20 世纪中期，许多经济学家开始对轻农业重工业的思想进行反思，乡村振兴的星星之火被点燃。西奥多·舒尔茨（Schultz W T，1962）认为只要把增加生产的经济基础作为一门艺术，那么实现农业生产增加的经济政策就是可行的，政府应该加大对农业改革的投资来刺激农业的发展壮大。约翰·莱特（Knight J，1994）在 20世纪 80 年代调查了日本乡村振兴运动，调查发现，在政府的鼓励下，许多外出人口返乡参与了乡村振兴运动，这些外出返乡人员给家乡带回来的不仅是人力，而是更加先进的教育和丰富的工作经验，从思想上改变了日本乡村的发展理念。因此，经验、知识和身份都是日本 80 年代乡村振兴必不可少的。长田（Nagatada T，2010）研究了向日葵作为外来物种被引入以改善乡村景观的乡村空间的商品化过程，向日葵既不是日本本土的，也不是日本后生产主义农业的经济作物，充分说明提升乡村自然景观的美和多样性，对乡村旅游的经济影响是巨大的。格拉德温（Gladwin C H，2014）研究了美国乡村企业对于乡村振兴的关键作用，乡村企业可以利用好农村地区的劳动力和资源管理，提升当地的就业率，利用当地资源生产产品外销，让其经济发展的潜力得到激发。鬼塚和星野（Onitsuka K & Hoshino S，2018）通过研究日本京都府农村领导人和关键人物的领导力对农村社交网络的促进作用，揭示了在乡村振兴战略发展时，人们需要用面对面会议和电话交谈等方式进行交流，这比电子邮件和社交网络更直接，更有利于信息的传递和有效工作。麦奎尔、龙格和雪莉（McGuire R，Longo A & Sherry E，2022）研究了北爱尔兰的一个"聪明"农村发展项目，作者通过随机效应的二元 logit 模型来研究社会经济特征以及不同的农村政策如何影响人们的健康和社会隔离，同时衡量英国国家资助的农村发展举措的影响，扩展了对有助于解决农村贫困和社会隔离问题的农村政策的评估。

2017 年 10 月 18 日，习近平同志在党的十九大报告中首次提出"实施乡村振兴战略"。刘合光（2018）通过不同主体的功能效用研究发现，乡村振兴战略必须要激发乡村振兴主体的积极性，并且需要各个参与主体的协同作用。刘彦随（2018）研究了当前城乡融合与乡村振兴科学途径及前沿领域，认为城乡融合和乡村振兴的对象是一个整体的系统，本质是一个系统性可持续发展的问题，也是经济社会发展的基础，推进乡村振兴应着眼于乡村地域系统的复杂性、综合性和动态性。黄祖辉（2018）认为，首先要把握好乡村振兴战略和城市化战略之间的关系，其次是把握好"二十字"方针的科学内涵和协调好乡村振兴的实际实施的方式，最后要从新型城镇化战略和城乡差异化的实际出发。王景新和支晓娟（2018）通过森林特色小镇等案例分析认为，乡村振兴应该拓展到地域空间内第一、第二、第三产业的融合发展，由农村现代化推向特色小镇和美丽乡村同步规划建设阶段。唐任伍（2018）从理论上说明要深化农村体制改革和创新，运用现代科学技术加速推进农业的现代化进程，要同步乡村治理体系和治理能力现代化的进度。陈龙（2018）研究认为，乡村振兴的主要原则是生态立本、文化传承、创新驱动、改革引领、系统思维，核心路径是实施城镇化同推进战略、乡村土地改革、乡村治理改革战略、乡村教育振兴、产业振兴和文化振兴战略"六位一体"。黄鑫权（2020）基于马克思主义乡村发展思想的角度，回顾了乡村发展是中华民族近代以来的历史性课题和改革开放后乡村落后局面的现实，认为乡村振兴的根本目的是人的全面发展，而人的发展有助于实现乡村振兴，二者相辅相成。邵晓翀和杜尔玓（2021）基于新发展格局，研究了金融在乡村振兴中发挥的重要作用。金融助力乡村振兴，具有农村金融机构数量快速增加、金融组织体系日趋完善、涉农贷款稳步增长、数字金融逐步推进、金融服务质量持续提升等重要现实基础。夏延芳和王国勇（2022）在探讨脱贫攻坚与乡村振兴衔接的过程中，认为社会质量理论与后脱贫攻坚时代的乡村振兴存在多维契合，并为诠释脱贫攻坚与乡村振兴的有机衔接提供了新的理论分析视角。

综合国内外的乡村振兴政策发展历程的不同解读和 2020 年全面脱贫后我国出台的省市级 5 年期的乡村振兴规划,乡村振兴进入了实施阶段最关键、最有效的 4 种推进模式:"政产学研商"协作建设"乡村振兴试验示范区"模式、镇村统筹联动振兴模式、常态化精准有效帮扶困难村模式和新型乡村集体组织振兴模式①。

1.2.1.2　乡村振兴的现状及未来发展的相关研究

(1) 乡村振兴现状的相关研究。叶超和高洋(2019)的研究表明,中国在改革开放前,总体上保持"农村支持城市,农业支持工业"城乡二元结构的乡村与城镇发展形势。改革开放后城乡融合发展是主要战略,近年来已经上升为国家层面的战略并出台了相关政策。现代乡村治理体系是推动城乡融合发展和乡村振兴的重要内容,需要解决乡村空间利用过程中出现的空间受限、权属关系不明和组织体系不畅等系统性问题,是乡村空间治理的首要任务②。吕宾(2019)认为,在城镇化、市场化和现代化的进程中,乡村文化面临城市文化的冲击,显示出衰落的势头,不论从历史还是现实与未来的视角考虑,乡村文化有重塑的必要性。吴九兴与黄贤金(2020)通过对中国当前乡村振兴发展现状诊断与空间分异格局的实证分析,认为我国当前乡村振兴的现状存在如下情况:一是我国乡村发展的空间分异格局反映了我国存在着东部、中部、西部、北部地区的经济社会发展不均衡的现状,且乡村发展的着力点应该在我国的中部、西部和北部地区;二是耕地面积通过粮食生产力影响着乡村振兴,村庄垃圾有效处理率和森林覆盖率通过对人居环境的作用最终改变乡村振兴的生态宜居指数;三是多数地级行政区的恩格尔系数达到富裕水平,但是少数地级行政区的恩格尔系数偏高,反映地区之间的恩格尔系数差别较大;四是农村居民可支配收入和城乡居民可支配收入比表明城乡发展差距普遍较大会直接影响

<hr/>

① 于战平,李春杰.深刻认识国内外经验,创新中国乡村振兴模式 [J].江苏农业科学,2021,49 (05):1-6.

② 戈大专,龙花楼.论乡村空间治理与城乡融合发展 [J].地理学报,2020,75 (06):1272-1286.

城乡融合发展；五是乡村振兴发展的空间分异格局体现了与胡焕庸线①、胡焕庸亚线在经济、人口和资本等方面的分布格局上的一致性特征。周苗苗、廖和平和李涛（2022）以重庆为例，测度了城口县的乡村发展现状及空间格局特征可视化分析等，研究发现乡村发展水平差距相对小的行政村分布较集聚。要充分考虑乡村发展水平，因地制宜发展乡村产业，制定政策吸纳人才和劳动力，加强投入提升基础设施和公共服务水平，逐步推进城乡融合发展，保障乡村振兴战略有序平稳进行。

（2）乡村振兴未来发展的相关研究。胡月和田志宏（2019）认为，中国可以从美国的乡村发展政策中汲取经验并运用到自己的乡村发展上。1936 年美国实施了《农村电气化法》，其中政策经历了以农业生产为重点慢慢演变为基础设施的改善，开始从改善乡村的贫困状况，最后发展到"授人以渔"的乡村自我发展的多元化发展路径，有着明显的阶段性特点。美国的乡村振兴中政府起到了主导作用，利用农业上立法、建立管理制度体系和社会资本资助的形式促进城乡一体化进程。

结合美国乡村发展历史和我国乡村发展现状，下一阶段要解决乡村空间治理和乡村文化重塑的问题，可以从理论、国际和历史这几个角度切入。农业的充分发展是国民经济增长的基础，多功能农业为基础的乡村发展是国际主流，乡村发展要考虑到当地的要素与外部动力。乡村振兴战略在发展农业农村和引入非农业产业发展的基础上，要清晰地认识到解决好乡村振兴与新型城镇化、乡村农业与非农产业、传统农业与特色农业三个关系，突出农业的基础地位，补足农业现代化短板，保障粮食安全和农产品有效供给。按照城乡居民实际需求，农业是发展乡村的基础，让农民充分参与并从新产业新业态中得到收益，支撑乡村振兴的目标②。王宁（2018）研究发现我国当前的乡村文化建设有显著的成果，未来发展的态势良好，他以浙江农村文化礼堂的实际乡村文化发展为例，充分说明了在

---

① 胡焕庸线：中国地理学家胡焕庸（1901－1998）在 1935 年提出的划分我国人口密度的对比线，最初称"瑷珲—腾冲—线"，后因地名变迁，先后改称"爱辉—腾冲—线""黑河—腾冲—线"。
② 陈秧分，王国刚，孙炜琳. 乡村振兴战略中的农业地位与农业发展［J］. 农业经济问题，2018（1）：20－26.

社会主义核心价值观的引领下，要吸收好现代文明养分和本地的农村优秀传统文化，体现当地农村本来的乡土气息和乡村原貌，增强文化自信，持续加强乡村文化的创造性和创新性，坚持人与自然和谐共处的生态观，丰富美丽乡村的内涵。

1.2.1.3　乡村振兴发展测度的相关研究

（1）乡村振兴整体发展测度的相关研究。张挺、李闵榕和徐艳梅（2018）从产业兴旺、生态宜居、乡风文明、治理有效、生活富裕 5 个方面，选择了 44 个四级指标和 15 个三级指标，建立了乡村振兴的评价体系。通过运用熵权法和层次分析法结合的综合权重，计算出各个地区的乡村振兴发展指数得分，从而判断此地区乡村振兴发展的水平。韦家华和连漪（2018）对乡村振兴相关文献进行了梳理，对构建乡村振兴评价指标体系的重要现实意义进行了论述，并从"产业兴旺、生态宜居、乡风文明、治理有效以及生活富裕"角度创立了乡村振兴评价指标体系，对具体的乡村振兴评价案例进行了剖析，并提出了政策建议。杨琴（2020）针对乡村振兴旅游业进行了研究，论文通过"人民福祉""可持续发展""创新驱动"和"协调发展"四个方面来测度乡村旅游业高质量发展的情况，作者发现微观主体合作协调是乡村旅游业高质量发展的基础，核心是旅游资源特色和有效投资两变量的博弈均衡关系，而全要素生产率是经济增长方式的基础。

由文献可知，很多研究者都以"十四五"规划与《中华人民共和国乡村振兴促进法》（以下简称《乡村振兴促进法》）中国家对促进乡村振兴的总要求为基础，即以《乡村振兴促进法》中提到的产业兴旺、生态宜居、乡风文明、治理有效与生活富裕 5 个方面为基础，继而再建立二级和三级指标测度乡村振兴的整体发展水平。

（2）乡村振兴背景下城乡融合水平测度的相关研究。城乡融合水平是乡村振兴发展中不可忽略的要素，以城市的经济社会发展带动乡村发展，能渐渐带动乡村经济和收入的提升，因此对城乡融合水平的测度也是许多学者研究的方向。

刘明辉和卢飞（2019）认为城乡的要素市场改革是改变城市和乡村之间的必要选项，它也影响着城乡融合发展的提升，利用 2000～2015 年我国省级面板数据，分别测度出城乡要素错配程度和城乡融合发展水平，得出了农业部门的要素错配状态完善是城乡融合发展的关键动力，非农部门的要素错配恶化阻碍了城乡融合发展的重要制约因素，城乡要素错配严重制约了城乡融合发展的结论。周佳宁、秦富仓和刘佳等（2019）通过空间面板数据的模型对1999～2016年的全国各省份城乡融合水平进行时空演变特征研究，发现在高质量发展下，城乡融合不是单一的，而是"人口—空间—经济—社会—环境"多维度上的结合。改善财政支出的结构，升级资本配置效率，优化财政支出的配置，并利用金融"开源"和"增效"的特性，借产业结构高度化对劳动就业的"吸纳效应"，警惕"就业破坏"效应等，是城乡融合持续健康发展的有效举措。

长江、黄河流域经济带是中国最大的两条经济带，也是未来城乡融合发展的重点，相关研究结论如下：谢守红、周芳冰和吴天灵等（2020）通过全局主成分分析法对长三角地区26市的城乡融合发展水平进行测度，研究表明城乡融合高的地区集中在长三角的东部、中部地区，例如，苏州、南京和上海等地，以这些地区为中心点，城乡融合度指数向北、向西、向南三个方向均在减少，即长三角城乡融合发展在空间上具有显著的正相关性，且富有集聚特征。张爱婷、周俊艳和张璐等（2022）对黄河流域的城乡融合现状进行了研究，发现当前的黄河流域城乡融合发展处于乡村振兴背景下的新阶段。作者以城乡融合协调发展为目标层，从城市发展、乡村发展、城乡融合三个维度构建指标体系，测度黄河流域城乡发展的协调度及城乡融合发展水平。结果表明，其8个省份中，有6个省份城乡融合发展的耦合度均高于全国平均水平，城镇与乡村发展水平关联程度较高；黄河流域城乡发展协调性各省份表现各异，只有3个省份高于全国平均水平，其中山东城乡发展协调性最高；黄河流域8个省份的城乡融合度均低于全国平均水平，其中山西城乡融合度最低。进一步分析制约黄河流域城乡融合协调发展的因素，发现自然条件、产业结构层次、信息技术的使用水平、研发投入水平、基础设施等是主要的制约因素，研发投入水平整体较低，部分省份不到全国平均水平的20%。

（3）乡村振兴背景下农村普惠金融测度的相关研究。就普惠金融而言，小微企业、农民、城镇低收入人群、贫困人群和残疾人等特殊群体是我国普惠金融重点服务对象。近年来，多次与普惠金融相关的金融危机让大家意识到，发展普惠金融亟须成熟的理论框架来引导。星焱（2016）总结了普惠金融施行后带来的基本经济效应同其包容性经济增长之间的理论逻辑，构建了一个能够测度金融发展是否平衡的普惠金融公平系数。郭峰、王靖和王芳等（2020）利用一家代表性数字金融机构数以亿计的微观数据，制作了2011～2018年包含了内地31个省、337个地级以上城市和约2800个县域的"北京大学数字普惠金融指数"。该指数刻画了国内不同地区数字普惠金融的发展趋势，发现数字普惠金融全国范围地区收敛较强，也展现了很强的空间集聚性和异质性。

农村的普惠金融发展对乡村振兴有着关键的帮助，因此，许多学者对农村当前的普惠金融发展状况进行了测度。傅秋子和黄益平（2018）研究发现农村地区金融发展受到数字金融发展影响较大，对未来政策的调整有参考价值。刘锦怡和刘纯阳（2020）研究发现：数字普惠金融不仅能够促进互联网信贷和互联网保险发展，从而促进农村经济发展，同时可以使农村地区的就业率上升，促进收入的增长；考察期内，直接增加贫困农户金融可得性的机制效果总体优于瞄准当地经济和产业发展为贫困农户带来经济机会的机制效果。张龙耀和邢朝辉（2021）通过2014～2018年县域级别数据研究发现，5年中全国农村整体数字普惠金融水平上升趋势明显，平衡性得到改善，后期存在微弱离散态势。我国农村整体差异有着明显收敛趋势，经济、传统金融等因素在数字金融发展过程中同样发挥了关键作用。

（4）乡村振兴其他方面测度的相关研究。除了对整体乡村振兴、城乡融合发展与农村普惠金融的测度外，研究者对乡村振兴的其他方面也有一定的测度。

数字农业的发展是支撑我国农业农村现代化的现实基础，同时也是乡村全面振兴的重要途径。张鸿、王浩然和李哲（2021）对数字农业高质量发展进行了研究，用2015～2019年5年的数据测度了31个省份的数字农业发展情况，得到了全国的数字农业发展情况，整体在不断提升且各自之间差距明显，西部地区的省份处于中等以下水平，与平均水平相比存在差距。

职业教育对乡村振兴也有一定贡献，其可以通过构建乡村振兴发展指数，利用柯布—道格拉斯生产函数测度职业教育对乡村振兴的贡献率。研究发现职业教育对乡村振兴的贡献率为 16.19%。职业教育对乡村振兴的影响有着地域差异，东部地区最优，中部地区较弱；乡村振兴速度与职业教育贡献率有显著差异，东部地区乡村振兴进入集约化发展阶段①。

另外，乡村文化、乡村旅游、农村金融效率、农业现代化等都有一定的测度研究。

综上所述，通过整理国内外学者对乡村振兴各方面相应的研究，能了解当前乡村振兴的发展状况，从而把握乡村振兴研究未来的发展方向。

1.2.2 经济社会高质量发展的相关研究

1.2.2.1 国外经济社会发展实践经验

由于经济社会高质量发展是国内新提出的概念，国际上对经济社会高质量发展的理论较少，而国际上经济社会发展的实践经验较多，对我国未来经济社会发展的实践帮助很大。

2000 年之前，研究者对社会资本和制度在经济发展中的作用作了很多研究。杰斯等（Jess，et al.，1994）的研究利用对实物和人力资本存量的跨国估计以及柯布 – 道格拉斯总生产函数隐含的增长会计回归，结果表明人力资本对社会发展中的全要素生产率增长有着积极作用。温加斯特（Weingast B R，1995）研究了联邦制在英国和美国保护市场方面的关键作用，它被证明是 18 世纪英国和 19 世纪及 20 世纪初美国令人印象深刻的经济崛起的基础。中国从联邦制中学习到了市场的重要性，这也支撑了中国改革开放到 90 年代惊人的经济增长。德雷兹和森（Dreze J & Sen A，1999）对印度的经济发展和社会机会进行了分析，自独立以来，印度在减少贫困方面取得的成功有限。90 年代末，这种政策失败的问题出在政府过多的监管和过度的经济刺激来加速经济上。德雷兹教授和森教授认为，评估印度经济社会在消除基本贫困方面的失败，重点要放在其基础教育、医疗保健、社会保障和相关领域中公众参与不足上。作者还讨论了这些政治和社会忽视的历史以及前因后果，包括政治权力不平等导致的政策实施不

---

① 朱德全，杨磊. 职业教育服务乡村振兴的贡献测度——基于柯布 – 道格拉斯生产函数的测算分析［J］. 教育研究，2021，42（06）：112 – 125.

到位。

2000 年后，学者的研究方向转向了乡村旅游、新的通信技术、科技和社会的不平等现象对经济发展的影响。布里登汉和威肯斯（Briedenhann J & Wickens E，2004）对南非乡村旅游的发展进行了研究，发现乡村旅游增加了农村地区的经济活力和农村地区人民的收入，刺激了社会活力并改善了农村社区的生活条件。饱受贫困折磨的欠发达国家可以利用乡村地区不同的生活方式或者景色吸引游客到未开发的自然和文化财富地区寻找新的、不同的体验。其中，活动和景点的聚集，以及乡村旅游线路的发展，促进了当地和外来企业相互合作。博阿滕、希克斯和莫拉（Boateng，Heeks & Molla，2008）采用文献调查方法，说明了电子商务正在向发展中国家扩散，并被认为有助于实现国际发展议程。本书的目的是通过借鉴文献研究来分析这种联系，以更广泛的视角来研究电子商务对经济发展的刺激机制。塔贝利尼（Tabellini G，2010）分析欧洲地区的文化对经济发展的影响，其中文化数据是利用 19 世纪末的识字率，最终在控制了同时代教育、1850 年左右的城市变化和国家效应后，作者认为文化变量与当前区域经济发展密切相关，文化的振兴能够有效提高经济发展的质量。费尔南德斯和塞尔维亚（Fernandes & Silvia，2013）研究经济发展的社会交往及其关联，在对选定指标的相关概况进行跨国聚类分析后，发现发达经济体会更多使用新的通信技术、电子政务和知识媒体，因为集体学习是通过积极的社会交往实现的。马西（Massey D S，2019）认为经济发展是利用资本来提高人类生产力、创造财富和增加国民收入。与之相关的是社会和文化的现代化，经济发展与现代化是相辅相成的。经济增长不仅取决于劳动力和资本的数量，还取决于如何使用劳动力和资本的制度、文化和技术因素。卡瓦尔、马赫然和哈桑（Kanwal S，Mehran M T & Hassan M，2022）对巴基斯坦的经济发展作了相关研究，研究认为巴基斯坦应该利用替代能源解决日益严重的天然气危机，以此为实现可持续能源安全提供框架。通过煤气化技术生产合成气，煤气化作为高性能低排放解决方案，以及用于长期能源安全的合成气应用推动当地经济高质量发展。

综上所述，国外在 2000 年之前对经济发展和经济高质量发展的研究重点在人力资本、市场化、社会保障上；2000 年之后，研究的重点则更多的是乡村旅游、新的通信技术、新能源、科技和社会的不平等现象上。

1.2.2.2　国内经济社会高质量发展的相关研究

中国由 2017 年之前的经济高速发展转变为经济的高质量发展，作为巨大的经济战略转型，相关领域的学者和文献也作出了相关分析、理论研究和预测。

金碚（2018）从经济学基础理论角度出发，认为"高质量"中的"质量"是产品可以满足实际的使用价值特性。要体现经济发展本质，那么对供给侧的关注变得尤为重要。高速增长阶段主要以工具理性为动力，而高质量发展阶段则更直接体现人民的向往目标和经济发展本真目的的发展战略目标。

从经济社会整体发展的角度看，任保平和李禹墨（2018）研究认为，高质量发展即经济的总量及规模增长到某个程度，经济结构优化、新旧动能转换和经济社会协同发展等明显提高的结果。在这一新阶段，如何将经济从高速增长转向高质量发展是当前中国经济增长中的关键问题。张军扩等（2019）针对这个重大战略转型，通过对政府文件的研究，发现从高速增长转向高质量发展过程中，转向高质量发展的关键是形成与之相适应、相配套的体制机制。赵剑波、史丹和邓洲（2019）从系统平衡观、经济发展观、民生指向探索高质量发展含义，认为它是发展观念和增长模式的转变，还有对民生水平的重视。袁晓玲、李彩娟和李朝鹏（2019）梳理了经济发展质量的历史渊源和内涵，同时剖析了经济高质量发展的影响因素和制约条件，从经济发展方式、经济结构、资源效率、创新、生态环境、城市化与人力资本六个方面分析了其发展机理，探讨了目前中国经济高质量发展的问题，重点关注经济高质量发展缺乏系统的理论结构、指标评价系统不一致、研究层面不充分等问题。毛艳（2020）通过大量的现有文献整理，发现当前国内大部分城市群经济社会高质量发展水平不高、全局观较差、协同发展水平较低。因此，提高经济社会高质量发展的潜力巨大，她认为经济要从理念、全局观与协同发展三个方面来提升。

从国内经济社会高质量发展测度评价其发展现状的研究上看，聂长飞和简新华（2020）通过纵横向拉开档次、定基功效系数和核密度估计等方

法对国内整体的经济社会高质量发展进行了探索。作者认为 2001～2017
年，中国高质量发展指数年均增长率为 1.60%，各省份间指数差异不断被
拉近，且表现出空间正向集聚的特征，2012 年以后中国经济发展开始逐步
转为"质量型"导向。从局部看，以成渝城市群为例，涂建军、况人瑞和
毛凯等（2021）用分形计量模型、修正引力模型和熵值法对成渝城市群高
质量发展作了研究，得出：一是成渝城市群的空间结构质量高，特别是从
城市群空间结构分布特征的角度，空间布局均衡，交通网络通达性较好；
二是成渝城市群规模结构质量欠佳，从城市规模结构体系未成熟体现出
来，中间位序城市缺失；三是环保跟不上成渝城市群经济、社会发展的脚
步，空间格局差异明显；四是要进一步完善城市群交通网络，充分发展区
域中心城市，强化跨区域合作。成春林、李涵和陶士贵（2022）从生态文
明示范力、内外循环畅通力和经济发展支撑力对长江经济带地区的经济高
质量发展进行了测度，结果表明针对不同地区的发展情况要制定差异化发
展战略，重视高水平地区的辐射作用，以此协同推进高质量发展。

1.2.3 乡村振兴与经济社会高质量发展文本与社会网络分析的 相关研究

目前，研究学者对国内的乡村振兴与经济社会高质量发展的热点已经
进行了一些文本与网络分析研究、探索。

首先，针对乡村振兴的文本与社会网络分析。中国从扶贫走向脱贫，
到现阶段的乡村振兴，走过了 70 年的路，取得了举世瞩目的成就，为国际
上反贫事业作出了好的榜样。李晓园和钟伟（2020）总结了近 70 年中国
治贫的经验、特征和模式，为治贫制度的定型化提供理论参考。通过
1949～2019 年中共中央和国务院及相关部门出台的扶贫政策文本为样本，
采用内容分析法、词频分析法实现了扶贫变迁历史与特征。田书芹和王东
强（2020）围绕乡村和人才振兴等政策文本，运用开放编码、主轴编码和
核心编码，提炼出有关乡村人才振兴的 99 个概念、20 个范畴以及 3 个主
范畴，构建了"制度性供给—资源性统筹—整体性治理"三维模型的"故
事线"来引出理论分析。张燕刚和成全（2021）以 2017～2021 年我国乡

村振兴与田园综合体政策文本为样本，并运用了词共现网络分析、多维尺度分析（MDS）等方法，进行乡村振兴与田园综合体相关政策文本中政策热点的挖掘与政策趋势的预测分析。童广印、张传洲和杨金磊（2021）用近年知网 CNKI 数据库中有关民族地区乡村振兴研究的文献题录数据，通过对高频关键词的提取，用共词分析、聚类分析和社会网络分析等文献计量方法，对我国民族地区乡村振兴的热点和未来趋势进行归纳分析。

其次，针对经济社会高质量发展的文本与社会网络分析。邵鹏、王齐和单英骥（2020）基于权威媒体报道文本分析了黄河流域生态保护和高质量发展研究。通过三级编码提炼出重要意义、重要地位、基本情况和巨大成就等八个维度，发现媒体更加关注治理策略、统筹领导和重要地位三个维度的报道。从战略阐释、现状梳理、应对措施三个层次对黄河流域生态保护和高质量发展战略作了文本分析，又从黄河流域的保护与治理、黄河流域的高质量发展、黄河文化的保护与传承三个方面对沿黄各省（自治区）发展思路进行比较。刘传明和马青山（2020）研究了黄河流域的高质量发展，基于创新、协调、绿色、开放、共享五个发展主题，识别黄河流域高质量发展的空间关联关系，利用社会网络分析揭示了空间关联网络的结构特征。师荣蓉和张教萌（2021）在微博上抓取了中国经济社会高质量发展的社会评论，通过微博数据的情感值来分析公众对经济社会高质量发展的态度。刘家旗和茹少峰（2021）利用文本挖掘和情绪识别技术收集了人民群众对当前高质量发展的关注重点和满意度，并通过相关统计数据对 2011~2019 年人民群众感知视角下的中国高质量发展水平进行测度。周红云、孙海洋和张欣欣（2021）从协同发展、结构调整、开放程度、生态环境、民生改善五个维度构建京津冀经济高质量发展指标体系，借助引力模型和社会网络分析，对京津冀的经济联系网络结构进行分析。研究表明：京津冀经济联系强度经历了由低水平向高水平发展的状态；城市群存在不同程度的梯度分布特征；从动态波动情况来看，京津冀经济发展水平的波动呈现"稳定""倒退""跃进"和"震荡"四种态势。武常岐、张昆贤和周欣雨等（2022）运用沪深两市上市公司 2010~2019 年数据，通过机器学习与文本分析手段建立了企业数字化转型与竞争战略指标，对企业数字化转型过程中竞争战略如何选择影响企业全要素生产率进行了实证研究分析。

1.2.4 乡村振兴与经济社会高质量发展关系的相关研究

乡村振兴对经济社会高质量发展之间有着包含的关系，即经济社会高质量发展中包含了乡村振兴，乡村振兴的发展水平影响着经济社会高质量发展的水平。

针对经济社会高质量发展受乡村振兴的影响，许多学者作了相关的研究。杨旭超和吴培林（Xuchao Y & Peilin W，2021）构建了包括农业生产部门、研发部门和中间产品部门的多部门模型，运用联立方程的实证方法分析了近年来影响中国农业发展的因素。研究表明，要乡村振兴，化肥、农药、农机等中间产品投入、农业金融支持和农业技术发展是农村地区经济社会高质量发展的重要驱动力。何秀杰（Xiujie H，2021）以广东省为例，研究了其农村地区的高质量发展是乡村振兴的重要一环。作者从高效、绿色、稳产三个方面构建了农业高质量发展评价模型，通过空间自相关探讨农业高质量发展的空间集聚特征及影响因素。结论强调，广东省农业高质量发展指数呈现"平原 > 丘陵 > 山区"的特点，形成了"平原区显著高集聚、山地丘陵区显著低集聚"的格局。高效、绿化、稳产的空间分异特征呈现显著的正向集聚，空间集聚格局相似。农业高质量发展水平主要受人均 GDP、海拔等因素影响。蔡梦生（Mengsheng C，2022）在研究乡村振兴时，发现经济社会高质量发展的总目标会带动农村地区全面实现"自然美、基础设施美、村民美、文化美"。高质量发展的经济社会发展模式为乡村振兴提供了一条更高效的路径。其以江苏省为案例，从村民参与"高质量发展"的深度、村庄人口空心化、发展模式同质化等方面分析了"高质量发展"建设面临的挑战，提出了提升村民参与"高质量发展"的能力、整合农村资源建设基础设施、打造乡村特色品牌等"美丽经济"的实践路径。王怡婷（Yiting W，2022）通过建立平衡面板数据回归模型，探讨乡村振兴对中国东西部地区经济高质量发展差异的影响因素，研究发现提高西部农村生产力，实现农村剩余劳动力转移，推动农村产业发展，能为经济高质量发展提供坚实基础。王栋、阿布拉和鲁茜（Wang D，Abula B & Lu Q，2022）从中国省份的角度分析营商环境、农业对外开放与优质农业经济的相互作用。根据 2009～2019 年中国 31 个省区市的面板数据，基于面板向量自回归模型作了实证研究。作者认为中国营商环境、农业对外开放与农业高质量发展之间存在数量上的交互作用，且长期时间效应十分明显。

当前的国内外文献大多是从乡村的理论、发展现状、测度等方面进行研究，而经济社会高质量发展大多集中在测度方面。本书将通过文本和社会网络分析从政策和中文核心期刊的角度来找乡村振兴对经济社会高质量发展影响的内在逻辑及研究热点，从而研究乡村振兴对经济社会高质量发展的影响效应。

1.3　本书研究思路、研究内容与研究方法

1.3.1　研究思路

本书根据乡村振兴与经济社会高质量发展的理论分析，通过文本挖掘与社会网络探究当下研究热点，构建乡村振兴与经济社会高质量发展评价指标体系。按照发展水平的测度、时空变化规律、区域差异分析对经济社会高质量发展的影响以及乡村振兴对经济社会高质量发展的空间溢出效应思路展开。

首先，导论分析中根据研究的目标进行文献梳理。通过对国内外乡村振兴与经济社会高质量发展文献中最新研究方法和成果的梳理，理解和吸收学术界的研究成果后，开展我国的乡村振兴与经济社会高质量发展的指标体系建立。其次，对乡村振兴与经济社会高质量发展的概念、内涵进行界定，对理论研究基础进行整理。其中包括乡村振兴战略、乡村产业升级、发展经济学、现代经济增长理论和经济社会高质量发展相关理论等。再次，对乡村振兴与经济社会高质量发展的水平进行一系列实证分析。最后，根据以上的研究成果，给相关部门提供相关政策建议。

1.3.2　研究内容

以本书的研究思路为基础，研究内容有以下八个方面。本书的研究技术路线如图 1 - 1 所示。

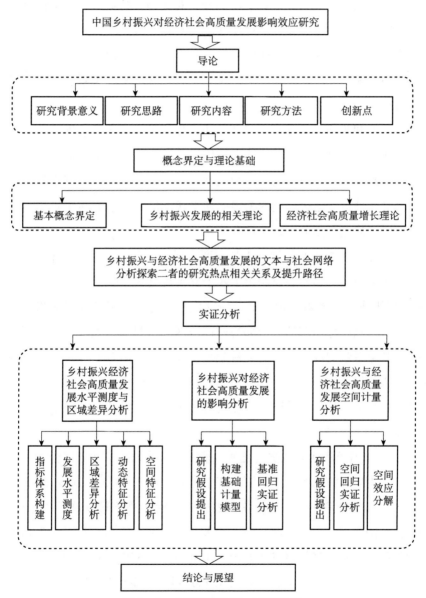

图 1 - 1　主要研究内容、研究目标

（1）导论。首先，根据研究的目标进行文献梳理。通过对国内外乡村振兴与经济社会高质量发展文献中最新研究方法和成果的梳理，理解和吸收学术界成果后，开展我国的乡村振兴与经济社会高质量发展的指标体系建立。

（2）概念界定与理论基础。本部分是对我国乡村振兴与经济社会高质量发展概念、内涵进行界定，对理论研究基础进行整理。其中包括乡村振兴战略、乡村产业升级、发展经济学、古典经济增长理论和经济社会高质量发展相关理论等。在此基础上，研究二者发展水平、关系、协调发展和提升路径。

（3）乡村振兴与经济社会高质量协调发展的文本与社会网络分析。一是搜取知网上乡村振兴与经济社会高质量发展相关文献标题摘要，绘制词云图等，并找到近年来的高频词和关键词；二是对所选择文献中的关键词作社会网络分析，通过形成的关键词网络找到经济社会高质量发展与乡村振兴的研究热点、相关关系及提升路径。

（4）中国乡村振兴发展水平的测度分析。首先，本部分综合《中华人民共和国国民经济和社会发展第十四个五年规划和2035年远景目标纲要》《乡村促进法》和多篇文献的最新研究成果，建立本书的乡村振兴指标体系。其次，测度全国东部、中部与西部地区的乡村振兴发展水平，再通过Dagum基尼系数测度各地间的乡村振兴发展差距，用Kernel核密度分析各地区过去的发展水平。最后，利用Markov链方法探讨我国乡村振兴发展各个维度指数的区域差异的时空变化情况和规律，以及相邻省份之间的空间依赖性。

（5）中国经济社会高质量发展水平测度。首先，本部分综合《中华人民共和国国民经济和社会发展第十四个五年规划和2035年远景目标纲要》与有关"高质量发展"的最新文献建立经济社会高质量发展的指标体系，测度出全国东部、中部与西部地区的水平。其次通过Dagum基尼系数测度各地间的经济社会高质量发展差距，用Kernel核密度分析各地区过去经济社会高质量发展水平。最后，利用Markov链方法探讨我国经济社会高质量发展各个维度指数的区域差异的时空变化情况和规律，以及相邻省份之间的空间依赖性。

（6）乡村振兴对经济社会高质量发展的影响分析。综合研究文献发现，乡村振兴对经济社会高质量发展有显著影响，并根据指标体系的测算结果来验证假设检验的正误。一是对经济社会高质量发展的影响因素作基础计量分析，验证乡村振兴对经济社会高质量发展有显著影响的因素，二是作了异质性分析，检验农业发达省份的乡村振兴对经济社会高质量发展是否有更显著的影响。

（7）乡村振兴对经济社会高质量发展的空间计量分析。首先建立了乡村振兴对经济社会高质量发展的空间计量模型并进行回归分析，再通过空间效应分解，探究各省市内部的乡村振兴发展与周边省份的乡村振兴发展对本省市经济社会高质量发展的贡献率。

（8）中国乡村振兴与经济社会耦合协调发展的测度分析。首先测度乡村振兴与经济社会高质量发展的耦合度与协调度，再通过 Markov 链研究其发展状态在下一年发生变化的概率，分析出乡村振兴与经济社会高质量发展耦合协调的时空变化。

（9）结论与建议。根据以上的研究成果，给相关部门提出政策建议。

1.3.3　研究方法

本书主要用到了文献研究法、社会网络分析法、比较研究法、综合评价法、空间 Markov 链方法、空间计量方法等。本书的基础学科理论主要有乡村振兴战略、乡村产业升级、发展经济学、现代经济增长理论和经济社会高质量发展相关理论等。本书重点采用以下方法进行研究。

（1）文献研究法。对国内和国外的相关文献进行搜集并梳理，将乡村振兴与经济社会高质量发展提出的背景、特点和理论支持进行分类。对有关指标体系建立、综合评价测度、区域差异规律分析、经济社会高质量发展的影响因素、社会网络分析等方面的国内外文献进行整理。在已有研究的基础上，开展乡村振兴与经济社会高质量发展的一系列研究。

（2）社会网络分析法。本书的社会网络分析法首先是在 2017 年之后的国家政策文件中选取关键词频率高低前 10 的词；然后根据关键词下载相关文献的摘要、题目等信息，用所有下载文献中的高频率建立社会网络图，找寻出提升乡村振兴与经济社会高质量发展的提升路径。

（3）比较研究法。首先，对乡村振兴与经济社会高质量发展在各省市自治区的维度进行比较，空间上则根据区域与经济差异分别进行划分和比较；其次，在研究经济社会高质量发展的影响因素中，通过选择不同的空间矩阵对同一组数据分别进行空间计量回归，并比较空间计量的回归效果；最后，在文本分析中对比文献中各个关键词的出现频率，为社会网络图的构建打好基础。

（4）综合评价法。首先，通过政策文件和学术文献的综合梳理，构建出本书乡村振兴与经济社会高质量发展的指标评价体系；其次，通过数据的搜集整理，用熵权法给各个三级、二级指标赋予权重，计算出最终的乡村振兴与经济社会高质量发展的得分；最后，对各个省份的得分进行对比分析，得出相应结论。

（5）计量经济学分析法。在研究经济社会高质量发展的影响因素过程中，用计量经济学中的固定效应模型分析，并随后加入了空间因素。回归分析可以更好地看出对因变量影响更为显著的自变量，让假设检验、实证分析的结果更可靠，可以给相关部门提供更可靠的建议。

（6）非参数估计法。本书采用的非参数估计法是 Kernel 核密度估计。通过 Kernel 核密度分析乡村振兴与经济社会高质量发展过去在东部、中部、西部地区的发展情况，并根据估计结果可以得到相关结论。

1.4　本书创新点

本书的创新点如下。

（1）本书创新性地将大数据分析法与经典的计量分析法相结合，通过最新文献文本进行了乡村振兴与经济社会高质量发展的文本分析，寻找到乡村振兴与经济社会高质量发展中新的内在逻辑关系，以此为基础对二者的关系进行定量研究，将文本分析运用于定量分析之前，具有一定的创新性。

（2）本书从综合政策文件和最新文献视角分别构建了乡村振兴与经济社会高质量发展的指标体系，由于结合了政策和最新的研究，该指标体系的科学性、严谨性相较当前国内文献的乡村振兴与经济社会高质量发展有明显创新。例如，乡村振兴中选入了"农村九年义务教育巩固率"等有关教育的创新性指标，经济社会高质量发展中选入了"城镇居民最低生活保障人数"等有关安全保障的新指标。

（3）本书提出了新指标下测度的乡村振兴对经济社会高质量发展的空间溢出效应影响的假设并进行了检验。创新性地结合了国外核心期刊的乡村发展与经济高速、高质量发展的研究成果，让所选择的控制变量更加合理且有充分的理论。例如，选入了 FDI、金融发展水平、外商投资等变量，加入空间矩阵后对比了东部、中部和西部地区不同的空间溢出效应。

第 2 章　概念界定、理论基础与文献述评

2.1　基本概念界定

2.1.1　乡村振兴的内涵

2.1.1.1　乡村振兴的概念

根据《乡村振兴促进法》，乡村是城市建成区外有自然、社会、经济特征和生产、生活、生态、文化等多重功能的地域综合体，使这些地域综合体发展和振兴即乡村振兴。

对乡村振兴中产业兴旺、生态宜居、乡风文明、治理有效和生活富裕五个方面的要求，要统筹推进农村经济、政治和文化建设等，充分发挥乡村在农产品供给、粮食安全和保护生态环境等方面的作用。

对于产业发展，文件指出，各级政府必须以农民为主体，利用乡村优势特色资源支持、促进农村第一、第二、第三产业融合发展，推动建立现代农业产业体系、生产体系和经营体系，促进小农户和现代农业发展有机衔接。

针对人才发展，需要各级政府加强乡村医疗卫生队伍建设，应当采取措施培育农业科技人才、经营管理人才、法律服务人才、社会工作人才，加强乡村文化人才队伍建设，培育乡村文化骨干力量。

对于文化繁荣，各级政府应支持农业、农村、农民题材文艺创作，县级以上地方人民政府要加强对历史文化名镇名村、传统村落和乡村风貌、少数民族特色村寨的保护，采取措施防御和减轻火灾、洪水、地震等灾害。

生态保护方面，各级政府应该对国土进行整治和生态修复，鼓励农业生产者运用先进的养殖技术进行养殖。强化新建农村住房规划管控，鼓励农村住房设计体现地域、民族和乡土特色等，引导农民建设功能现代、结构安全等与乡村环境相协调的宜居住房。

城乡融合方面，需要国家健全乡村便民服务体系，提高乡村公共服务数字化智能化水平，做好村级综合服务设施和综合信息平台，培育服务机构、服务类社会组织和服务运行机制，推动公共服务与自我服务有效衔接，强化生产生活服务功能。

政府对乡村的扶持措施，各级政府能依法发行政府债券，针对性地用于现代农业设施建设和乡村建设。各级人民政府应当完善涉农资金统筹整合长效机制，加强财政资金监督管理，实施预算绩效管理，完善财政资金使用效益。政策性金融机构应当在业务范围内为乡村振兴提供信贷支持和其他金融服务，增加对乡村振兴的支持力度。

2.1.1.2　乡村振兴与脱贫攻坚的区别

脱贫攻坚结束之后的首要任务是巩固拓展脱贫攻坚成果，即脱贫攻坚是乡村振兴的基础，它们有如下区别。

一是防止返贫与乡村振兴的理论逻辑。乡村振兴是一项系统工程，乡村全面振兴是实现共同富裕的底线任务。比如，要有底线思维，以共同富裕为目标方向，推进巩固拓展脱贫攻坚成果同乡村振兴有效衔接，进而全面振兴乡村。

二是在理论上认清防止返贫与乡村振兴面临理论层面的难点，加强理论思维应对挑战、解决问题的能力。从理论上系统认识大力弘扬脱贫攻坚的精神，建立统筹做好领导体制衔接、工作体系衔接、发展规划衔接等的理论。夯实全面推进乡村振兴的思想基础。

防止返贫是乡村振兴的基础，必须统筹起来，有深刻思想认识，它是全面推进乡村振兴的思想基础，在理论上要坚守国家粮食安全和不发生规模性返贫两个原则，建立统筹推进农业、农村、农民现代化进程，协调推进乡村发展、乡村建设等理论体系，奠定乡村振兴的理论基础。

脱贫攻坚、乡村振兴与共同富裕的议题在中华民族伟大复兴过程中是三个极其重要、不可或缺的部分。脱贫攻坚、乡村振兴是不同发展阶段的国家战略，均是在共同富裕的框架下推进的。脱贫攻坚虽然完成，但是返贫的可能性还存在，随着发展水平越来越高，脱贫标准不断上升，防止返贫逐步变成了长期的战略问题。防止返贫是乡村振兴的基础，在乡村振兴的全过程中都要注重。农业、农村、农民的发展及现代化是国家现代化的基础和重难点，其重要特征是共同富裕。从理论的角度上看，即构建乡村振兴动力理论，让动力来源于全社会。

2.1.2 经济社会高质量发展内涵

2017 年，中央首次提出了高质量发展，即我国由高速增长阶段变成了高质量发展阶段。"十三五"时期，我国经济逐步从速度规模型往质量效益型转变。"经济社会高质量发展"是指在城镇化和区域协调发展、高质量发展体制机制建设等方面取得显著进展，为发展注入了新动力、拓展出新空间，进一步推动我国发展朝着更高质量、更有效率、更加公平的道路走。推动高质量发展有以下几个方面。

第一，高质量发展是适应经济发展新常态的必然要求。基于此基础，要立足大局、抓住根本，看清长期趋势、遵循经济规律，把握引领经济发展的新常态。要牢固树立正确的政绩观，坚定不移实施创新驱动发展战略，推动我国经济在实现高质量发展上不断取得新进展。

第二，高质量发展是贯彻新发展理念的体现。发展理念决定着发展成效乃至成败。只有坚持创新、协调、绿色、开放、共享的新发展理念才能增强发展动力，推动高质量发展从而满足人民日益增长的美好生活需要。

第三，高质量发展是适应我国社会主要矛盾变化的具体要求。"十三五"时期，社会主要矛盾开始转向人民日益增长的美好生活需要和不平衡不充分的发展之间的矛盾。更好满足人民日益增长的美好生活需要，必须推动高质量发展。更要重视量的发展，解决质的问题，在质的大幅度进步的同时完成量的有效增长，给人民群众带来更多的获得感、幸福感、安全感。

第四，高质量发展是建设现代化经济体系的必然要求。建设现代化经济体系是我国发展的战略目标，实现这一战略目标，要坚持质量第一、效益优先，使经济发展质量变革、效率变革、动力变革，全要素生产率进步，持续强化我国经济创新力和竞争力。推动高质量发展是未来长时间制定发展思路、制定经济政策等的根本要求。遵循高质量发展，要聚焦新目标、落实新部署，推动经济高质量发展，为全面建成小康社会、社会主义现代化强国打下坚实物质基础。

2.2　乡村振兴与经济社会发展的相关理论基础

2017 年党的十九大提出了乡村振兴的概念，这也是在我国完成脱贫攻坚后乡村发展的重要目标。关于乡村发展，在西方多年的乡村发展中有相对成熟的理论体系。通过借鉴这些理论体系，为本书接下来针对我国的乡村发展和振兴打下坚实的理论根基。

经济社会高质量发展是党的十九大提出的新概念，如何测度经济社会高质量发展是本书的重点之一。社会高质量的发展离不开经济的发展，尤其是经济高质量发展，因此，对古典经济学理论、新古典经济学理论、发展经济学理论、内生增长理论等相关经典经济学理论进行概述，为下文对经济社会高质量发展的测度、影响因素等研究提供理论的支撑。

2.2.1　古典经济增长理论

古典经济学家的研究重点是产出增长和收入在工资和利润之间的分

配。古典经济学家亚当·斯密[①]（Adam Smith，1776）的关键贡献之一，即用劳动分工当作基础的报酬递增概念带进了经济学。将劳动分工中获得的报酬递增的三个来源：一是某个特定工人灵巧性的增加（即干中学）；二是节约了从一个工作转到另一个工作损失的时间；三是发明了便利的多种机器，节约劳动成本，使单人能完成很多人的工作。亚当·斯密的斯密模型的核心原理是劳动分工受到市场规模的限制，市场规模受到贸易约束的限制，所以斯密模型支持自由贸易。斯密的发展模型由来自工业利润产生的资本积累来驱动，投资的刺激来自利润率，利润率下降，投资的意愿就会下降。

美国经济学家阿林·扬[②]（Allyn Abbott Young，1952）认为，报酬递增并不简单地局限于提高单个工业部门生产率的因素，而是与所有工业部门的产出有关。所有部门必须被看作相互关联的整体，现在有时被称为规模的宏观经济。在某种条件下，变化将成为累进制的，以累进的方式扩散，确切的条件是报酬递增和对产品有弹性的需求，以便当相对价格下降时，在比率上销售得更多。扩展过程是没有限制的，除非需求在超过某个限制之后就变得无弹性，规模报酬就不再增加。

而在亚当·斯密之后的古典主义观点基本上是悲观主义的，最大的悲观主义者之一是托马斯·马尔萨斯[③]（Thomas Robert Malthus，1798）。他预言由于农业的报酬递减，人口增长将超过食物供应。他的理论分为两个部分，一部分是人口论，另一部分是维持有效需求对发展的重要性论述。他认识到需要对"低水平均衡陷阱"的过程进行某些控制，并将其分为预防性控制和积极性控制。针对另一个理论，马尔萨斯认为如果要维持作为投资刺激的利润，有效需求必须与生产潜力保持一致增长，但是没有什么可以确切地保证这一点。马尔萨斯集中探讨了地主的储蓄和储蓄的供给与资本家计划投资之间的不平衡，其可能阻碍发展，如果地主的储蓄超过了

---

① 亚当·斯密：1723 年 6 月 5 日出生在苏格兰法夫郡（County Fife）的寇克卡迪（Kirk-caldy），英国经济学家、哲学家、作家，经济学的主要创立者。

② 阿林·扬：美国经济学家，代表作《报酬递增与经济进步》。

③ 托马斯·马尔萨斯：英国教士、人口学家、政治经济学家。

资本家想要借贷的数量，他建议把对地主征税作为一种解决方案。

大卫·李嘉图①（David Ricardo，1817）也是古典悲观主义者。在李嘉图模型中，增长和发展是资本积累的函数，资本积累取决于利润的再投资，利润是支付生存工资和地主的地租之后剩余的部分。当土地报酬递减和成本递增造成粮价上升时，地租就会涨。他预言由于农业报酬递减会消减工业的利润率，经济最后会停止在一个稳定的状态。

卡尔·马克思（Karl Heinrich Marx，1867）在资本论②中受到左翼思想家对资本主义不平等批判的启示。马克思预言随着利润率的下降和工人的贫困化导致社会革命，资本主义终会毁灭。社会革命没有出现是因为在一个增长经济中，随着技术进步实际工资和利润率之间没有冲突。马克思认为，资本主义最终由于它自身的"内在矛盾"而崩溃。由于从资本家中得到的好处越来越少，权力逐步转到工人手中，资本主义最终被社会主义所取代。

2.2.2　乡村发展理论

欧洲的乡村发展在全球处于领先地位，乡村发展的理论研究也颇为丰富，对于刚完成脱贫攻坚的中国来说，乡村发展不仅是防止返贫的必要经验，更是乡村振兴的基础。欧洲乡村发展的理论研究成果给我国的乡村发展和振兴的实践提供了理论依据。

乡村发展是植根于历史传统的多层次进程。德罗尔（Delors，1994）、欧盟委员会和德普乐（European Commission & Depole，1996）研究发现，在多个层面中，乡村发展都是对早期现代化的一系列反馈。显然，必须对农业进行重新调整，以满足早期欧洲社会快速变化的需求。马斯登和普勒格（Marsden & Ploeg，1999）认为，农村为城市提供廉价食品的时代已经结束了，今天的社会有了新的需求和期望。

---

①　大卫·李嘉图是英国古典政治经济学的主要代表之一，也是英国古典政治经济学的完成者。

②　《资本论》（全称《资本论：政治经济学批判》）是德国思想家卡尔·马克思创作的政治经济学著作，1867~1894 年分为三卷出版。

人们普遍认为，欧洲农业有能力生产一系列所谓的"非进口"或"公共产品"。例如，美丽的风景以及它的自然价值，它能够对区域就业作出重要贡献，特别是在发展落后的地区条件。在全球层面上，皮奥里、萨贝尔和哈里森（Piore，Sabel & Harrison，1994）认为，农村发展还与总体结构调整有关，这导致了社会和企业之间互动模式的实质性变化。农村发展实践在一定程度上可以被视为农业企业对这些问题回应的总体重组趋势。

第一，必须考虑到农村发展意味着农业部门的一种新的发展模式。直到1990年初，规模扩大、集约化、专业化以及在某些部门内强烈的工业化趋势是限制农业部门发展的参数。由于农场数量的下降和就业机会的急剧减少而导致的农村人口外流被视为这一模式的必然结果。简而言之，乡村发展可以看作是寻找一种新的农业发展模式。值得注意的是，萨克曼和普勒格（Saccomand & Ploeg，1995）研究认为，在许多农村发展经验中，不仅在活动之间，而且在不同农场和其他农村活动之间创造凝聚力是一个重要的战略因素。虽然现代化促进了农业生产的持续专业化，并设想将农业与其他农村活动分开，但在新的农村发展范式中，不同活动之间的互惠互利和"双赢"似乎具有战略性和可取性。

第二，乡村发展可以在个体农户的层面上得到实施。布鲁克赫伊曾等（Broekhuizen V et al.，1997）认为，在这个层面上，农村发展是对身份、战略、实践、相互关系和网络的重新定义。它是基于高度"市场导向"的反映，体现了在城镇和农村之间出现新联系的背景下，对农业一般或部分的重新概念化。农业和非农业活动之间的协调和分配是协同作用的一个重要来源。

第三，乡村发展应从乡村及其经济参与者的层面来界定。阿布雷什等（Abresch et al.，1996）认为，尽管农业的重要性在一个欧洲国家和另一个欧洲国家的农村经济之间有很大差异，但总的来说，农业的重要性正在下降。从中可以得出这样的结论：不仅在社会和农业之间的相互关系层面上，在农村作为一个明确的社会和地理空间的层面上，才能发展新的表达形式。随着以农场为基础的新形式的农村发展活动的出现，以及不同的行动者在诸如农村旅游、自然和景观保护等新领域争夺机会和资源，这一点将变得越来越重要。潜在的紧张局势也围绕着生产高质量产品和区域特产的新动力。寻找任何新的农业发展模式，都必须经过对农业和非农业经济行为者之间出现的新合作形式和矛盾进行仔细审查和分析。

第四，政策和制度的程度对乡村发展水平有重要影响。不同欧洲国家的农村发展政策和方案存在很大的差异，正在实施的政策不仅与具体的农村发展方案有关，与非特定农村发展政策的互动有时对其发展更为重要。一些环境可能有利于农村发展，而另一些环境可能无关紧要，甚至有负面影响。雷（Ray，2000）研究认为，正是农村发展的复杂制度设置使其成为一个多因素的过程。推动分散的农村政策方法，其中地方和地方、地方与全球之间新出现的关系是主要的设计原则，可能有助于加强这一进程。

第五，农村发展是多方面的。它展开成一系列不同的，有时是相互关联的实践。其中包括景观管理、新自然价值的保护、农业旅游、有机农业以及高质量和地域性产品的生产。家庭农场越来越多地采用的其他活动包括降低成本的创新形式、直接营销和开发新的活动，如将护理活动纳入农场。参与这些类型的企业会产生新形式的社会凝聚力，在许多情况下，各种活动以一种综合的方式结合在一起。

这种多层次、多参与者、多方面的性质表明，农村发展与现代化有关，是一种范式转变。尼克和仁（Knick & Reng，2000）认为，这一点最明显的表达可以在许多以前高度专业化的、单一功能的农场转变为新的、多功能的企业中找到。多功能带来了新的实践和网络，我们现在需要的是能够充分反映这些新网络、实践和身份的新理论。

2.2.3　乡村振兴理论

乡村振兴理论基于乡村发展基础上，只有乡村发展才可以推动振兴。

宏观上，乡村振兴呈现出了多学科、跨学科的特点。理论上包含了经济学经济增长视角下的乡村振兴理论、马克思主义政治经济学视角下的乡村振兴理论、地理学视角下的乡村振兴理论、社会学视角下的乡村振兴理论等。马克思、恩格斯的城乡关系理论阐述了实施乡村振兴战略的理论逻辑与理论路径，是实施乡村振兴战略的核心理论。

微观上，马克思、恩格斯的城乡关系理论从生产力和生产关系矛盾的本质解释了城乡分化的根源，提出随着生产力水平的持续提升，城乡关系演进要经过城乡依存、城乡分离、城乡融合三个过程。马克思认为乡村发展相关的理论是乡村振兴理论的基础，同时是"三农"工作理论的支持关键。其中，乡村地理学包含了人地关系地域系统理论、区位论等，完善了乡村振兴在地理学方面的理论基础。社会学中的结构功能主义理论、社会嵌入理论、社会网络理论、社会资本理论等，管理学中的治理理论、公共服务理论等，均广泛应用在乡村振兴前沿问题的研究。

乡村振兴分为两个阶段：第一阶段重点是为大多数仍然要依托农业的、相对较弱势的群体农民进行乡村建设，重点是保持农村基本生活秩序；第二阶段是乡村振兴取得决定性进展，乡村全面振兴，农业强、农村美、农民富的目标全面实现。

本书将乡村振兴理论分为乡村产业振兴、乡村人才振兴、乡村农业现代化和乡村治理振兴这几个方面。

2.2.3.1 乡村产业振兴

乡村产业振兴理论有三个方面的阐述。

（1）产业是乡村振兴的基础。发展乡村产业是农业高质量发展的需要。首先，满足其高质量发展的基本需求，要打牢产业基础，保障我国粮食安全；其次，促进农业转型升级的需要，推动农业生产方式的升级，广泛运用最新的农业技术；最后，完善产业结构调整，让乡村产业类型布局同农业农村发展的内外环境变化不断适应。

乡村产业能保障农民就业增收。产业是乡村发展的根基，产业兴旺才能稳定增加农民的收入，创造更多的就业机会，提升农民的幸福感和获得感，发展乡村产业产生的新产业新业态，如乡村旅游、休闲康养等，对农民就业率等提高收入有较大意义。

乡村产业能促进乡村的可持续发展。解决"三农"等问题，根本途径是打牢乡村产业根基，通过经济发展能使人员回流、资源保护、服务改善，让农村可持续发展，完全解决农村发展难以持续的问题。

乡村产业是提升国际竞争力的关键。我国的人口数量庞大，农业资源先天缺乏优势，提高农业竞争力面临着非常困难的情况。我国农业的基本特征是农业小规模生产经营。在这种基本条件下，提升我国的农业核心竞争力，必须要突出精耕细作的生产特点，在劳动密集、技术密集和资本密集的农业产业多方面下功夫。

（2）充分结合中国特色乡村产业。中国的乡村产业发展必须联系我国的乡村实际情况，在此基础上，统筹乡村的第一、第二、第三产业。

一是粮食生产与乡村产业之间的相关关系。将粮食的生产与乡村产业结合，实现增产增收有机统一。二是就业和增收之间的关系。乡村产业是农民收入的关键，改善农民收入偏低、城乡差距大、区域发展不平衡不充分的情况。完善劳动力转移工作，利用工业化、城镇化等不断优化组合好富民乡村产业发展。三是市场与政府的关系。乡村产业是系统工程，各级政府要起到各级的效用，同时要重视市场在产业发展过程中的角色。乡村产业发展要遵循客观的市场发展规律。发挥市场在资源配置中的关键作用。产业升级、融合、延伸等都需要市场作为主导，政府则需要担任起消除体制机制等障碍的作用。从多年的实践经验来看，坚持市场主导以及政府的宏观调控结合是乡村产业得到提升的重要路径。四是充分学习国外的农业发展经验。充分利用国际化的优秀理念和国际的农业产业发展标准，运用比较优势，培育能力。

（3）中国乡村产业未来发展方向。根据需求把握好中国乡村产业发展的多元特征。中国农业最大的特征是农业模型多样。例如，东北地区人少地多，能大规模粮食产出；西南地区则丘陵山区多，能发展特色的农业。同时，农业的新产业，例如，观光、体验、功能性农业等新兴农业也在不断发展，它们为乡村提供了更多的就业机会和增收。结合多元化的乡村产业与新产业，逐渐形成有中国特色的乡村产业发展新格局。

2.2.3.2　乡村人才振兴

乡村振兴，人才也是其中的关键之一。截至 2020 年底，我国乡村从业人员仍有 3.3 亿多人，第一产业就业 1.9 亿人。从事种植业的占比超过了 90％，人均年收入大概 3.5 万元，把粮食种植业的产值用该行业从业者做除法，人均年收入则不足 1 万元①。可见，当前乡村农业从业人员的收入不高是招募不到人才的主要原因之一。

培养乡村人才，就要在扶持好增量的同时挖掘好存量。寻找"新农人"，首先主要是家庭农场和种植大户，我国工业化后期阶段从城里返乡流转土地种植的一部分群体，以及通过农业服务业、土地合作社等较新型模式促进土地规模化种植的群体；第二，在农资农机生产企业、批零企业中寻找"新农人"，农资农机企业需要全面建立技术专家队伍，召集更多的农民参加农民会讲解使用、有效技术等促进产品销售；第三，寻找农民合作社中的"新农人"，在这个模式下，农业合作化是符合农业产业特征的最合适的模式；第四，在农旅、种养结合、农渔结合、三产融合等跨界领域寻找"新农人"。

2.2.3.3 乡村农业现代化

乡村农业现代化有着重大的意义。首先，加快农业乡村现代化是形成新型工农城乡关系的客观要求，通过强化以工补农、以城带乡，利用广阔资源与能力发展农业农村。第二，农业乡村现代化是社会主义现代化建设的重要基础。乡村农业现代化直接影响了社会主义现代化目标的进度和质量，在保证农业基础稳固的情况下，开发乡村的潜在巨大市场。第三，加快农业乡村现代化是"三农"工作的核心目标。我国的农业结构性矛盾非常突出，农业基础设施和服务依旧落后。

乡村农业现代化能优化农业质量效益和竞争力。第一，要保证重要农产品的安全。粮食和重要农产品的供给要有保障，当外部发生风险时，在粮食安全上要有保障，提高农业科技和装备的科技，优化农业良种化水平，完善优化农业综合生产能力。第二，推动农业供给侧结构性改革。农业总体规模不大和结构性问题均已暴露，但是矛盾还是集中在供给侧。第三，使得农村第一、第二、第三产业融合发展。

---

① 数据来源：2021 年版《中国农业统计资料》。

乡村农业现代化要实施乡村建设行动。第一，乡村规划建设需要科学引领。第二，持续提升乡村的宜居水平。第三，实现县乡村公共服务一体化。第四，全面加强乡村人才队伍建设，更好地筹划能吸引人才返乡、留乡的政策。

乡村农业现代化要推进农村改革。第一，健全城乡融合发展机制。要优化制度供给，提升城乡要素平等交换、双向流动。第二，巩固和完善农村基本经营制度。加速培养农民合作社、家庭农场等新型农村经营主体。第三，深化农村土地制度改革。保障农民的权益，灵活地运用乡村土地资源。第四，深化农村集体产权制度改革。以发展新型农村集体经济、特色产业、土地资源等为基础，开发农村集体经济发展方式。

2.2.3.4　乡村治理振兴

乡村振兴中乡村治理是必备一环，它是国家治理的基石。乡村治理的内容、手段和体系等加强有利于完善整体的乡村振兴发展。

第一，乡村治理在政府总体工作规划中很重要。农村基层党组织是党在农村全部工作和战斗力的基础，及时了解群众思想状况，帮助群众解决实际困难。加强基层党风廉政建设和干部绩效管理，不断提高基层党组织乡村治理能力和治理水平。第二，乡村道德、文明的建设是基础。乡风文明是乡村振兴的内在要求和重要保障，从农村实际出发，围绕乡村重要事务，引领乡村治理新风尚。第三，法治建设的提高能让整体乡村社会的治安水平提升。公共法律服务供给、对农民的法律援助和司法救助等的强化能够给农民更好的基础保障，建立起"互联网＋"的治理模式。第四，深化基层的自治实践。基层群众自治制度是我国的一项基本政治制度。第五，推进数字乡村建设。数字技术基础设施建设的加强能够提高农村公共服务供给质量，让民众脱贫后可以享受到更便捷的生活。

2.2.4　经济社会高质量发展的政治经济学理论基础

国内外对经济社会发展质量的研究较晚，2000 年后，托马斯（Thomas，2000）是最早研究经济社会发展增长质量的学者，他认为经济和社会的增长质量是非常重要的研究课题。

马克思的《资本论》对质量问题进行过系统的论述，马克思主义质量经济学理论对当前中国经济的高质量发展具有重要的引导意义。下面从微观和宏观两个维度来梳理经济社会高质量发展中政治经济学理论的依据。

从微观角度看，《资本论》中关注的重点主要在产品质量方面，对于产品的质量问题，马克思通过劳动价值理论、质量与产品使用价值的关系和产品与价值的关系这三个角度分析。从劳动价值理论的角度，《资本论》先阐明了简单劳动与复杂劳动之间的区别，简单劳动指不需要经过系统的培训、任意劳动者都可以胜任的劳动，而复杂劳动多为智力劳动，是必须具备一定的技术专长或者特殊技能的劳动。基于此，马克思认为劳动质量的差异可以决定产品质量的差异，决定商品价值的是"社会必要劳动"，其计量单位就是简单劳动。马克思还认为使用价值的重要体现是产品质量，他从使用价值质量的二重性角度出发，即质量的物质属性以及质量的社会属性，证明了劳动质量一般都可以决定产品质量。从质量和价值之间的关系来看，质量与价值的社会性是二者间存在内在联系的根本原因。产品价值将随着质量同方向变化。

从宏观角度看，马克思通过循环再生产、生产力质量、经济增长质量以及对外贸易质量角度展开论述，这一系列的观点构成了宏观经济高质量发展的重要理论基础。数量和质量循环的有机统一构建成为循环再生产，对目前构建双循环新发展格局同样有重要的理论借鉴意义。针对生产力理论，马克思认为生产力水平的提高会将生产力数量和质量统一，生产力质量可以通过生产力的效率体现出来，经济和社会增长质量论述体现在马克思的再生产理论和地租理论。通过马克思的论述，经济增长可以按照要素投入分为集约型增长和粗放型增长两个类型，集约型增长是一种可以通过提高生产要素质量的方法实现经济的增长，以提高经济增长质量和经济效益作主要核心目标。在全球产业链、价值链重构的今天，他对国际贸易中产品质量的关注对现在仍有引导的作用，但贸易品质量问题在马克思之后没有得到学术界的重视。

2.3　乡村振兴驱动经济高质量发展的机理

2.3.1　乡村与经济社会的社会网络关系

乡村振兴与经济社会高质量发展的社会网络关系可以通过社会网络分析图来展现。人在社会环境中相互作用能表现成基于关系的一种模型或规则，基于此关系的模式反映了社会结构，对此社会结构量化分析为社会网络分析的基本点。通过乡村振兴与经济社会高质量发展的社会网络图的关系，找到可以协调发展、共同进步的方式，同时还可以解释乡村振兴与经济社会高质量发展的关系。

通过社会网络分析图展现乡村振兴与经济社会高质量发展的关系。王素洁和李想（2011）运用社会网络分析法，通过对山东省潍坊市杨家埠村的案例研究发现，当地旅游管理机构内向中心性最高，在决策网络中影响力最大，而当地乡村企业和旅游行业协会内向中心性最低，对决策影响不大。就网络密度而言，利益相关者之间没有形成全网联系，且当地旅游管理机构与地方政府等高中心性的利益相关者自我中心网络密度较低。因此，可持续乡村旅游决策中亟须加强有关边缘利益相关者的中心性，提高利益相关者之间的密度，建立利益相关者之间的桥连接。陆天华和于涛（2020）以南京市的"美丽乡村"为例，建立研究假设，通过 2014 年、2016 年和 2018 年持续跟踪调查，运用社会网络分析方法揭示乡村经济社会空间交互过程。结果表明：所选乡村社会网络发展符合社会资本与市场制度相互作用的发展规律，具有替代效应、挤出效应与互补效应，符合研究假设；网络模式由轮轴模式演化到"结构洞"模式再到合作与分派模式，且分别对应扩散型、分支型与簇群型网络结构，伴随行动者的淘汰和迁出与市场经济规则的增强；空间重构主要表现为土地利用格局重构与乡村空间衰退现象。蒋天颖（2014）对同一个镇处于低、中、高三个发展水平的乡村，运用社会网络理论进行乡村振兴社会网络的特征分析。研究结果显示，发展水平高的乡村拥有更高的网络密度与网络中心度。研究表明：对低发展水平乡村提出"引入外力、唤醒意识，能人先行、激发信心"的对策；对中发展水平乡村提出"围绕文化、强化网络，整合资源、共同经营"的对策；对高发展水平乡村提出"教育引领、培育内生，党建引领、深化融合"的对策。

社会网络分析能够充分展示出两个变量的相互交流、交互的过程，更好地让决策者对最好的决策路径作出判断并让乡村振兴与经济社会高质量发展更加协调。

2.3.2 乡村振兴驱动经济社会高质量发展

乡村振兴对经济社会高质量发展的影响很大。韩君（Jun H，2019）研究国内"三农"问题，发现要建立一个以农业和农村发展为重点的有效的政策框架，动员资源支持四大重点农业和农村发展，即人员、资源、资金和公共服务优先分配，才能很好地为乡村振兴战略的成功实施做好准备，从而实现经济社会高质量发展。张春玲和刘秋玲（2019）认为，在乡村振兴的大背景下，必须要从根本上解决农业发展的质量问题以改变农业发展的现状，研究得出我们要从改善农业生态环境、提高农业资源的使用率、提高经济效益和改善农业从业人员的结构四个方面来发展农业，从而推动乡村的经济社会高质量发展来协同全面的经济社会高质量发展。因此，乡村振兴对经济社会高质量发展有重要的影响。

乡村振兴中产业兴旺驱动经济社会高质量发展。赵伟（2007）从县域的视角总结了四种产业驱动经济社会高质量发展模式：一是工业驱动型县域依托大城市的辐射带动效应，发扬传统文化、产业及体制优势走内生型工业化之路；二是农业驱动型重视农业及其延伸产业的发展，努力提高农产品的加工深度和附加值；三是第三产业驱动型县域以服务业的先行发展牵动其他产业的发展；四是资源禀赋驱动型县域敏锐发掘区域优势和特质。薛飏（2016）通过省级的面板数据对区域经济增长的乡村文化产业驱动效应进行了研究，结果表明，乡村文化产业投入和产出规模扩张对地区

GDP 和人均 GDP 增长具有显著作用，两者间的交互效应能推动经济发展，乡村文化产业有助于促进乡村旅游业和整个乡村第三产业发展，推动地区经济增长。对乡村文化产业发展的政策支持，合理布局，可以促进整体经济增长且实现区域平衡发展。

乡村振兴中生态驱动经济社会高质量发展。江孝君、杨青山和耿清格等（2019）对长江经济带的生态、经济与社会的系统协调发展关系进行了研究，通过深度分析 2000 ~ 2016 年长江经济带地级以上行政单元 EES（生态—经济—社会）系统协调发展的时空分异特征及驱动机制，发现生态驱动经济与社会系统的发展呈上升趋势且区域的差异在逐渐缩小。

乡村振兴中文明建设驱动经济社会高质量发展。秦书生、王旭付和晗宁（2015）研究发现，某些企业未建立绿色发展理念，缺乏绿色营销意识和手段，缺乏绿色技术创新的积极性和主动性。应强化企业绿色教育，推行绿色生产，完善企业绿色管理，实施绿色营销策略，强化绿色发展的技术支撑、政策支持和法律保障。

乡村振兴中乡村治理也驱动着经济社会高质量发展。张艳娥（2010）发现，乡村治理主体的整体性研究是乡村治理研究的薄弱点。随着乡村治理实践进程的推进，乡村治理的研究重心会从当前以静态的治理模式讨论为主，转移到以动态的治理主体研究为主；乡村治理主体内涵和类型目前依旧是模糊和混乱的，需要进行理论的梳理和规制；各治理主体的地位界定和作用的模式要放在特定的乡土资源中作具体分析；对微观行为主体关系的考察上使用了不同的研究视角；多中心治理是乡村治理的未来走向，这一点凸显了乡村治理主体研究的潜在价值。

乡村振兴中生活富裕可以驱动经济社会高质量发展。段子渊、张长城和段瑞等（2016）回顾了中科院科技扶贫开发历程与工作要点，在往期扶贫工作中创新地提出了"易地扶贫搬迁""异地股份制扶贫""技术引进扶贫"和"依托野外台站长期驻守扶贫"的发展模式，为科技扶贫促进县域经济发展打开新路径。

2.4 文献述评

综上所述，乡村振兴影响经济社会高质量发展的路径有：通过农业发展质量、农业产业融合和农村经济发展推动产业兴旺；通过保障乡村百姓的生存环境优良，提升乡村公共基础设施建设，实施农村人居环境整治，提升农村基本公共服务水平，深化农村改革等措施推动乡村的生态宜居；通过推动乡村的乡风文明建设与医疗卫生等事业进步，推动农村文化教育等事业发展；通过建立完善当代乡村社会治理体制，健全自治、法治、德治等乡村治理体系，建设平安乡村；通过提高收入水平、社会保障水平和消费水平来提高生活富裕水平。基于乡村振兴的实现路径，可以看到乡村振兴对经济社会高质量发展起到了内涵式的发展和驱动作用。

第3章　中国乡村振兴与经济社会 高质量发展的文本与社会网络分析

本章将通过文本数据来描述和分析乡村振兴与经济社会高质量发展的内在逻辑、关系、二者提升和协调发展的路径。通过政策、最新文献为代表的文本数据以及文本信息形成社会网络分析，对当前乡村振兴及经济社会高质量发展的研究热点及经济社会高质量发展的影响因素进行探究，为后面章节研究中的指标体系建立和实证分析寻找相关依据。

3.1　文本分析与社会网络分析的理论

3.1.1　文本分析的理论

文本分析是通过计算机技术对文本的表示和其特征项选取[①]，随着计算机和网络技术的发展，人类开始研究如何让计算机理解和运用人类社会的自然语言，也为文本分析奠定了基础。

文本分析是文本挖掘、信息检索的基础，它将在文本中提取的特征词通过量化表示文本信息。文本就是由一些符号等构成的信息结构体，该结构体能通过多种表现形态，如语言的、文字的、影像的等形式。文本由不

---

① 杨立公，朱俭，汤世平. 文本情感分析综述［J］. 计算机应用，2013，33（06）：1574 - 1578，1607.

同的人制作，一定程度会表达其特定立场、观点、价值和利益。因此，通过文本内容分析，能判断文本提供者的意图和目的。

3.1.1.1 文本的特征

文本分析中关键的一步是对文本特征的提取，将原始文本转变为结构化的计算机能识别处理的信息。一般运用向量空间模型去表达文本向量，若直接通过分词算法和词频统计方法获取的特征项来表示文本向量中的各个维度，则此向量的维度会变大，为后续工作带来更多的成本，让过程的效率变低，且将损害分类、聚类算法的精确性，最终很难令人满意。因此，一定要对文本向量做净化处理，在保证原意的基础上，找出对文本特征类别最具代表性的文本特征，最有效的办法就是用特征选择来降维。

3.1.1.2 文本特征的选取方式

选取本书的特征时，特征项要有一定的特性：其一，特征项要能标识文本内容；其二，特征项有把目标文本和其他文本相区分的能力；其三，特征项的个数不用太多；其四，特征项分离需要较轻松实现。

在中文文本中能通过字、词或短语当作文本的特征项。相对来看，词比字拥有更强的表达能力，同时，词的切分难度比短语的切分难度小。所以，大部分中文文本分类系统均使用词作为特征项，即特征词。这些特征词实现文档与文档、文档与用户目标之间的相似度计算。它们能在不减少文本核心信息的情况下降低单词数来减少向量空间维数，最终提升文本处理的速度和效率。文本特征选择往往利用某个特征评估函数计算各个特征的评分值，然后按评分值对这些特征排序，拿多个评分值最高的作为特征词，完成选择。

3.1.1.3 文本分析的一般程序

文本分析可以分为以下几个步骤。

（1）选择特征词。在相关的文本中选择研究问题的特征词，并区分所选择的特征词是否符合研究的问题。

（2）运用代码做词频的统计。利用代码对所选择的特征词进行分类，分类后做词频的描述性统计。

（3）具体文本分析。统计特征词在相关文件与法律中出现的频率，再统计相关文件与法律中各个所选取的特征词所出现的频率。通过不同的视角来看特征词在相关文件与法律中出现的频次，以及相关文件与法律中特征词出现的频率来判断政策随着时间的变化作出的相应改变①。

3.1.2　社会网络分析意义与特征

3.1.2.1　社会网络分析的概述

社会网络是一种结构关系，能表示行动者之间的社会关系，社会学家通过数学方法与图形等研究出的定量分析方法。它是社会学中较成熟的分析方法，研究者通过此方法能顺利地阐述一些社会学问题。如经济学、管理学等领域的学者在知识经济时代面临许多挑战时，同样思考借鉴其他学科的研究方法来解决问题，社会网络分析就是其中之一。

网络指各种关联，而社会网络可被称作社会关系所构成的结构。社会网络分析问题起源于物理学中的适应性网络，利用研究网络关系、数学方法、图论等定量分析方法将个体间关系、"微观"网络与整个社会系统的"宏观"结构联系起来。

从社会网络的角度看，人在社会环境中的相互作用能用基于关系的一种模型或规则表示，而基于此关系的有规律模式反映了社会结构，其量化分析是社会网络分析的出发点。

3.1.2.2　社会网络分析的意义

社会网络分析在文献研究中运用得较多，朱庆华和李亮（2008）阐述了社会网络分析法中的中心性分析、凝聚子群分析及核心—边缘结构分析3个主要分析角度，并总结了社会网络分析在情报学领域的应用成果。吴岸松（2007）提及了社会网络分析在企业知识管理中能改善组织网络结构的工作变为一个直观可控、事先可预定目标、事后可以量化测评管理效果

---

① Li X, Zhou Y, Liu S, et al. The characteristics of local government debt governance：Evidence from qualitative and social network analysis of Chinese policy texts ［J］. Economic Research-Ekonomska Istraživanja, 2022, 35（1）：6037 - 6066.

的过程，因此可以在组织知识管理中更多地使用社会网络分析，其意义如下。

（1）社会角色层次的结构（微观结构）：最基本的社会关系是角色关系，一般以角色丛的形式存在，它所表现的是人们的社会地位或身份关系。

（2）组织或群体层次的结构（中观结构）：社会构成要素之间的关系，这种结构关系体现在集体活动之间。

（3）社会制度层次的结构（宏观结构）：社会作为一个整体的宏观结构。

3.1.2.3 社会网络分析的特征

社会网络分析是社会结构研究的独特方法，B. 韦尔曼（Barry Wellman，1998）研究出了五个方面的方法论特征。

（1）它通过结构对行动的约束来解释人们的行为。

（2）它着重对不同单位间的关系进行分析。

（3）它重点考虑的问题是，由多维因素构成的关系形式如何共同影响网络成员的行为。

（4）它将结构当成网络间的网络。

（5）其分析方法直接涉及的是特定的社会结构的关系性质，主要目的在于补充，有时是替代主流的统计方法，要求的是独立的分析单位。

因此，通过社会网络分析的思想，行动者的任何行动都是相互关联的，他们之间形成的关系纽带是信息和资源传递的渠道，网络关系结构同时决定着他们的行动机会及结果。

3.1.3 研究设计

本章的研究设计：一是搜集政府的政策性文件；二是从政策性文件中利用词云图来选取关键词；三是通过政策性文件中的关键词搜集 2010 ~ 2022 年以来 CSSCI 中文核心期刊的文献；四是对所搜集的文献进行关键词、作者信息等统计与分析；五是对文献中出现频率排名前 10 的关键词进

行社会网络分析来寻找乡村振兴与经济社会高质量发展的提升路径。具体
研究设计方案如图 3 – 1 所示。

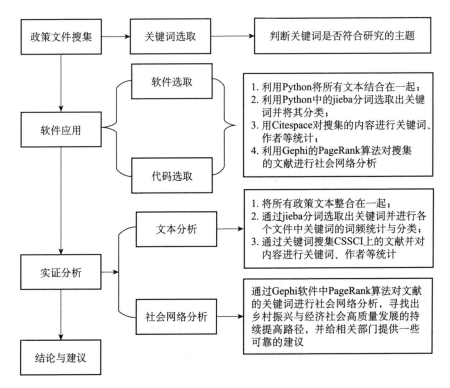

图 3 – 1　研究设计

3.2　乡村振兴与经济社会高质量发展的文本分析

3.2.1　问题的描述

随着脱贫攻坚战的结束，乡村振兴与经济社会高质量发展的新目标被
提上了日程，许多相关文件、报道与法律等也逐步出台。针对这些相关文
件的关键词、高频词和核心词等提炼相关文献，可以更加直观地看出当前
乡村振兴与经济社会高质量发展的重心，并为下一步政策的调整作铺垫。

文本分析在各种类型主题的研究中运用非常广泛。朱峰和吕镇

（2006）调研国内游客对饭店服务质量的评论，并通过文本分析得到中国国内旅游者对总台接待、客房服务、房间大小等与饭店星级紧密相关的因素非常重视。姚睿、叶剑平和翟文康等（2022）基于政策范式理论的最新发展成果和建设用地市场政策分析框架，运用文本分析法对相关法律、政策文本等进行分析，得出我国 2004 年后建设用地市场的政策范式变化情况。涂端午（2009）通过分析社会科学研究中相互关联的文本分析、内容分析和话语分析的异同，对政策文本分析的概念进行了界定。

3.2.1.1　乡村振兴相关文本

以下是关于乡村振兴文件的几个重要的节点。

随着乡村振兴的提出，这几年中央一系列的文件相继出台对新发展阶段优先发展农业农村、全面推进乡村振兴作出总体部署，为做好当前和今后一个时期"三农"工作指明了方向。

2018 年 3 月，《政府工作报告》中提到，大力实施乡村振兴战略。2018 年 5 月，中共中央政治局召开会议，审议《国家乡村振兴战略规划（2018—2022 年)》。2018 年 9 月，中共中央、国务院印发了《乡村振兴战略规划（2018—2022 年)》，并发出通知，要求各地区各部门结合实际认真贯彻落实。2021 年 2 月 21 日，《中共中央 国务院关于全面推进乡村振兴加快农业农村现代化的意见》，即中央一号文件发布，这是 21 世纪以来第 18 个指导"三农"工作的中央一号文件；2 月 25 日，国务院直属机构国家乡村振兴局正式挂牌。要做好乡村振兴这篇大文章，2021 年 3 月，中共中央、国务院发布了《关于实现巩固拓展脱贫攻坚成果同乡村振兴有效衔接的意见》，提出重点工作。

2021 年 4 月，十三届全国人大常委会第二十八次会议表决通过《中华人民共和国乡村振兴促进法》。2021 年 5 月，司法部印发了《"乡村振兴法治同行"活动方案》。2022 年全国两会调查结果出炉，"乡村振兴"关注度位居第八。

2022 年 1 月，《中共中央 国务院关于做好 2022 年全面推进乡村振兴重点工作的意见》发布，其中强调了乡村振兴应该求好不求快。

3.2.1.2　经济社会高质量发展相关文本

以下是关于经济社会高质量发展文件的几个重要的节点。

2017 年，第十九次全国代表大会首次提出"高质量发展"表述，代表中国经济由高速增长阶段开始转向高质量发展阶段。党的十九大报告中涉及的"建立健全绿色低碳循环发展的经济体系"为当前高质量发展指导了方向。高质量发展根本在于经济的活力、创新力和竞争力，经济发展的活力、创新力和竞争力都与绿色发展紧密相连，而绿色发展是我国从速度经济转向高质量发展的重要标志。

2018 年 3 月国务院《政府工作报告》提出，按照高质量发展的要求，统筹推进"五位一体"总体布局和协调推进"四个全面"战略布局，坚持以供给侧结构性改革为主线，统筹推进稳增长、促改革、调结构、惠民生、防风险各项工作。

2020 年 10 月，党的十九届五中全会提出，"十四五"时期经济社会发展要以推动高质量发展为主题，要以习近平新时代中国特色社会主义思想为指导，坚定不移贯彻新发展理念，以深化供给侧结构性改革为主线，坚持质量第一、效益优先，切实转变发展方式，推动质量变革、效率变革、动力变革，使发展成果更好惠及全体人民，不断实现人民对美好生活的向往。

2021 年 9 月，《国务院关于推进资源型地区高质量发展"十四五"实施方案的批复》发布。2021 年，恰逢"两个一百年"奋斗目标历史交汇之时。2021 年 3 月，国务院《政府工作报告》中介绍，"十四五"时期是开启全面建设社会主义现代化国家新征程的第一个五年。要准确把握新发展阶段，深入贯彻新发展理念，加快构建新发展格局，推动高质量发展，为全面建设社会主义现代化国家开好局起好步。2021 年 3 月，中共中央政治局召开会议，审议《关于新时代推动中部地区高质量发展的指导意见》。

2022 年 12 月，国务院印发《扩大内需战略规划纲要（2022—2035 年)》，其中提到"我国经济由高速增长阶段转向高质量发展阶段，发展要求和发展条件都呈现新特征，特别是人民对美好生活的向往总体上已经从

'有没有'转向'好不好'，呈现多样化、多层次、多方面的特点。解决人民日益增长的美好生活需要和不平衡不充分的发展之间的矛盾，必须坚定实施扩大内需战略，固根基、扬优势、补短板、强弱项，通过增加高质量产品和服务供给，满足人民群众需要，促进人的全面发展和社会全面进步，推动供需在更高水平上实现良性循环"。

3.2.2　数据获取及研究方法

3.2.2.1　数据获取的原则

本章数据获取的原则。一是相关性：与乡村振兴和经济社会高质量发展无关的政策文本不会被选入本章的文本数据；二是权威性：以中国政府网站、"学习强国"等中央权威机构文件为首选，百度百科及各种官方媒体报道为补充作为文本数据的选取依据；三是完整性：所有下载的政策文本都是详细的，包括标题、发布部门、内容明细及发布时间；四是规范性：政策文本内容符合中国官方行政文件规范。

3.2.2.2　数据的获取

本章的政策文本数据获取源自新华网、学习强国网、中共中央党校、中国政府网等中央权威网站，均与乡村振兴和经济社会高质量发展相关，所有文件均包括了标题、发布部门、内容明细及发布时间。因此，本章的文本数据均符合以上所描述的四个原则。

本章的文献数据获取源自知网，搜集的文章均源自知网中文核心学术期刊，文献所涉及的学科涵盖了宏微观经济学、金融、证券、中国政治与国际政治、环境科学与资源利用等相关的内容。

3.2.2.3　研究方法

（1）Python 语言给予了高效的高级数据结构，还可以简单有效地面向对象编程，是非常实用且相对 Java 等其他编程语言来说更易上手的语言。本章中将通过 Python 抓取一些新闻网站的政策性文件相关的报道、知网论文文献等文本书件，切割文本书件，找出关键词以及绘制词云图等。

（2）CiteSpace 软件是目前进行文献计量分析研究的主要方法，通过软件提供的可视化功能对所选的研究领域文献展开分析，可以挖掘出深层次的研究内容[①]。本书将总计 12 013 篇文献导入 CiteSpace，分别从高产作者、关键词聚类分析和突现词等角度输出可视化分析结果，得到全国乡村振兴与经济社会高质量发展的知识图谱。对乡村振兴与经济社会高质量发展的研究热点和研究演进过程进行对比，可以更好地理解乡村振兴与经济社会高质量发展的未来走向，从而可以整理出更具有价值和导向性的发展方向。

3.2.3　乡村振兴与经济社会高质量发展文本可视化分析

3.2.3.1　政策文本的处理

（1）政策文本的描述性统计。本书收集了 74 个政策文本[②]（截至 2022 年 12 月），包括了乡村振兴和经济社会高质量发展相关的政策文件、报道与法律等。通过 Python 内置 OS 库将文本数据整合如表 3 - 1 与图 3 - 2 所示。

表 3 - 1　　乡村振兴与经济社会高质量发展相关文件和法律的基本特征描述

年份	总结	文本类型						
		报道	法律	规划	意见	标准	通知	报告
2017	2	0	0	0	0	1	0	1
2018	7	1	0	1	2	1	1	1
2019	8	0	0	1	4	1	1	1
2020	14	1	0	1	7	0	3	2
2021	20	4	2	2	6	0	4	2
2022	23	4	4	2	6	0	5	2

由表 3 - 1 可知，政策的文本书件主要以报道、法律、规划、意见、标准、通知、报告等形式发布。政策报道一般以新闻、会议和采访形式发

---

① Chen C. Searching for intellectual turning points：Progressive knowledge domain visualization ［J］. Proceedings of the National Academy of Sciences，2004，101（1）：5303 - 5310.

② 政策文本：也叫公共政策或国家政策，它是政策体系中的一部分。

布，法律以正规法律文件颁布，规划一般以"十三五"或"十四五"等五年规划为主，意见以权威部门对下属部门的申请回复为主，标准以规划中的内容为主，通知则是上级部门对某些事件、新闻或者规划的官方文件为主，报告是以每年两会和人大的报告为主。

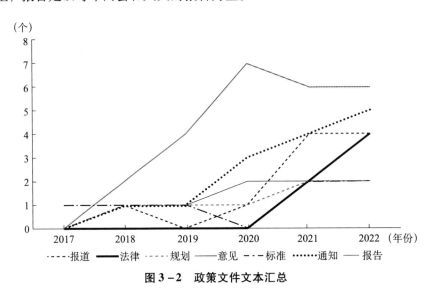

图 3-2 政策文件文本汇总

图 3-2 中，"意见"文件在 2020 年时达到了近年的高峰，共 7 个，"通知"与"报道"文件在 2021 年达到了 4 个，其他类型的文件相对较少。"意见"与"通知"在 2017~2020 年呈现明显的上升趋势，同时相关"法律"在 2020 年、2021 年和 2022 年陆续出台，表明中央在进行决策时是先试行再进行立法的程序。而"报告"文件基本上每年都是 1~2 个，即对上一年的政府工作总结以及对新一年的政府工作的布置。随着时间推移，对乡村振兴与经济社会高质量发展的"报道"与"规划"也在逐年增多。而"标准"数量在过去的 5 年间最少。

（2）政策文本的合并。针对这些政策性文本书件，先用预文本的处理，通过 Python 将所有 txt 版本的政策文件合并到一个 txt 文件下，将 2017~2022 年的中央重要政策文件合并在一起，再进行下一步的文本分析流程。

（3）政策文本的词云图绘制。通过词云图可以绘制词语的大小，从而观测哪些词在政策文本中出现的频率较高，粗略看出关键词，然而词云图不能看出词语具体频率的细节和在政策文本中的分布。将合并后的文本制作出词云图，如图 3-3 所示。

图 3-3　2017 年之后主要政策文件的词云图

词云图中词语的大小越大，说明它在文本中出现的频率就越高，也就越关键，从图 3-3 的词云图中可以看出，主要的高频词语有："发展""高质量""农村""农业""乡村""振兴""制度""政策""社会""经济"等。词云图中显示词语最大的是"发展"，即"发展"在 74 份政策文本书件中出现的频率最高，但是其中细节和分布特点无法分析。因此预文本处理后，需要进一步分解和解读文本数据。

接下来，本章将选择作为主要关键词对知网中相关文献进行文本分析。

3.2.3.2　文献数量分析

通过整理出的关键词"乡村振兴""高质量发展""农业经济""农业农民"，从知网搜取相关文献的题目、关键词、摘要、作者信息等数据。文章将搜取 2010~2022 年的相关文献进行文本分析，共搜集了相关文献 10 811 篇。搜取的文献结果汇总如图 3-4 和图 3-5 所示。

从图 3-4 和图 3-5 中可以得到：关键词为"乡村振兴"的文献共

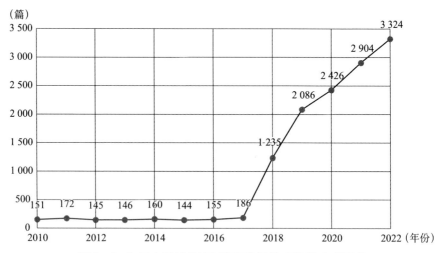

图 3 - 4　知网中通过关键词搜取的相关 CSSCI 文献汇总

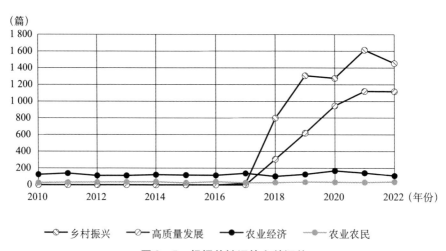

—◇— 乡村振兴　—◇— 高质量发展　—●— 农业经济　—●— 农业农民

图 3 - 5　根据关键词的文献汇总

6 464 篇，"高质量发展"的文献共 4 111 篇，"农业经济"的文献共 1 634
篇，"农业农民"的文献共 414 篇，反映了在中文核心期刊中，对于乡村
振兴与高质量发展的研究量明显要高于农业经济与农业农村，研究热度集
中在前两者，即在脱贫攻坚战之后国家的关注点放在了乡村振兴与高质量
发展上。2017 年乡村振兴与经济社会高质量发展提出之前，2010～2017 年
针对"乡村振兴""高质量发展""农业经济"与"农业农民"四个类型

的发文量为 1 259 篇，2017 年发文量开始猛增，从 2017～2022 年的发文量为 12 623 篇，随着中央对乡村振兴与经济社会高质量发展的路线提出，相关领域研究热度上升的速度较快。

3.2.3.3　发表文献的作者分析

针对本章中选取的文献作者进行分析，在 Citespace[①] 中，以 2010～2022 年的 CSSCI 数据"Author"为节点且用 1 年时间为切片，并且选取了这 10 多年间发文量前 10 的作者，基于此得到"乡村振兴""高质量发展""农业经济"与"农业农民"为关键词的 CSSCI 中文核心期刊发文量排名前 10 名的作者统计信息如表 3－2 所示。

表 3－2　　　　　　　　　　发表文献的作者分析

序号	CSSCI 作者	发文量
1	任保平	80
2	刘彦随	37
3	龙花楼	31
4	李裕瑞	29
5	文丰安	27
6	张俊飚	25
7	周立	22
8	孔祥智	21
9	左停	21
10	师博	18

从表 3－2 中可以看出，发文量第一的为任保平，在 2010～2022 年发表相关论文为 80 篇，远超第二名和第三名作者的发文量，作者主要关心的领域有"高质量发展""经济增长质量""经济增长"和"新型工业化"等。排名第二和第三的作者是刘彦随和龙花楼，来自中国科学院地理科学与资源研究所，且研究的领域为"乡村振兴""土地利用""土地利用转型"和"乡村地理学"等。发文量排名第四的是与他们合作过的作者李裕瑞，研究领域同样着重于"乡村"。发文量排名后续依次是文丰安、张俊

---

① Citespace：是一个针对国际前沿性研究进行追踪和分析的软件。

飚、周立、孔祥智、左停与师博。同时，作者的研究领域与其所在的单位或机构有密切的关系。

3.2.4 乡村振兴与经济社会高质量发展文本中研究热点及趋势的实证分析

3.2.4.1 关键词分析

关键词对科研文献来说非常重要，几个词可以概括整篇文章的研究重点与内容，对关键词的分析可以加深对 10 多年来科研研究重点与前沿热点。通过 Citespace 对排名前 15 的高频率关键词和关键词的中心性进行统计分析，如表 3 - 3 和图 3 - 6 所示。

表 3 - 3   高频关键词统计

序号	CSSCI 关键词	词频	中心性
1	乡村振兴	3 174	0.63
2	乡村治理	305	0.06
3	脱贫攻坚	236	0.03
4	城乡融合	195	0.06
5	精准扶贫	176	0.05
6	新时代	168	0.05
7	乡村旅游	156	0.06
8	数字经济	135	0.06
9	共同富裕	134	0.04
10	黄河流域	126	0.03
11	城镇化	107	0.08
12	经济增长	85	0.04
13	相对贫困	78	0.01
14	绿色发展	78	0.03
15	城乡关系	77	0.01

从图 3 - 6 关键词共现中可以看出，"乡村振兴"字体最大且位置最为中心，连接了"乡村治理""新时代""绿色发展""城镇化"等关键词，

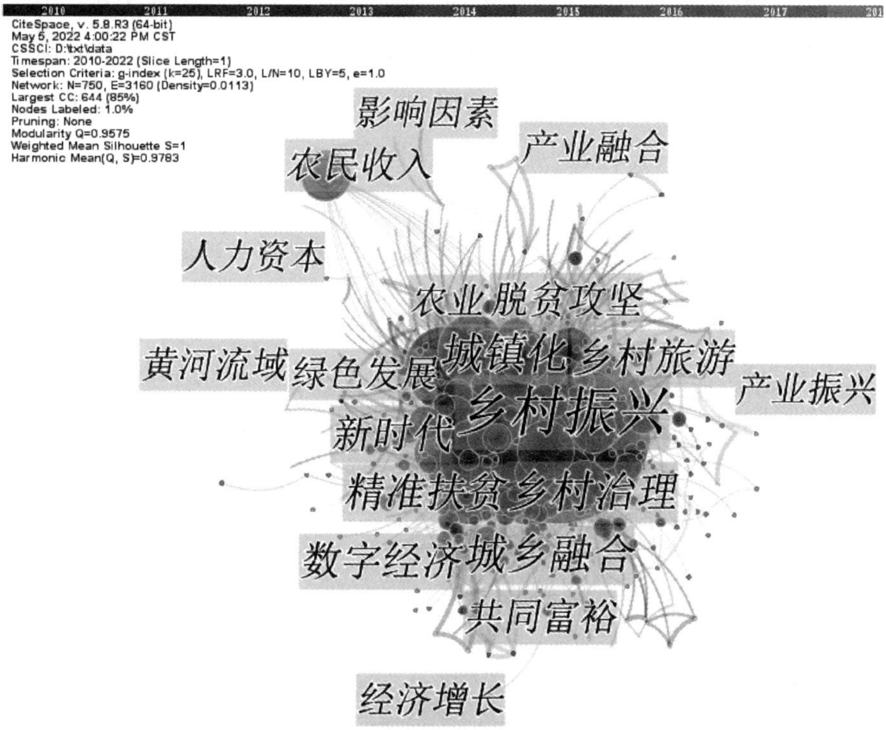

```
2010    2011    2012    2013    2014    2015    2016    2017    201
CiteSpace, v. 5.8.R3 (64-bit)
May 5, 2022 4:00:22 PM CST
CSSCI: D:\txt\data
Timespan: 2010-2022 (Slice Length=1)
Selection Criteria: g-index (k=25), LRF=3.0, L/N=10, LBY=5, e=1.0
Network: N=750, E=3160 (Density=0.0113)
Largest CC: 644 (85%)
Nodes Labeled: 1.0%
Pruning: None
Modularity Q=0.9575
Weighted Mean Silhouette S=1
Harmonic Mean(Q, S)=0.9783
```

影响因素 产业融合
农民收入
人力资本
农业 脱贫攻坚
黄河流域 绿色发展 城镇化 乡村旅游
新时代 乡村振兴 产业振兴
精准扶贫 乡村治理
数字经济 城乡融合
共同富裕
经济增长

图 3 – 6 关键词共现

是 2010 年以来文献研究的最热点以及最关键的点，而远离"乡村振兴"的关键词，例如，"经济增长""影响因素""产业融合"等关键词则相对热度低一些，但也是关键词热点"乡村振兴"附带的一环，同样值得被关注。

从表 3 – 3 中可以看出，选取的 2010 ~ 2022 年的 CSSCI 文献关键词中词频最高的是乡村振兴与乡村治理，分别出现了 3 174 次和 305 次，"脱贫攻坚""城乡融合""精准扶贫"紧随其后，说明"乡村振兴"的研究是近些年来的研究热点，而具体的乡村振兴过程即"乡村治理""城乡融合"和"精准扶贫"等也是各个学者专家的研究方向。排名相对靠后的关键词，例如，"经济增长""相对贫困""绿色发展"等是 2017 年之前国内发展重点关注的对象，而当前的政策方针对这些角度的关注相对较少，因此在近 12 年的文献研究中出现的频率相对较低。

中心性作为文章 A 和 B 的关键词中介，处于中枢位置，或者有一个关键词连接几篇文章，起着枢纽的作用。这个词就叫中介中枢，具有中心性，中心性超过 0.1 的节点称为关键节点，因此所选关键词只有排名第一的"乡村振兴"符合关键节点的定义，达到了 0.63 且远高于中心性值第二高的城镇化，即"乡村振兴"所连接的文献众多。许多文献中都带有乡村振兴的主题，进一步凸显了当前我国政策和文献对乡村振兴的重视，也是未来国家发展时代主题。

3.2.4.2 聚类分析

对本书选取的文献关键词进行聚类分析，通过聚类分析可以得到中文核心 CSSCI 中乡村振兴与经济社会高质量发展研究领域热点的动态演进过程。通过选取 2010~2022 年的文献关键词作为分析基础，作聚类分析输出时间线图谱如图 3-7 所示。

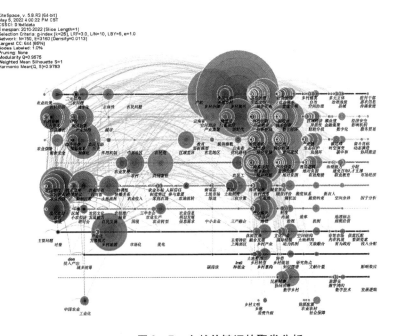

图 3-7 文献关键词的聚类分析

通过上面的关键词时间线图谱，可以看到每条时间线上的高频关键词，这些时间线上的关键词反映了这条线所代表的聚类动态演进过程。从中可知，CSSCI 中文核心期刊可分为 10 个聚类，下面是每个聚类的情况分析。

（1）乡村振兴。2017 年之前的文献研究，从 2010 年的"农业政策"开始，包括了 2010～2013 年的"二元结构""三农""主体性""农民问题"研究，主要集中在"三农"和农民本身就业等问题。2017 年开始，文献重点转向了"产权""乡村治理""乡风文明""美丽乡村"等，开始向乡村扶贫，创造乡村就业、产业等主题转移。2020 年实现全面脱贫后，研究热点直接转为对"乡村振兴"的研究，有"生态文明""社会治理""乡村精英""多元主体"等惠农、乡村环境和治理的问题，研究开始向乡村振兴的具体实施措施方面转移。

（2）高质量发展。2017 年之前高质量发展相关的研究热点在"农村金融""人力资本""经济增长""制度创新""产业结构"等，倾向于经济高速发展的主题。2017 年后开始以"新时代"开端，接着转向"科技创新""产业融合""创新驱动""数字经济"等高新科技，而不是一味只追求经济发展的速度，更倾向于发展经济的质量和科技创新水平。自 2020 年疫情后，热点则向"区域经济""财政分权""金融集聚""数字化""经济安全""服务贸易"转移，这与全球疫情、全球经济下行、中美贸易战以及全国局势的变化有着密切关系，我国高质量发展的研究热点倾向安全、平稳发展的主题。

（3）黄河流域。关键词黄河流域在 2017 年之前的相关研究热点在"农业保险""粮食安全""城镇化""农民互助"等，即黄河流域附近的农业和粮食问题是这个时期研究的热点。2017～2020 年之前，黄河流域的主要研究热点在"实现路径""城市群""绿色发展""长三角耦合协调"等，说明这一时期热点转移到了区域经济耦合发展和生态保护等。而 2020年疫情之后，强调重点在"碳达峰"与"碳中和"上，尤其可以看到，黄河流域的研究重点在农业农民、环境、绿色发展等方面。

（4）脱贫攻坚。关键词脱贫攻坚在 2017 年之前相关研究热点在"中部地区""农业发展""农村""农民工"等主题上，说明中部地区的农民工就业和农业发展是其脱贫攻坚的关键。2017～2020 年，"精准扶贫""城乡融合""产业扶贫""相对贫困"等成了研究热点，这些文献的研究热点证明了随着"两个一百年"尤其是第一个"一百年"目标的临近，扶贫、消除贫困成了整个社会的关注焦点。后疫情时代，2020～2022年，研究热点转向"治理能力""分配""人才支撑""市场经济"，因为疫情的影响导致国内的经济下行，主要以稳定为主，对人才与市场的急需证明了这一点，而脱贫攻坚本身的研究则相对减少。

（5）农业经济。关键词农业经济，2017年之前，"农民增收""农民收入""土地流转""农业补贴""新常态""土地市场""家庭农场"等是研究热点，可以看出这段时间内农业经济的主题在土地、农场和补贴上。2017年热点转向"农村改革""国有企业""减贫效应""融资约束"等，说明这一时期国家大力推进脱贫工作的进展，通过产业、国有企业帮扶、企业融资等手段大力促进脱贫工作。2020年后，"新农人""空间分异"等热点出现，研究转向乡村振兴促使农村农业经济的新模式。

（6）现代农业。关键词现代农业，2017年前研究热点在"现代农业""小农经济""农民文化""农技推广"等，集中在农业现代化，农业技能。2017～2020年，研究热点转向了"三产融合"，即利用对农村三次产业之间的优化重组、整合集成、交叉互渗，让产业链条逐步延伸，产业范围逐步拓展，产业功能逐步增多等，最终完成发展方式的创新，一直生成新业态、新技术、新商业模式、新空间布局等。2020年后，热点转向了"产业振兴""内涵""机制""规模经营"等，即研究更多的是农业现代化关键点。

（7）乡村旅游。关键词乡村旅游，2017年之前文献研究热点放在了"市场化""乡村旅游""发展模式"等，即乡村旅游的市场化上，通过市场化的旅游给乡村带来增收。2017～2020年，"乡村产业""国际经验""融合发展""文化产业"成了研究热点，可以看出这一时期的乡村旅游开始多元化发展，是为了吸引更多的资本、人才等促进乡村旅游的增收。2020年后，"有效市场""内在机理""供需匹配""数据要素""收入分配"等成为研究热点，说明疫情后对新常态下乡村旅游市场的调整势在必行。

（8）乡村转型。关键词乡村转型，2017 年之前乡村转型的研究热点在"投入产出""城乡统筹""碳排放""种植业"等，环保、种植和碳排放的减少是这个时期的热点。2017～2020 年，研究热点转向"土地整治""乡村重构""乡村规划"等，同样 2020 年疫情后的热点依旧不变，说明乡村转型中对乡村环境、规划、土地整治等一直都是近十多年来不变的热点。

（9）数字技术。关键词数字技术，是个经济学概念，即通过大数据的识别、选择、过滤等过程，它是个内涵很宽泛的概念，直接或间接通过数据来指导资源发挥作用，推进生产力发展的经济形态均能纳入其范畴。技术层面看，有大数据、云计算、物联网、区块链、5G 通信等新兴技术。应用层面看，"新零售""新制造"等均为典型代表。2017 年之前 5G 技术还未发展起来，因此数字经济未成为研究热点。2017～2020 年，"协同治理""数字乡村"等成了研究热点，数字经济融入了乡村发展。疫情后，"旅游业""数字鸿沟""发展逻辑"成了研究热点。

（10）农业农村。关键词农业农村，2017 年前，对农业农村的研究热点在"中国农业""工业化"，这个时期的农业发展在逐步向工业化方向行进。2017～2022 年，研究热点转向了"乡村文明""消费升级""资源配置""社会保障"等，即基础设施基本完善，研究更多地关注在乡风文明、消费、社会的保障等民生问题上。

3.2.4.3　突现词分析

对文本的突现词进行分析，选取排名前 15 的关键词进行分析，能得出乡村振兴与经济社会高质量发展研究的演进过程和学科前沿，对后续学术研究具备一定参考价值。在 Citespace 中以"keyword"为节点，基于此分析突现词，可以得到 CSSCI 中乡村振兴与经济社会高质量发展的关键词突现图，如图 3 - 8 所示，Strength 值越大，则该关键词的强度越大。

由图 3 - 8 可知，在 2010～2022 年的 CSSCI 文献中，国内专家、学者关注的重点为农民收入、农业经济、土地紧急和现代农业等。而突现词主要有农民收入、农业经济、农业和土地经济这四个关键词，突现强度分别

前15个最强突现词

突现词	年份	突现强度	开始年份	结束年份	2010~2022年
农民收入	2010	23.56	2010	2017	▬▬▬▬▬▬▬▬▬▬▬▬
农业经济	2010	23.45	2010	2017	▬▬▬▬▬▬▬▬▬▬▬▬
农业	2010	17.26	2010	2017	▬▬▬▬▬▬▬▬▬▬▬▬
土地经济	2010	13.46	2010	2018	▬▬▬▬▬▬▬▬▬▬▬▬
农民	2010	11.1	2010	2017	▬▬▬▬▬▬▬▬▬▬▬▬
现代农业	2010	10.2	2010	2018	▬▬▬▬▬▬▬▬▬▬▬▬
农民增收	2010	7.59	2010	2016	▬▬▬▬▬▬▬▬▬▬▬▬
农业保险	2010	6.64	2010	2017	▬▬▬▬▬▬▬▬▬▬▬▬
影响因素	2010	7.58	2011	2017	▬▬▬▬▬▬▬▬▬▬▬▬
城镇化	2010	7.12	2011	2019	▬▬▬▬▬▬▬▬▬▬▬▬
首发论文	2010	5.79	2011	2017	▬▬▬▬▬▬▬▬▬▬▬▬
农民工	2010	5.8	2017	2019	▬▬▬▬▬▬▬▬▬▬▬▬
乡风文明	2010	5.76	2017	2019	▬▬▬▬▬▬▬▬▬▬▬▬
改革开放	2010	12.32	2018	2019	▬▬▬▬▬▬▬▬▬▬▬▬
农村改革	2010	6.47	2018	2019	▬▬▬▬▬▬▬▬▬▬▬▬

图 3 – 8   2010~2022 年 5 月 CSSCI 中突现词

是 23.56、23.45、17.26 和 13.46，因此农民收入对农业经济的稳定性很强，在 2010~2017 年被持续关注。2017 年，研究学者开始更多地转向对农民工、乡风文明的研究，自 2017 年党中央开始脱贫攻坚战以来，研究热点转向了农民的收入、乡村和乡风文明的建设。2018 年，改革开放和农村改革成了突现词，突现强度分别为 12.32 和 6.47。学者们着重研究改革开放的经验对农村改革的启发，在脱贫攻坚的关键期有着至关重要的作用。

3.2.5 乡村振兴影响经济社会高质量发展的内在逻辑的文本热点分析

由第 1 章内容可以了解到，宏观上乡村振兴对经济社会高质量的影响机理以及与经济社会高质量的协同发展的机理，由本节上述的文本分析可从微观角度进一步了解乡村振兴中具体能够推动或者影响经济社会高质量发展的几个方面。

从微观角度看，乡村振兴最终的目标是实现共同富裕，拉低城乡可支配收入差距，让人民都过上幸福美好的生活。通过上述的热点词，可以得到文献中从微观角度看乡村振兴对于经济社会高质量发展的影响。即防止返贫策略、乡村产业、乡村数字化、城镇化和乡村绿色发展对减小城乡可支配收入差距、促进社会公平有着重要影响。

3.2.5.1　防止返贫，让完成脱贫的乡村站起来

脱贫攻坚完成，防止返贫问题要得到根本解决才能保住脱贫攻坚的成果，要建立返贫的事前干预机制，构建返贫预警机制。构建返贫的预警机制，要从以下几个方面入手：政策环境预警、自然环境预警和主体自身预警（范和生，2018）。

（1）关于政策环境预警，主要指的是国家政策变动引起的返贫。政策性的返贫有两种情况，制度惯性型返贫和政策扭曲型返贫（薛澜和陈玲，2010）。

首先，制度惯性型返贫的存在使得当扶贫的情景有变化时，如果相对应的扶贫手段一成不变，返贫率会直线上升。正式制度，如城乡二元结构阻碍了农村劳动力流通，让农村富余劳动力发展空间不足，很难再次转移。而非正式制度的效力，例如，扶贫干部长期形成的价值观念、行为习惯等未跟正式制度的改变而改变，则扶贫效果不佳。所以优化城乡二元结构的束缚和扶贫干部的思维模式，提升农副产品价格或对农产品种植的补贴，才能尽可能规避由于制度惯性返贫的风险。

其次，政策扭曲型返贫是政策制定、执行过程中产生同现实需求不同引发的返贫现象。第一种是扶贫政策制定与贫困对象实际情况不符，这不仅需要通过物质帮扶来扶贫，还要在精神和能力上帮扶困难群众，所谓"授人以鱼不如授人以渔"；第二种是扶贫政策与政策本身不相符，部分地方干部存在"虚假脱贫"和"数字脱贫"的现象，实际上，地方政府为了完成任务，滥用职权，扶贫不扶贫，脱贫未脱贫，让返贫现象依旧未解决；第三种是扶贫政策资源缺失同地区发展需求相违背。国家对贫困地区的公共基础设施的投入不足，使得单一的物质扶贫只能在短期内发挥成效，而长时间大概率会返贫，并且脱贫的标准线较低，但用家庭人均收入

超贫困线作基准，未考虑到家庭教育、精神和文化等方面的优化，自身生产能力和脱贫能力没有提升，在没有国家救济的时候易因缺乏资金而返贫。

（2）关于自然环境预警，"地理环境决定论"提到一个国家的政治制度、文化教育、风俗习惯等与它的地理环境关系密切，资源困乏是贫困地区的特点，是约束当地发展的重要因素。伴随着我国城镇化和工业化的发展，大片土地被征用，农民拿到微薄的一次性土地补偿后，很快用完且无固定收入，严重影响了当地农民的生活。所以当环境承载能力下降时，容易导致返贫现象发生。

（3）关于主体自身预警，主要是由于主体自身原因而导致返贫的情况。返贫人口的能力不足，自身素质弱质性、低层次性所致的能力供给不足，这些主要表现在身体健康水平下降、思想观念落后、知识技能水平较低和应对风险能力缺失，很容易造成因病返贫、因残返贫、因老返贫等情况。在农村地区，特别是贫困多发地区，经济基础薄弱，相关的社会保障体系并未健全，家庭积蓄极其有限，患病得不到良好的医治。同时，这个群体缺少专业的技能，致富能力弱，可选择的生计方式较狭窄，于是便会导致主体自身返贫。

3.2.5.2 乡村产业促进乡村经济发展，提高乡村收入

中国从脱贫攻坚时期的乡村产业扶贫到新征程阶段的乡村产业振兴内在逻辑上具有一致性和相继性（陈耿宣和周小茜，2022）。

从经济和市场价值角度来理解，乡村产业兴旺是乡村多元经济相互渗透、融合、发展的一种状态，它具有三种特性。第一，产业构成的多样性，产业兴旺的前提就是产业构成的多样性，乡村产业的多样性产生于农民生活需求的多样性，实现乡村有机循环特别是种植业与养殖业间、乡村生产与生活间的有机循环是可持续农业的关键。同时，产业多样性对分散和化解农业风险有帮助。第二，产业内容的综合性，它体现在资源的综合利用与综合功能，例如，农业收获粮食，在可食用的同时，残留的食物可以加工成渣、皮、糠等当作燃料和手工艺品等，也可以延伸成产业链条。

同时，作为乡村生活的一部分，这些产品等可以成为宣传乡村本身风土人情、生活方式等的重要途径，让文化也融入产业中。第三，产业要素的整体性，它强调的是乡村产业要素之间的关系，各产业要素是高度关联的且是非线性关系。其中包括了土地、环境、生态、水资源、物种、村落、民宅、传统文化和习俗等，有物质的同时也有精神上的，相互融合形成了一个整体，这样的乡村产业才能促进乡村经济发展，提高乡村收入。

从乡村农业产业来看，可以通过三个维度探讨，分别是产业链延伸、产业融合和产业功能扩展。首先，产业链延伸，即农业生产的产前、产后环节延伸。产前延伸有农资的生产与经营环节，向产后延伸包括储存、加工、运输销售等环节，同时，还可以衍生出稻田景观、草编手工艺品等多种分支，形成网状的产业链。其次，产业融合，推进与农业相关的第一、第二、第三产业融合发展的主张，鼓励农户多种经营，从事种养业的同时，保证农产品加工和农产品流通、销售等第二、第三产业，更能增加农产品附加值和农民收入。产业兴旺意义的融合仅出现在乡村内部才有意义，产业融合发展是让农民获得更多的收益，这种收益能通过产业融合增加资源的利用率来实现。

3.2.5.3　乡村数字化赋能乡村振兴，推动城乡机会均等化

数字经济带动乡村发展，同时推动城乡的机会均等化，推动社会公平进程。数字乡村在乡村振兴中要发挥重大的作用，找到数字乡村建设的作用机理和应用场景，才可以更好地发挥乡村振兴的内生动力，共同推进农业农村高效、充分、均衡发展。

城市的数字化发展在前期取得了重要进展，使得城乡数字鸿沟被越拉越大，造成了以下问题。

（1）农业的数字化转型被限制。城乡数字鸿沟产生的最大风险为城乡经济差距，这在数字经济中表现得更为显著，数字化包括了数字产业化、产业数字化和数字化治理三个方面。产业数字化是数字经济增长关键的一级，将现代数字技术用于农业、工业和服务业等传统产业领域来实现其数字化转型。从数字经济内涵与引领经济增长的效果来说，数字经济让主要

的生产力要素出现变化，数字化的信息和知识变为核心生产要素。

（2）农村的社会建设面临新的挑战。首先，城乡数字鸿沟本质是城镇与乡村居民在获得和利用信息资源的一组机会与能力上的不均衡，说明农村居民获取和使用信息资源的可行能力的匮乏。其次，城乡数字鸿沟妨碍了信息资源向农村居民的流动，让农村居民缺乏数字化信息资源共享。最后，数字鸿沟对农民的政治参与有影响。

解决这些问题，有以下途径。

（1）扩充农业信息化空间，涉农智能产品生产与农业数字化转型。利用税收减免等方法构建高效激励机制，研发和生产适用于多种类型农户、农业生产多个环节和异质化农业生产条件的数字化农具、自控化农业生产系统等智能产品。另外，各级政府可以联合信息服务企业，搭建专门的农户和社会的数字化涉农信息系统或农业农村大数据中心。

（2）提高农村信息可及性，政企联合加快信息基础设施建设。现在我国数字乡村建设最大问题为农村地区的信息基础设施的缺陷。要加速农村地区的信息基础设施建设，推进农村居民对于现代信息与通信技术的可及性程度，及时调动中央政府、地方政府和电信企业等多元主体涉足农村及偏远地区信息基础设施建设的积极性。

（3）增加农民信息可担性，降低信息成本同时增加农民收入。提升农民的信息支付能力，既要切实降低信息服务成本，也要提高农民收入水平，拒绝电信行业垄断，使多种社会资本加入信息服务领域，同时鼓励电信企业负起必要的社会责任，保证信息服务费在农民的信息可担性与电信运营活力之间维持一定的平衡。

（4）培育农民的信息知能，短期技能培训同长期教育投入。拥有信息支付能力的基础上，农民把获得的信息通过信息技术应用在生产生活。短期内推进技术下乡，建立培训站，给农村居民提供专业化和集中化技能培训，在长期推进下，培育农民信息知能的根本办法是提升他们信息知能的教育水平。

（5）推动农村互联网应用，双向资源流通与城乡融合发展。以互联网为介质打造资源相互流通和万物互联的新型城乡关系，完成城乡融合发展的途径。利用打造农村导向的资源配置机制,使网络、信息、技术和人才等资源在农村地区发展,另外从乡到城的资源互通,一般通过"互联网 +"农产品工程,打造更顺畅的流通渠道。

3.2.5.4 城镇化给乡村带来经济增长,助力城乡经济平衡

生产要素集聚、分流和升级是就近城镇化的基本经济活动。财政支撑型、能人经济型、产业驱动型、政策驱动型是就近城镇化生产要素集聚的四种动力类型,提升其可持续驱动力,要发挥更多利益的驱动作用,降低对生产要素集聚的非理性干预。

面对未来中国城镇化的新动力与新红利,主要有以下几点。

(1)新人口的力量,居住与生活是未来城镇化的牵引力。未来我国城镇化的重点不仅在吃饱饭上,而是在获取城镇化后的美好生活,具体表现在获取基本或者优质生活条件。

(2)新空间力量,聚集和分散是未来城镇化的空间内生力量。虽然未来 10 多年聚集是我国经济发展的主导力量,不过分散力的作用慢慢得到增强,聚集同分散两个力量在不同尺度上和区域内的作用不一致,决定着空间城镇化有"聚中有散"的变换。经济欠发达地区,空间交互活动总体倾向聚集,经济发达地区,空间交互活动总体倾向分散。

(3)新交互力量,"新四化"是未来城镇化经济的内生力量。一是市场一体化衍生出全国化交互力量,城镇化第一阶段劳动力资源丰富的比较优势与对外开放的政策环境让中国各区域率先加入全球化进程中,让中国有了半城镇化问题。二是城市大型化带来的多样化交互力量,未来大城市化、都市圈化和城市群化会是城镇化的主要形式,庞大的市场会让城镇化经济中的分工与交换、竞争与合作更加多样化。三是产业高级化带来的服务化交互力量,随着产业升级不断加速,数字化、智能化的交互,利用产业数字化、智能化和数字、智能产业化,加速推进城镇化经济发展。

(4)新产出力量,人力资本、技术资本与制度创新是城镇化的资本。到 2035 年之前,人力资本、技术资本与制度资本会不断变为主导因素,推动中国城镇化高质量发展。

3.2.5.5　乡村绿色发展，守住绿水青山，就是守住了金山银山

乡村绿色发展是乡村发展与振兴的重要一环，中央对农业绿色发展的关注度不断提升，近年来我国一系列出台的政策对于乡村绿色发展也有了一些成效（金书秦、牛坤玉和韩冬梅，2020）。

（1）顶层设计的"四梁八柱"基本建立。农业农村绿色发展成为国家重点关注内容，《建立绿色生态为导向的农业补贴制度改革方案》提出2020年基本建成以绿色生态为导向的农业补贴政策体系同激励约束机制。同时，农业农村环境保护工作全面被纳入法治轨道，自2014年以来，《畜禽规模养殖污染防治条例》《环境保护法》等出台让乡村地区的绿色发展进入了新阶段。

（2）"十三五"主要目标实现。农业水资源利用效率不断提高，农业废弃物资源化利用水平不断提高，农业绿色发展综合样板初步有了一定规模等：一是农业总用水量表现为下降趋势，水资源利用效率总体提高；二是化肥、农药利用率提高，投入量均实现减低；三是废弃物资源化利用率不断提高；四是农产品绿色供给水平逐年提高；五是农业绿色发展综合样板初具规模。

同时，作为创新，田园综合体是农业绿色可持续发展的关键选择和业态支撑，是乡村发展思维模式的新突破。通过这些创新类乡村绿色发展的新模式，不仅给乡村带来了绿色环境，也带来了绿色经济，诸如绿色产业、乡村旅游等，经济发展进一步与城市拉近。

3.3　乡村振兴与经济社会高质量发展的社会网络分析

3.3.1　问题的描述与文本数据选取

本章第二节中对2017年以来有关乡村振兴与经济社会高质量发展相关的政策文本书件作了词云图分析，并通过关键词查找了2010～2022年的CSSCI中文核心期刊文献，对其中关键词、发文作者和突现词等进行了文

本分析。除此之外，乡村振兴与经济社会高质量发展的社会网络关系可以在文本分析基础上更进一步让决策者了解到乡村振兴对经济社会高质量发展有驱动作用。

从乡村振兴与经济社会高质量的社会网络角度看，人在社会中的职能是基于社会关系基础上的，而在此关系基础上的有规律模式体现了社会结构，它的量化分析是社会网络分析的出发点。通过了解乡村振兴与经济社会高质量发展的社会网络图的关系，找到可以协调发展、共同进步的方式，同时还可以解释乡村振兴与经济社会高质量发展的关系。

因此，本节将对乡村振兴与经济社会高质量发展进行社会网络分析。

文本数据选择的是根据上节中通过政策文本形成词云图找到其中的关键词，再利用关键词获取 CSSCI 中文核心期刊的作者、题目、摘要、文献关键词等信息，即自 2010～2022 年乡村振兴与经济社会高质量发展，由政策文本关键词搜索到的文献所映射出的排名前 10 的问题，以及部门相互之间的社会网络关系。

3.3.2　社会网络分析的算法选择与中心度的介绍

3.3.2.1 算法的选择

在实际应用中，许多数据都以图的形式存在，例如，互联网、社会网络都可以看作是一个图。图数据上的机器学习具有理论与应用上的重要意义。韩婷、周丽华和黄立群等（2022）基于加权 PageRank 的异质信息网络影响力最大化算法，可以保留网络中所有类型节点和连接边的信息，通过考虑异质信息网络中不同类型节点之间的影响关系来得到节点的最终影响力。朱大锐、王睿和程文姬等（2022）基于社会网络理论和 PageRank 算法，从静态分析角度建立输电网的有向加权网络模型，通过对 PageRank 算法改进得到考虑节点状态信息与拓扑信息的电气传输转移矩阵。黄德才和戚华春（2006）深入剖析了谷歌的 PageRank 算法，并介绍了该算法的当前发展现状，他们发现 PageRank 算法易出现主题漂移，因此通过提出二阶相似度改进此算法。经过实验表明，改进后能降低主题漂移现象，提升用户对检索结果的满意度。

本节使用 Gephi 软件，算法是 PageRank，Gephi 是一款开源的社会网络分析软件，主要在各种网络和复杂系统中运用，动态和分层图的交互可视化同探测开源工具。所以本节社会网络分析的算法选择的是 PageRank。

PageRank 算法是图的链接分析的代表性算法，属于图数据上的无监督学习方法，其最初作为互联网网页重要度的计算方法，1996 年由佩奇和布林（Larry Page & Sergey Brin，1996）提出。其算法的基础思想是在有向图上定义一个随机游走模型，表示随机游走者沿着有向图随机访问各个结点的行为。一定条件下，极限情况访问每个结点的概率收敛到平稳分布，各个结点的平稳概率为其 PageRank 值，即结点的重要度。

PageRank 算法主要应用在搜索引擎的搜索功能中，其主要用来计算网页的重要程度，将最重要的网页展示在前面，此算法主要围绕以下两个假设。

（1）若有一个网页能被多种其他的链接关联，则代表此网页很重要，则此网页的 PageRank 值比较高。

（2）若有一个网页本身的 PageRank 值很高，且此网页又链接了一个网页，则这个被链接的网页比较重要，其 PageRank 值较高。

3.3.2.2 PageRank 算法的一般定义

PageRank 一般定义是在基本定义的基础上导入平滑项。给定一个含有 n 个结点 α_i，$i = 1，2，\cdots，n$ 的任意有向图，假设考虑一个在图上随机游走的模型，即一阶马尔可夫链，其转移矩阵是 M，从一个结点到其连出的所有结点的转移概率相等，这个马尔可夫链未必具有平稳分布。假设考虑另一个完全随机游走的模型，其转移矩阵的元素全部为 $1/n$，也就是说从任意一个结点到任意一个结点的转移概率都是 $1/n$。两个转移矩阵的线性组合又构成一个新的转移矩阵，将其可以定义一个新的马尔可夫链。容易证明这个马尔可夫链一定具有平稳分布，且平稳分布满足：

$$R = \left(dM + \frac{1-d}{n}E \right)R$$

$$= dMR + \frac{1-d}{n}l \tag{3-1}$$

式中 $d(0 \leqslant d \leqslant 1)$ 是系数，称为阻尼因子（damping factor），E 是全为 1 的矩阵，R 是 n 维向量，l 是所有分量为 1 的 n 维向量。R 表示的就是有向图的一般 PageRank。

式（3-1）中第一项表示状态分布是平稳分布时，依照转移矩阵 M 访问各个结点的概率，第二项表示完全随机访问各个结点的概率。阻尼因子 d 取值由经验决定，例如，$d = 0.85$。当 d 接近 1 时，随机游走主要依照转移矩阵 M 进行；当 d 接近 0 时，随机游走主要以等概率随机访问各个结点。

可以由式（3-1）写出每个结点的 PageRank，这是一般 PageRank 的定义。

$$PR(\alpha_i) = d\left(\sum_{\alpha_j \in M(\alpha_i)} \frac{PR(\alpha_j)}{L(\alpha_j)} \right) + \frac{1-d}{n}, i = 1, 2, \cdots, n \qquad (3-2)$$

第二项称为平滑 i 期，由于采用平滑项，所有结点的 PageRank 值都不会为 0，具有以下性质：

$$PR(\alpha_i) > 0, \ i = 1, 2, \cdots, n \qquad (3-3)$$

$$\sum_{i=1}^{n} PR(\alpha_i) = 1 \qquad (3-4)$$

3.3.2.3　PageRank 算法的迭代方式

PageRank 算法迭代方式如下。

输入：含有 n 个结点的有向图，转移矩阵 M，阻尼因子 d，初始向量 R_0。

输出：有向图的 PageRank 向量 R。

（1）令 $t = 0$。

（2）计算：

$$R = dMR + \frac{1-d}{n} l \qquad (3-5)$$

（3）如果 R_{t+1} 与 R_t 充分接近，令 $R = R_{t+1}$ 停止迭代。

（4）否则 $t = t+1$，执行（2）。

3.3.2.4 社会网络中心度

社会网络中心度一般有三种：点度中心度、接近中心度和中介中心度。以上三种中心度的介绍如下。

（1）点度中心度（point centrality）表示网络图的整体中心性。星形网络图核心点点度中心度为 $n-1$，其余点为 1，中心势为 1；完备图每个点中心度都是 $n-1$，中心势为 0。

绝对点度中心度的点度中心度计算如下 。

$$C_{ADi} = d(i) = \sum_j X_{ij} \qquad (3-6)$$

相对点度中心度的点度中心度计算如下：

$$C_{RDi} = d(i)/(n-1) \qquad (3-7)$$

式（3-6）与式（3-7）中 $d(i)$ 表示点 i 与 j 的距离。

（2）接近中心度（closeness centrality）表示一种对不受他人控制的测度，即一个点同全部其他点的接近性程度，分为绝对和相对。计算方法是该点与其他所有点的测地线距离之和。

绝对点度中心度的接近中心度计算如下：

$$C_{APi}^{-1} = \sum_j d_{ij} \qquad (3-8)$$

相对点度中心度的中间中心度计算如下：

$$C_{RBi} = 2\, C_{ABi}/[(n-1)(n-2)] \qquad (3-9)$$

（3）中介中心度（between centrality）是一个结点担任其他两个结点之间最短路桥梁的次数。一个结点充当"中介"的次数越高，它的中介中心度就越大。若考虑标准化的问题，可通过一个结点承担最短路桥梁的次数除以所有的路径数量计算。

绝对点度中心度的中间中心度计算如下：

$$C_{ABi} = \sum_{j<k} b_{jk}(i) = \sum_{j<k} g_{jk}(i)/g_{jk} \qquad (3-10)$$

相对点度中心度的中间中心度计算如下：

$$C_{RBi} = 2\, C_{ABi}/[(n-1)(n-2)] \qquad (3-11)$$

3.3.3　乡村振兴与经济社会高质量发展的社会网络特征

3.3.3.1　社会网络分析图分析

通过关键词"乡村振兴""高质量发展""农业经济""农业农民"搜集 2010～2022 年共 12 623 篇文献。利用文献找到排名前 10 的关键词，通过 Gephi 软件的 PageRank 算法建立起各个关键词点对点的联系，最终形成社会网络分析图。形成的社会网络分析图如图 3 - 9 所示，图中较大的圈表示中心位置的关键词，而旁支发展出来的小圈表示大圈发展出来的有相关性的词语。

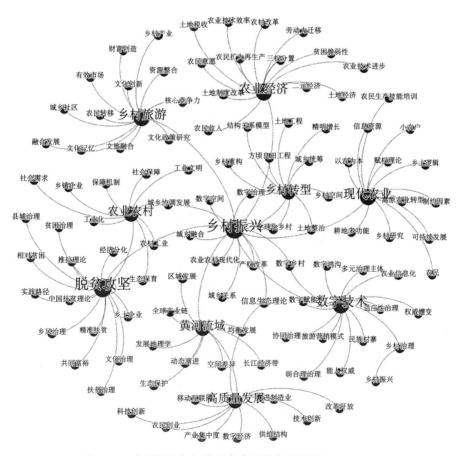

图 3 - 9　乡村振兴与经济社会高质量发展的社会网络分析

从图 3 - 9 中可以看出，乡村振兴位于最中心的位置，且与文献中出现频率排名前 9 的关键词都有着密切联系。

乡村振兴一共连接着 17 个词条，一共有 9 个关键词与乡村振兴的发展有直接联系，即乡村旅游、农业经济、现代农业、乡村转型、农业农村、脱贫攻坚、黄河流域、高质量发展与数字技术。其中，乡村旅游可以通过融合发展、文化记忆等 12 条路径得到提升；农业经济的发展则有土地制度改革、农民意愿、农业扩大再生产等土地和农业技术上的 13 条提升路径；现代农业发展靠耕地多功能、信息资源和可持续发展等 12 条路径提升；乡村转型可以通过全球化乡村、土地整治、万顷良田工程等 9 条路径得到提高；农业农村发展可以从工业化、乡镇企业和社会保障等 9 条路径提升；脱贫攻坚有精准扶贫、乡土企业、中国扶贫理论等 13 条提升路径；黄河流域有全球产业链、区域发展、均衡发展等 8 条提升路径；数字技术靠数字乡村、数字鸿沟、协同治理等 14 条路径得到提升；高质量发展一共 9 条提升路径。其中，改革开放、农民创业是早年对高质量发展有帮助的路径，而科技创新、数字经济、供给结构等新的提升路径理念则是 2017 年之后提出的，是对高质量发展提高的最新研判，更加值得决策者优先考虑发展。

除了 9 个关键词外，还与 8 个词有密切联系，即数字乡村、产权改革、农业现代化、城乡融合、数字空间、数字处理等影响着乡村振兴的兴旺发展。

综上所述，在 2010～2020 年的 CSSCI 中文核心期刊的文献研究中，乡村振兴的发展提高最重要的是农业经济、农业现代化技术、乡村的经济结构转型、乡村数字化、城市带动乡村经济发展这几个方面，对于经济社会高质量发展，提升的路径主要在科技创新发展、数字经济、供给侧结构性改革等方面。

3.3.3.2 社会网络中心度分析

以上进行了社会网络分析图的分析，通过 Gephi 软件可以继续测算社会网络中心度的值，中心度表示点的中心度值，即整个网络的趋势，从而知道其中任意一个关键词作为一个结点承担最短路桥梁的次数除以所有的路径数量。具体的中心度计算值如表 3 - 4 所示，以下计算的所有中心度值均为相对值，非绝对值。

表3－4　　　　　　　　　　社会网络分析中心值计算结果

关键词	利益相关个数	溢出相关个数	总相关	点度中心度（point centrality）	接近中心度（closeness centrality）	中介中心度（between centrality）
乡村振兴	8	9	17	1	1	69.5
高质量发展	1	10	11	1	1	9.5
乡村旅游	0	13	13	0.71	0.80	0
农业经济	0	14	14	0.72	0.80	0
现代农业	0	13	13	0.71	0.80	0
乡村转型	0	10	10	0.69	0.78	0
农业农村	0	11	11	0.60	0.67	0
脱贫攻坚	2	15	17	0.72	0.80	13
黄河流域	0	10	10	0.61	0.68	0
数字技术	0	14	14	0.73	0.82	0

　　根据中心度值的计算结果，点度中心度最高的为乡村振兴与高质量发展，二者均达到了1，而其余的关键词都在0.7附近。接近中心度数值最高的是乡村振兴与高质量发展。其中，乡村振兴的中介中心度在10个关键词中最高，达到了69.5，而脱贫攻坚为13，排名第二，排名第三的高质量发展中介中心度值为9.5。从以上数据可以得出以下结论：一是乡村振兴充当"中介"的次数最高，而脱贫攻坚充当"中介"的次数排名第二，即乡村振兴在2010～2022年CSSCI文献关键词中起到了最强的桥梁作用，而脱贫攻坚则是第二个关键的桥梁，高质量发展是第三个关键桥梁；二是除乡村振兴、脱贫攻坚与高质量发展外，其余关键词的中介中心度数值为0，即它们均没有起到桥梁的作用；三是乡村振兴、高质量发展的接近中心度均为1，说明和其他关键词的接近程度最高，农业农村与其他几个关键词的接近度相对低一些。

　　综上所述，乡村振兴、脱贫攻坚与高质量发展在近十多年的CSSCI中文核心期刊中的地位非常重要，且三者是出现频率前10的其他关键词的重要桥梁。通过乡村振兴、脱贫攻坚与高质量发展溢出相关的路径是提升整体乡村振兴与经济社会高质量发展的关键，建议相关部门可以通过以上文献建立起社会网络发展的新路径，找寻出更好的发展道路，制订出更有利于乡村振兴与经济社会高质量发展的发展计划。

本章小结

本章先通过搜集 2017 年以来的重要政策性文件，画出这些文件的词云图，根据最突出的关键词搜集网上相关文章的摘要、关键词等关键信息，再通过关键信息的聚类、统计等分析建立起相关社会网络，最后通过社会网络找寻提升乡村振兴与经济社会高质量发展的最佳路径。分析得到如下结论。

（1）2010 年以来文献研究的最热点以及最关键的点有"乡村振兴""乡村治理""新时代""绿色发展""城镇化"等关键词。

（2）关键词时间线图谱，可以看到每条时间线上的高频关键词，这些时间线上的关键词反映了这条线所代表的聚类动态演进过程。

（3）对文本的突现词进行分析，选取了排名前 15 的关键词，能得出乡村振兴与经济社会高质量发展研究的演进过程和学科前沿，对后续学术研究具备一定参考价值。在 2010～2017 年，突现词主要有"农民收入""农业经济""农业""土地经济"这四个关键词，突现强度分别是 23.56、23.45、17.26 和 13.46，因此农民收入对于农业经济的稳定性很强。自 2017 年党中央开始脱贫攻坚战以来，研究热点转向了农民的收入、乡村和乡风文明的建设。2018 年，"改革开放"与"农村改革"是两个新的突现词，学者们着重研究改革开放的经验对农村改革的启发，在脱贫攻坚的关键期有着至关重要的作用。

（4）在 2010～2020 年 5 月的 CSSCI 中文核心期刊的文献研究中，乡村振兴的发展提高最重要的是农业经济、农业现代化技术、乡村的经济结构转型、乡村数字化、城市带动乡村经济发展这几个方面，对于经济社会高质量发展，提升的路径主要在科技创新发展、数字经济、供给侧结构性改革等方面。

第4章 中国乡村振兴发展
水平的测度分析

随着我国脱贫攻坚战的全面胜利和乡村振兴战略的逐步实行，乡村振兴发展的水平不断提高，对各省区市的乡村振兴发展水平的测度非常必要，可以使各级政府了解当前乡村振兴发展的情况，制订下一步乡村振兴战略的具体指标和具体方案。通过深度理解乡村振兴的理论、深度研究中央乡村振兴的文件和文献，本章构建了乡村振兴发展评价指标体系，采用熵权法对各省区市乡村振兴各级指标的权重进行测度。

本章研究的目的是综合测度我国乡村振兴发展水平，分析乡村发展的不均衡性和时空变化特征等，为全面认识和了解我国区域乡村振兴的发展状况和存在的问题提供定量支撑。因此，本章的研究区域为除去香港、澳门和台湾以外的31个省区市，考虑到部分原始数据的可得性，本书的研究时间跨度为2010～2022年。

4.1 乡村振兴发展评价指标体系构建原则

4.1.1 乡村振兴发展评价指标体系构建的基本原则

《中华人民共和国国民经济和社会发展第十四个五年规划和2035年远景目标纲要》中第七篇提出了全面推进乡村振兴的方向，《乡村振兴促进法》中提出促进乡村振兴要以产业兴旺、生态宜居、乡风文明、治理有效、生活富裕为总要求。所以本书将一级指标设置为产业兴旺、生态宜居、乡风文明、治理有效和生活富裕。

"十四五"规划第七篇中提出了"提高农业质量效益和竞争力""实施乡村建设行动""健全城乡融合发展体制机制""实现巩固拓展脱贫"等措施。吕承超和崔悦（2021）根据乡村振兴战略，提出要完整考察乡村振兴的内涵，同时拉长对全国的考察周期，在更长的时间里进行动态的研究，并对地区差距和空间视角下极化演变特征展开进一步探究。张挺、李闵榕和徐艳梅（2018）根据国家农业现代化标准、国家建设小康社会指标体系等研究成果，基于评价指标数据的科学性、系统性、全面性、可比性和可操作性的原则，涵盖经济、产业、环境、基础设施、教育、卫生以及制度体系等领域，建立了符合我国现阶段乡村实际情况的指标体系。

要保障该指标体系的合理性，在构建指标体系过程中，本书遵守了以下原则（陈守东和王淼，2011）①。

（1）目的性。乡村振兴评价的指标体系要通过围绕综合评价的目的，要准确地反映乡村振兴的发展水平，针对乡村振兴的本质特征和主要构成进行检测和详细描述，最终达到了解乡村振兴发展状况的目的。在乡村振兴的指标中，充分展现其内涵，衡量乡村振兴中农产品的生产销售情况，农村精神文明建设，乡村公共基础设施建设，农村人居环境的整治提升，基本公共服务水平等。

（2）科学性。乡村振兴指标要遵循科学性的原则，科学性体现在发展新型农村集体经济，包含改造后的农村集体所有制经济，也有基于私有产权形成的合作制和股份合作制经济，以及公有产权和私有产权联合的混合型集体经济，还有乡村的生态宜居性。科学性也要体现出农业农村现代化建设，因为发展专业化社会化服务也是实现我们国家农业现代化的必然选择。农业现代化从世界各国的发展规律来看，都是顺应现代农业发展的高质量过程应运而生，慢慢发展壮大，这是世界各国农业现代化走出的基本

---

① 陈守东，王淼. 我国银行体系的稳健性研究——基于面板 VAR 的实证分析［J］. 数量经济技术经济研究，2011，28（10）：64 – 77.

规律，所以农业社会化服务是支撑农业现代化服务的战略性大产业。

（3）综合性。乡村振兴指标体系应该遵循综合性的原则。其综合性体现在城乡关系新概念，城乡融合发展的新趋势，中国乡村产业未来的发展方向，乡村的文明教育建设和基层单位的有效治理。中国正在经历从"乡土中国"变成"城乡中国"，其内涵包括：一是从城乡二元体制到城乡一体化的制度变革；二是从大多数人务农到大多数人居住在城市的人口结构变化。因此，城乡融合发展的新趋势在于乡村未来社区的建设，要为各种如网络信息科技、人工智能等新技术的技术运用提供真实的社会依托和凭借，要提升城乡要素的平等交换及双向流动，成为有创新意义的城乡融合平台及运作模式。乡村产业的发展是为乡村振兴奠定产业兴旺的基础，是农业高质量发展、农民就业增收、农村可持续发展的现实需要。而乡村文明教育建设意味着指标体系要体现人才的振兴，农村产业的支撑，产业带动就业，才能保障人才的下乡就业。基层单位的治理能够提升基本的公共服务水平，建立城乡公共资源均衡配置机制，最终实现农村人口的共同富裕。创新发展农村集体经济要坚持新发展理念，持续完善改革与立法的顶层设计，提升内部治理结构的优化升级，让新型农村集体经济成为农业农村现代化的重要支撑、衔接小农户和现代农业发展的重要纽带、承接各类资源下乡的重要平台①。

（4）可操作性。纳入乡村振兴指标体系的各项指标必须要概念明确，内容清晰，能够实际测量或者是计算，以便进行定量分析。过于抽象的概念或者是理论范畴不能作为相关的引入指标体系，当前无法得到或者无法测算的指标也不能在考虑范围之内。

（5）代表性。选取的指标必须要有很好的代表性，要准确地反映乡村振兴的发展问题，与乡村振兴无关或者关系不大的因素都不考虑。对于每一个能够影响乡村振兴的指标，应该从中间筛选适当数量的代表性因素研究，不可能做到每项指标都入选到指标体系中。

---

① 高鸣，魏佳朔，宋洪远. 新型农村集体经济创新发展的战略构想与政策优化［J］. 改革，2021（09）：1－13.

（6）可比性。建立乡村振兴发展评价指标体系时，要考虑到地域发展的阶段性和一些动态性的指标，保证选取的指标具有横向发展性和纵向连续性，也要保证可以使得全国各省域间的比较，从而科学而又准确地判断某一省域的乡村振兴发展各个方面在全国中的领先水平或者落后水平。同时，要考虑各个地区的资源等条件的差异性，使得该指标具有比较好的包容性和可比性，有利于实际应用。

4.1.2 乡村振兴发展评价指标体系构建的说明

本书根据国家发展改革委牵头会同有关部门编制的《乡村振兴战略规划（2018—2022年）》，阐述了从2018～2022年作为实施乡村振兴战略的第一个五年的情况。从国际视野看，全球经济复苏态势有望延续，我国统筹利用国内国际两个市场的空间将进一步展开，同时国际农产品贸易不确定性依然存在，需优化我国农业竞争力、妥善应对国际市场风险。从国内视野看，伴随我国经济由高速增长阶段转向高质量发展阶段，工业化、城镇化、信息化深入推进，乡村发展会迎来大变革、大转型。本书综合考虑了数据的目的性、科学性、综合性、可操作性、代表性、可比性和可得性，对指标进行了整理和调整。以下为一级指标的构建说明。

4.1.2.1 产业兴旺

本书将从农业发展质量、农业产业融合和农业经济发展的情况三个方面来反映乡村振兴的产业兴旺指标。

首先，能反映农业发展质量的分别是农业现代化和农业生产环境。

（1）农业现代化。它涉及多方面，是非常综合的技术改造以及经济发展的过程，既是一个历史性概念，也是一个世界性概念。农业现代化的目标是建成发达的农业、建设富庶的农村和创造良好的环境，能反映出农业发展质量的情况。亩均农业机械动力数、有效灌溉面积占耕地面积比重、万元农林牧渔业增加值电力消耗可以体现农业现代化的情况。

（2）农业生产环境。它是人类赖以生存的自然环境中的一个重要组成部分，属于中国法定环境范畴。农业环境由气候、土壤、水、地形、生物要素及人为因子所组成。每种环境要素在不同时间、空间都可能有质量问题。本书选用的是具有代表性的亩均用肥量（纯氮）超标水平、万元农林牧渔业增加值用水量来反映农业生产环境的情况。

其次，反映农村产业融合的指标是粮食生产水平和非农产值占总产值比重。

（1）粮食生产水平指一定时期的一定地区，在一定的经济技术条件下，由各生产要素综合投入形成，能稳定地达到一定产量的粮食产出能力，直接用粮食生产水平来反映这个方面。

（2）非农产值占总产值比重指的是非农产业产值比重，即第二产业和第三产业的总产值占 GDP 的比重。

最后，反映农业经济发展的指标有农业总产值、乡村人均农业增加值。

（1）农业总产值是一定时期（通常为一年）内以货币形式表示的农、林、牧、渔业全部产品的总量，反映农业生产总规模。通过农、林、牧、渔业产品及其副产品的产量分别乘以各自单位产品价格得到。少数生产周期较长，当年没有产品或产量不易统计的，用间接方法估计其总值。

（2）乡村人均农业增加值代表的是乡村地区人民平均每年创造财富能力提升的情况，与人民的生活水平呈强正相关关系，因此这个指标能够代表农业经济的发展情况。

4.1.2.2 生态宜居

推动乡村的生态宜居，要保障乡村百姓的生存环境优良，提升乡村公共基础设施建设水平，实施农村人居环境整治提升五年行动，提升农村基本公共服务水平，深化农村的改革。生态宜居具体指的就是农村的生活环境，可以从卫生厕所建设情况、村庄绿化、道路建设和农村供水供气情况来体现。

第一，卫生厕所建设情况可以用农村无害化卫生厕所普及率和有卫生室的行政村比例来体现。

（1）无害化卫生厕所是符合卫生厕所的基本要求、有粪便无害化处理设施等规范的厕所，没有经过无害化处理的粪便导致农村肠道传染病和媒介性疾病时有发生与流行，是传播疾病、严重影响农民健康的重要因素。它是农村居民的基本卫生情况的体现。

（2）卫生室即村卫生室，是村级单位的医疗机构。新医改以后，国家将村级医疗机构统一称为村卫生室。把村卫生室、村卫生所、村医疗点合并，成立了每个行政村的标准化的村卫生室。它体现了一个农村的基本卫生医疗情况，卫生室可以让当地农村居民有一个基础的医疗条件。

第二，村庄绿化情况用村庄绿化覆盖率和农村人均公园绿地面积表示。

（1）村庄绿化覆盖率指农村内全部绿化覆盖面积与区域总面积之比，是反映一个国家或地区生态环境保护状况的重要指标。绿化覆盖面积包括公共绿地、居住区绿地、单位附属绿地、防护绿地、生产绿地等的绿化种植覆盖面积、屋顶绿化覆盖面积以及零散树木的覆盖面积。此指标可以很好地反映村庄的生态环境状况。

（2）农村人均公园绿地面积指包括向公众开放的市级、区级、居住区级公园的绿地面积，此指标反映的是农村居民生活环境和生活质量。

第三，道路建设情况用农村人均道路面积和农村道路硬化率表示。

（1）农村人均道路面积指的是农村人均道路占有率，即农村人口人均占用道路面积的大小，其代表着一个村的交通道路情况，对村民的生活造成的影响很大。

（2）农村道路硬化率。道路硬化的意义在于之前大部分农村的土路道路弯曲，崎岖不平，而水泥混凝土路面以其特有的适用性和造价低廉性，非常适应农村的道路建设，起到不可替代的作用，很大程度上改变了农村居民的出行体验及村庄的面貌。

第四，农村供水供气情况用农村供水普及率和农村燃气普及率来体现。其中，农村供水普及率指的是供水普及人口数目与农村总人口比，用来反映农村供水覆盖范围内的供水普及与便捷的平均水平；燃气普及率表示的是一个国家、地区、城市或农村使用煤气、天然气或石油液化气的人数占总人口数的比重，是反映公用事业现代化水平和人民生活方便程度的重要指标。

4.1.2.3　乡风文明

推动乡村的乡风文明建设与医疗卫生等事业进步，推动农村文化教育等事业发展，提升农村基本公共服务。

第一，农村教育发展由农村义务教育学校专任教师本科以上学历比例、城乡人口平均受教育年限比例、农村九年义务教育巩固率、农村人口平均受教育年限、乡村义务教育完成人数、学龄儿童净入学率和乡村高中在校人数体现。

（1）农村义务教育学校专任教师本科以上学历比例显示的是农村教师学历水平，可以直接反映学生接受教育的质量。

（2）城乡人口平均受教育年限比。此指标是一个负指标，显示的是城乡居民平均受教育水平的差距，这个值越小表示乡村居民受教育年限与城市居民受教育年限的差距越小。

（3）农村九年义务教育巩固率，是"十二五"规划新增的一项指标，指的是农村在校生巩固率，即一个学校入学人数与毕业人数的百分比。

（4）农村人口平均受教育年限对乡风文明建设起着很重要的作用，"十四五"时期经济社会发展主要目标中就有这个指标，只有全民受教育程度不断提升，劳动年龄人口平均受教育年限提高到 11.3 年，才能为建设现代化国家提供人才支撑。

（5）乡村义务教育完成人数可以直观地反映乡村目前义务教育完成的状况，可以以此为依据继续深化乡村教育的改革。

（6）学龄儿童净入学率是指调查范围内已进入小学学习的学龄儿童占校内外学龄儿童总数（包括智力障碍儿童，不包括盲聋哑儿童）的比重。

（7）乡村高中在校人数体现了在完成义务教育之后继续学习的人数，此指标作为参考，帮助政府扶持乡村高中的教育资源，为后续提高高中甚至本科学习的人数作贡献。

第二，卫生养老通过每千人口卫生技术人员数、每千人农村人口村卫生室人员、孕产妇死亡率、农村养老服务机构数来反映。

（1）每千人口卫生技术人员数直观反映了农村地区平均拥有医疗人员的数量，侧面反映了农村地区医疗服务的情况。

（2）孕产妇死亡率是每万例活产或每十万例活产中孕产妇的死亡数。在农村地区及贫困和教育程度较低的群体中，产妇死亡率较高。少女面临的妊娠并发症和妊娠死亡风险比年长妇女大，此指标侧面也反映了农村地区贫困和教育程度的情况。

（3）农村养老服务机构数可以直观反映农村养老的保障服务情况。

4.1.2.4 治理有效

治理有效是乡村振兴的核心，应建立完善党委领导、政府负责、法治保障的当代乡村社会治理体制，健全自治、法治、德治相联系的乡村治理体系，建设平安乡村。

通过社区服务中心单位数、主任、书记"一肩挑"比例、村委会主任中共党员比例、村委会主任大学本科及以上比例、农村基尼系数来体现治理有效。

（1）社区服务中心单位数这项指标中，社区服务中心是城镇居民自治组织，工作人员基本是社区居民选举产生，其数量反映了基层治理的情况。

（2）主任、书记"一肩挑"比例是指村书记和村主任、村上合作社负责人将由一个人来担任，真正拥有了很大的决策权，此领导由农民自己民选产生，国家不干涉，是民主治理的重要体现。

（3）村委会主任中共党员比例显示了党员和群众之间密不可分的关系，也是民众拥护党组织的重要体现。

（4）村委会主任大学本科及以上比例很好地体现了村委会的学识水平，与其综合治理能力也相互挂钩。

（5）基尼系数是指国际上通用的，能评价一个国家或地区居民收入差距的指标。基尼系数取值为 0~1，越接近 0 说明收入分配更趋于平等。

4.1.2.5 生活富裕

乡村振兴战略的实施效果可以通过农民生活富裕水平展现，持续缩小城乡各方面差距，使广大农民群众也迈进全面小康社会，朝共同富裕目标前进。生活富裕可以通过收入水平、社会保障水平和消费水平来体现。

第一，收入水平可以用农村人均可支配收入、农村居民恩格尔系数、城乡居民人均可支配收入比、工资性收入占总收入比重和财产性收入占总收入比重来体现。

（1）人均可支配收入在实际生活中，常指人均居民可支配收入。居民可支配收入是居民能用来最终消费支出和储蓄的总和，可以真实地反映农村地区收入的情况。

（2）恩格尔系数是国际上常用的测定贫困线的方法，指居民家庭中食物支出占消费总支出的比重，随家庭收入的增加而下降，即恩格尔系数越大就越贫困。

（3）城乡居民人均可支配收入比凸显了城乡之间的收入差异，让政策制定者更好地制订下一步的扶贫增收的计划。

（4）工资性收入占总收入比重和财产性收入占总收入比重作为一个整体，劳动性收入，即工资收入，需要我们用劳动去换取。财产性收入，也叫资产性收入，是指参与社会活动和生活活动所产生的收入，即家庭拥有的资产所获得的收入，比如，财产营运所获得的红利收入、投资理财增值收益等。

第二，社会保障水平可以用人均合格住房面积、农村最低生活保障标准、城乡最低生活保障差异和农村贫困人口发生率来体现。

（1）人均合格住房面积可以体现农村的经济状况和政府对旧房改造、扶贫的成效，这正是社会保障水平的体现。

（2）农村最低生活保障标准、城乡最低生活保障差异和农村贫困人口发生率表现的均是政府脱贫政策对各省市农村居民的实质影响以及带来的社会保障。

第三，消费水平可以用农村居民人均消费支出和城乡居民人均消费支出来体现。这两个指标都反映了农村居民的实体消费情况，前者直接表现了农村居民消费支出水平，后者表现的是城镇和乡村居民之间的比较，更直观地反映了农村居民的消费状况。

4.2 乡村振兴发展指标体系构建

4.2.1 乡村振兴指标体系的初步构建与数据来源

由上述指标体系建立的根据，初步建立乡村振兴指标体系如表 4 - 1 所示。

表 4 - 1　　　　　　　　初步建立乡村振兴指标体系

一级指标	二级指标（可测度指标）
产业兴旺	农业现代化
	有效灌溉面积占耕地面积比重
	万元农林牧渔业增加值电力消耗
	亩均用肥量（纯氮）超标水平
	万元农林牧渔业增加值用水量
	乡村人均 GDP 增长率
	农业劳动生产率
	农产品加工
	城乡二元经济
	特色产业产值占总产值比重
	非农产值占总产值比重
	非农产业从业人员占总劳动力比重
	农业机械化综合水平
	每万人口农业科技人员数
	农业科技创新成果转化率
	粮食生产水平
	农业机械化
	农产品商品率
	农户信用贷款不良率
	农户参加经济合作组织比率
生态宜居	生活污水处理
	农村无害化卫生厕所普及率
	累计使用卫生公厕户数比例
	环境污染综合指数
	村庄绿化覆盖率

续表

一级指标	二级指标（可测度指标）
生态宜居	农村人均公园绿地面积
	农村供水普及率
	农村人均道路面积
	农村燃气普及率
	安全饮用水普及率
	旱厕改造率
	生活垃圾无害化处理率
	农村道路硬化率
	家庭信息化覆盖率
	农村卫生服务
	文化场所
乡风文明	农村人口平均预期寿命
	每千人口专职教师数
	农村教育水平
	农村人口平均受教育年限
	农村教育服务
	农村养老保险参保率
	中小学生人均拥有固定资产值
	城乡教育差距
	乡村高中在校人数
	每千人口卫生技术人员数
	新型农村合作医疗参合率
	村卫生室专业技术人员比例
	孕产妇死亡率
	农村养老服务
	学龄儿童净入学率
	每千人农村人口村卫生室人员
	家庭文教支出占总支出比重
	高校毕业生下乡人数
	乡村义务教育完成人数
	人均公共文化设施面积
	"星级文明户""文明家庭"所占比例
	保护发展地方优秀特色文化的农村财政投入比例
	地方优秀特色文化的市场转化率

一级指标	二级指标（可测度指标）
治理有效	基层服务
	党员乡贤在农村基层党组织中的比例
	民主参与度
	主任、书记"一肩挑"比例
	村委会主任中共党员比例
	村委会主任大学本科及以上比例
	选举等重大决策事项村民参与率
	村务公开率
	农村党员大会等自治制度普及率
	农村基尼系数
	每万人农村刑事案件发生数
	每万人村民纠纷案件发生数
	每万人口平均信访量
生活富裕	农村贫困人口发生率
	农村人均可支配收入
	农村居民恩格尔系数
	城乡居民人均可支配收入比
	农村居民人均消费支出
	城乡消费差距
	社会养老保障
	农村医疗保障
	最低生活保障
	城乡最低生活保障差异
	农民人均纯收入实际增长率
	农村家庭恩格尔系数
	工资性收入占总收入比重
	财产性收入占总收入比重
	人均合格住房面积
	拥有私家车家庭占比

在本书乡村振兴指标体系中，农村供水普及率、农村燃气普及率、村庄绿化覆盖率、农村人均公园绿地面积、道路交通、人均合格住房面积等数据均来源于《中国城乡建设统计年鉴》；每千人口卫生技术人员数的数

据来源于《中国卫生健康统计年鉴》；卫生厕所数据来源于《中国环境统计年鉴》；农村贫困人口发生率数据来源于《中国农村贫困监测报告2020》；农村基尼系数数据来源于各省的统计年鉴；其余数据均来源于《中国统计年鉴》、EPS统计分析数据库以及《国家粮食和物资储备局》。

4.2.2　数据不可得和缺失的数据处理

4.2.2.1　数据不可得的指标

在构造本章第一节的指标体系前，经过搜索和整理，数据不可得的有："农业劳动生产率""农产品加工""城乡二元经济""特色产业产值占总产值比重""非农产业从业人员占总劳动力比重""每万人口农业科技人员数""农业科技创新成果转化率""农业机械化""农产品商品率""农户信用贷款不良率""农户参加经济合作组织比率""安全饮用水普及率""旱厕改造率""家庭信息化覆盖率""农村人口平均预期寿命""中小学生人均拥有固定资产值""新型农村合作医疗参合率""村卫生室专业技术人员比例""高校毕业生下乡人数""人均公共文化设施面积""星级文明户""'文明家庭'所占比例""保护发展地方优秀特色文化的农村财政投入比例""地方优秀特色文化的市场转化率""党员乡贤在农村基层党组织中的比例""村务公开率""农村委员大会等自治制度普及率""每万人农村刑事案件发生数""每万人村民纠纷案件发生数""每万人口平均信访量""社会养老保障""农村医疗保障""农民人均纯收入实际增长率""拥有私家车家庭占比"。

4.2.2.2　部分缺失数据的剔除和替代

（1）"生活污水处理"从2013年开始才有数据，缺少2010～2013年的数据，因此剔除。

（2）体现"农业机械化综合水平"的"机耕面积占比"，由于机耕面积和耕地总面积的计算口径不同，导致出现了机耕面积大于耕地总面积的情况，并且在搜寻数据的过程中，缺少了2010～2020年的数据，因此剔除。

（3）"累计使用卫生公厕户数比例"，由于部分省市的某些年份计算口径的改变，导致了部分数据的结果有差错，因此剔除。

（4）"环境污染综合指数"只有 2004～2014 年的数据，2014 年之后无此数据的统计，因此剔除。

（5）"生活垃圾无害化处理率"自 2015 年开始才有统计数据，之前的数据有欠缺，因此剔除。

（6）"每千人口专职教师数"自 2015 年开始才有统计数据，之前的数据有欠缺，因此剔除。

（7）"农村养老保险参保率"自 2011 年开始改变了统计的口径，和 2011 年之前的数据之间的关联性相对缺乏，因此剔除。

（8）指标"民主参与度"中，部分省市的"村民委员会当年完成选举的村选民登记数（人）"和"乡村人数口"的统计口径存在不一致的情况，导致参与度出现了超过 1 的数值。同时，部分省市临近两年的数据差距巨大，可能是由于计算口径的改变或者是统计数据来源有误，因此剔除。

（9）指标"选举等重大决策事项村民参与率"中，部分省市"村民委员会当年完成选举的村选民登记数（人）"和"乡村人数口"的统计口径也存在不一致的情况，导致参与度出现了超过 1 的数值。同上，部分省市临近两年的数据差距巨大，可能是由于计算口径的改变或者是统计数据来源有误，因此剔除。

（10）"村卫生室专业技术人员比例"用"每千人农村人口村卫生室人员"替代。

4.2.2.3 部分缺失数据的处理

（1）"有效灌溉面积占耕地面积比重"由于有效灌溉面积和耕地面积的计算口径不同，出现了大于 1 的数据，因此将此指标换成"有效灌溉面积"。

（2）"农村居民人均可支配收入"中，2012 年及以前的数据为"农村居民家庭人均纯收入"，而之后采用"农村居民人均可支配收入"来表示，因此 2010～2012 年的数据使用几何平均数计算。

（3）"农村居民人均消费支出"中，2012 年及以前的数据计算口径不同，将原来居民消费支出核算主要用住户调查资料，调整为用住户调查资料为基础，综合利用有关行政记录、货物和服务的生产和销售资料进行调整的方法计算。因此 2010～2012 年的数据使用几何平均数计算。

（4）"亩均机械动力数"由农业机械动力数除以耕地面积得到，而在搜集数据的过程中，部分省份的数据不全，本书将 2018～2022 年的数据空缺取本省市前三年数据的几何平均数。

（5）"农村无害化卫生厕所普及率"缺少 2018～2022 年的数据，本书将采取各省区市的前三年数据的几何平均数作为参考数据将其填补；西藏地区的数据在统计年鉴上缺失，通过新闻报道得知西藏地区的农牧区卫生厕所普及率超过 45%[①]，2022 年的值为 49.45%[②]，那么本书将此指标 2020 年的值设为 45%，据此，可以算出增长率为 10%，再往前推算出之前的数据。

（6）"农村人均公园绿地面积"部分省份的数据不全，本书将 2018～2022 年的数据空缺取本省市前三年数据的几何平均数。

（7）"村民委员会主任中共党员比例"中 2015～2017 年的数据缺失，本书将用 2014～2022 年的增长速度推算出这三年的数据。

4.2.3　评价指标的无量纲化处理

无量纲化是物理学中的概念，常见的无量纲化方法有标准化方法和极值处理法等。

（1）标准化的计算公式为：

$$x_{ij}^* = \frac{x_{ij} - \bar{x}_{ij}}{s_j} \qquad (4-1)$$

其中，$\bar{x}_j$、s_j 分别是第 j 个指标 x_j 的样本均值和样本标准差。x_{ij}^* 为标准观测值。

其特点为：标准化后标准观测值的均值是 0，方差是 1；标准化后标准观测值在 0 的附近波动，最大值最小值无法确认；标准观测值有正有负，对于要求标准观测值非负的评价方法不适用。

---

① 新华网报道：西藏农牧区卫生厕所普及率超 45%。
② 新浪网报道：西藏农村户用卫生厕所普及率达 49.5%。

（2）极值处理方法的计算公式为：

$$x_{ij}^{*} = \frac{x_{ij} - m_j}{M_j - m_j}, \quad M_j = \max\{x_{ij}\}, \quad m_j = \min\{x_{ij}\} \tag{4-2}$$

对于正向指标：
$$Z_{ij} = \frac{x_{ij} - m_j}{M_j - m_j} \tag{4-3}$$

对于逆向指标：
$$Z_{ij} = \frac{M_j - x_{ij}}{M_j - m_j} \tag{4-4}$$

其中，x_{ij}^{*} 为标准观测值，Z_{ij} 为标准化处理后的标准观测值，x_{ij} 为观测值。

其特点为：变换后标准观测值最小值为 0，最大值为 1；对于指标值恒定的情况不适用。

本书主要用到的是标准化方法作为乡村振兴评价指标体系的无量纲化方法。

4.2.4 乡村振兴发展评价指标体系的实际构建

经过以上具体的数据处理，最终，确定"产业兴旺"下二级指标有 9 个，"生态宜居"下二级指标有 8 个，"乡风文明"下二级指标有 13 个，"治理有效"下二级指标有 5 个，"生活富裕"下二级指标有 11 个，如表 4-2 所示。

表 4-2 乡村振兴发展评价指标体系

一级指标	二级指标（可测度指标）	计量单位	正逆指标
产业兴旺	亩均农业机械动力数	千瓦/公顷	+
	有效灌溉面积	千公顷	+
	万元农林牧渔业增加值电力消耗	千瓦时	−
	亩均用肥量（纯氮）超标水平	万吨/公顷	−
	万元农林牧渔业增加值用水量	元/立方米	−
	粮食生产水平	公斤/人	+
	非农产值占总产值比重	%	+
	农业总产值	万元	+
	乡村人均农业增加值	元	+

续表

一级指标	二级指标（可测度指标）	计量单位	正逆指标
生态宜居	农村无害化卫生厕所普及率	%	+
	有卫生室的行政村比例	%	+
	村庄绿化覆盖率	%	+
	农村人均公园绿地面积	平方米	+
	农村人均道路面积	平方米	+
	农村道路硬化率	%	+
	农村供水普及率	%	+
	农村燃气普及率	%	+
乡风文明	农村义务教育学校专任教师本科以上学历比例	%	+
	城乡人口平均受教育年限比	—	
	农村九年义务教育巩固率	%	+
	农村人口平均受教育年限	年	+
	乡村义务教育完成人数	人	+
	学龄儿童净入学率	%	+
	乡村高中在校人数	人	+
	每千人口卫生技术人员数	人	+
	每千人农村人口村卫生室人员	人	+
	孕产妇死亡率	%	−
	农村养老服务机构数	个	+
	乡镇文化站个数	个	+
	家庭文教支出占总支出比重	%	+
治理有效	社区服务中心单位数	个	+
	主任、书记"一肩挑"比例	%	+
	村委会主任中共党员比例	%	+
	村委会主任大学本科及以上比例	人	+
	农村基尼系数	—	−

一级指标	二级指标（可测度指标）	计量单位	正逆指标
	农村人均可支配收入	元	+
	农村居民恩格尔系数	%	−
	城乡居民人均可支配收入比	%	−
	工资性收入占总收入比重	—	+
	财产性收入占总收入比重	—	+
生活富裕	人均合格住房面积	平方米	+
	农村最低生活保障标准	元/人	+
	城乡最低生活保障差异	%	−
	农村贫困人口发生率	%	−
	农村居民人均消费支出	元	+
	城乡居民人均消费支出比	%	−

数据来源：《中国城乡建设统计年鉴》《中国卫生健康统计年鉴》《中国环境统计年鉴》《中国农村贫困监测报告 2020》《中国统计年鉴》、EPS 统计分析数据库以及《国家粮食和物资储备局》。

4.3 乡村振兴发展测度方法及测度分析

4.3.1 乡村振兴发展综合评价方法介绍

当前，常见的几种综合评价方法有：加权求和法、加权乘积法、加权重置理想法和逼近理想点排序法（TOPSIS），以下是四种综合评价方法的简单介绍。

（1）加权求和法是用算术平均数的方法对数据进行加总，其特点有：前提是几个原始指标之间的相互独立；各指标间相互线性补偿；权重的确定很关键；能利用权重的大小来突出某些指标的重要性，最终用于评价体系主体可以有效进行综合评价；此方法对原始数据没有特殊要求，有利于使用和推广。

（2）加权乘积法是把将各个原始指标用权重作幂得出 $(r_{kj})^{w_k}$，然后将各项的 $(r_{kj})^{w_k}$ 相乘得到评价结果的方法。正向指标越大，则评价结果越好。

（3）加权重置理想法就是将原始指标 $(w_k r_{kj})^2$ 求和后再开方得到评价

的结果，同加权乘积法，正向指标越大，评价结果越好。

（4）逼近理想点排序法（TOPSIS法），此方法更注重评价指标体系的整体系统性和协调性，正向指标越大，得到的分数也越高，扩展此方法的评价具有普遍意义，可以应用到别的领域。

4.3.2　权重方法的确定

以下是几种常见的权重方法以及权重的确定方法，如表4-3所示。

表4-3　　　　　　　权重计算方法的种类、计算原理及适用性

权重计算方法	计算原理				适用性
	数据大小信息	数据波动性	数据间相关关系	其他	
AHP层次分析法	√	—	—	主观赋权，专家打分	适用于对多个层次指标计算权重，专家赋权有一定的主观性
优序图法	√	—	—	主观赋权	优序图计算较为简单，较多指标时使用得到的权重结果更为可靠
熵权法	—	—	—	熵值，信息量大小	适用于对指标较多的，底层方案层指标计算权重，但对样本的依赖性较大，随着样本数据的变化，权重会有一定的波动
CRITIC权重	—	√	√	—	综合考虑数据波动情况和指标间的相关性，适合指标自身带有一定相关性和波动性的数据
独立性权重	—	—	√	—	适用于指标本身带有一些相关性，本身属于同一系统下的指标计算权重
信息量权重	—	√	—	—	适用于将数据差异视作一种信息，用数据波动程度来衡量指标权重
主成分法	—	—	√	信息浓缩	适用于指标较多时降维得到主成分权重，也可以单独得到各指标权重，但需要大量的样本数据
因子分析法	—	—	√	信息浓缩	指标较多时降维得到具有可解释性的因子权重，也可以单独得到各指标权重，但需要大量的样本数据

根据表4-3可知，本书所用到的乡村振兴与经济社会高质量发展的数据属于宏观数据。结合本书的指标体系构建，这些数据呈现出了指标较多，包含大量信息的特征，需要观测这些随着样本数据的变化所代表的信息如何变化，因此本书选择熵权法和信息量权重方法相对较为合适。

对比熵权法和信息量权重方法。其中，熵值法属于客观赋值法，其利用数据携带的信息量大小计算权重，得到较为客观的指标权重。熵越小，数据携带的信息量越大，权重越大；相反熵越大则相反，且权重越小。在实际研究中，熵值法通常与其他权重计算方法配合使用，如先进行因子或主成分分析得到因子或主成分的权重，即得到高维度的权重，再使用熵值法进行计算，想得到具体各项的权重。而反观信息量权重方法，它是一种仅考虑指标变异程度的权重计算方法，变异系数越大，指标携带的信息量就越大，因此权重也会越大。因此，熵权法更加客观，运用更加广泛，在本书中运用熵权法更合适。

4.3.3 区域差异分析方法介绍

4.3.3.1 熵权法

熵权法是标赋权中常用的方法之一，它能够弱化主观性因素的影响，提高计算结果的精度。其基本思路为通过指标变异性的大小确定客观权重。正常情况下，当指标的信息熵E_j越小时，表明其变异程度越大，信息量越大，其在综合评价中的作用越大，其权重也越大。然而某指标信息熵E_j越大，表明指标值变异程度越小，信息量越小，起到的作用就越小，权重也越小。若某指标的熵值全相等，则该指标无作用。

因而此方法常用于确定研究对象的指标权重问题，也可用于评价指标体系中某个指标对评价结果贡献的大小。本书中具体而言，包括以下几个步骤。

（1）对各项指标数据$X_i = \{X_{1i}, X_{2i}, \cdots, X_{ni}\}$进行标准化处理，记为$Y_1, Y_2, \cdots, Y_k$。

（2）求各指标的信息熵。由信息熵的定义，可得出某个指标的信息熵。

$$E_j = -\ln(n)^{-1} \sum_{i=1}^{n} P_{ij}\ln P_{ij}。 \tag{4-5}$$

其中，$P_{ij} = Y_{ij} / \sum_{i=1}^{n} Y_{ij}$，如果 $P_{ij} = 0$，则定义 $\lim\limits_{P_{ij}=0} P_{ij}\ln P_{ij} = 0$。

（3）确定各指标权重。进而根据式（4-5）得出的信息熵，计算各指标的权重。

$$w_j = \frac{1 - E_j}{K - \sum E_j}(j = 1,2,\cdots,k) \tag{4-6}$$

4.3.3.2　Dagum 基尼系数分解

本章第 4 节内容以及第 5 章将用到 Dagum 基尼系数及其按子群分解方法，对我国乡村振兴及经济社会高质量发展水平的地区差异情况进行分析和对比，相较于传统基尼系数、泰尔系数等，它能够考虑到子样本的分布情况以及样本之间交叉重叠等问题，在空间非均衡的测度上很有效果，可以显示地区差异的来源问题等。

Dagum 基尼系数的计算公式如下：

$$G = \frac{\sum_{j=1}^{k} \sum_{h=1}^{k} \sum_{i=1}^{n_j} \sum_{r=1}^{n_h} |y_{ji} - y_{hr}|}{2n^2 \bar{y}} \tag{4-7}$$

式（4-7）中，G 是总体基尼系数，n 是省（区、市）个数，k 是地区个数，i、r 表示地区内省（区、市）个数，$n_j(n_h)$ 是 $j(h)$ 地区省（区、市）的个数，$y_{ji}(y_{hr})$ 表示 $j(h)$ 地区内任意一个省（区、市）的所测目标水平值，本章中为乡村振兴发展水平，第 4 章为经济社会高质量发展的水平，$\bar{y}$ 本章表示乡村振兴发展水平的平均值，下一章表示经济社会高质量水平的平均值。在 Dagum 基尼系数分解前，要先对划分地区的乡村振兴发展水平平均值进行由小到大的排序，公式如下所示：

$$\bar{Y}_h \leqslant \cdots \bar{Y}_j \leqslant \cdots \bar{Y}_k \tag{4-8}$$

利用 Dagum 基尼系数分解的方法，基尼系数能分解成地区内差距贡献 G_w、地区间差距的贡献 G_{nb}、超变密度的贡献值 G_t 三个值，它们能够满足 $G = G_w + G_{nb} + G_t$ 的关系。这个关系中，G_w 表示 $j(h)$ 地区内乡村振兴水平（第 4 章中经济社会高质量发展水平）的分布差距，G_{nb} 表示 j 与 h 地区间乡村振兴水平（第 4 章中经济社会高质量发展水平）分布差距，G_t 是三大地区乡村振兴水平（第 4 章中经济社会高质量发展水平）交叉影响的剩余项。在计算 G_w、G_{nb} 之前，要先计算 G_{jj} 与 G_{jh}，G_{jj} 表示 j 地区的基尼系数，G_{jh} 表示 j 地区和 h 地区的地区间基尼系数。G_{jj}、G_w、G_{jh}、G_{nb} 和 G_t 计算公式如下所示：

$$G_{jj} = \frac{\frac{1}{2\bar{Y}_j} \sum_{i=1}^{n_j} \sum_{r=1}^{n_j} | y_{ji} - y_{jr} |}{n_j^2} \qquad (4-9)$$

$$G_w = \sum_{j=1}^{k} G_{jj} p_j s_j \qquad (4-10)$$

$$G_{jh} = \frac{\sum_{i=1}^{n_j} \sum_{r=1}^{n_h} | y_{ji} - y_{hr} |}{n_j n_h (\bar{Y}_j + \bar{Y}_h)} \qquad (4-11)$$

$$G_{nb} = \sum_{j=2}^{k} \sum_{h=1}^{j-1} G_{jh} (p_j s_h + p_h s_j) D_{jh} \qquad (4-12)$$

$$G_t = \sum_{j=2}^{k} \sum_{h=1}^{j-1} G_{jh} (p_j s_h + p_h s_j)(1 - D_{jh}) \qquad (4-13)$$

以上公式中，$p_j = n_j/n$，$s_j = \dfrac{n_j \bar{Y}_j}{n \bar{Y}}$，$(j = 1, 2, \cdots, K)$；$D_{jh}$ 为 j、h 地区乡村振兴发展水平（第 5 章中经济社会高质量发展水平）相互影响，详见式（4-14）；d_{jh} 表示 j、h 两地区乡村振兴发展水平（第 5 章中经济社会高质量发展水平）的差值，即 j、h 地区中所有的 $y_{ji} - y_{hr} > 0$ 的样本值加总的加权平均数，详见式（4-15）；P_{jh} 表示 j、h 地区中 $y_{hr} - y_{ji} > 0$ 的样本值加总的数学期望；x 为 h 地区的乡村振兴发展水平。详见式 4-16，$F_j(F_h)$ 为 $j(h)$ 省（区、市）的累积密度分布函数。

$$D_{jh} = \frac{d_{jh} - P_{jh}}{d_{jh} + P_{jh}} \qquad (4-14)$$

$$d_{jh} = \int_0^\infty d F_j(y) \int_0^y (y - x) d F_h(x) \qquad (4-15)$$

$$P_{jh} = \int_0^\infty d F_h(y) \int_0^y (y - x) d F_j(x) \qquad (4-16)$$

4.3.3.3　Kernel 核密度函数

在本书中采用 Kernel 密度估计可以较好地反映区域乡村振兴发展水平

（第5章中经济社会高质量发展水平）分布的整体状况。通过观察不同时期的 Kernel 核密度估计图，可以整体把握乡村振兴发展水平（第5章中经济社会高质量发展水平）区域分布的动态特征。其中，关于 Kernel 核密度的计算公式如下：

$$f(x) = \frac{1}{Nh} \sum_{i=1}^{N} K\left(\frac{X_i - x}{h}\right) \qquad (4-17)$$

$$K(x) = \frac{1}{\sqrt{2\pi}} \exp\left(-\frac{x^2}{2}\right) \qquad (4-18)$$

式（4-17）中，$f(x)$ 是随机变量 X 的密度函数，而点 x 是概率密度估计。$K(x)$ 是核函数，N 为观测值个数，X_i 是独立同分布的观测值，x 代表均值；h 表示带宽，带宽越大，估计的密度函数曲线越光滑，估计精度越低。本书选择 Kernel 核函数分析我国乡村振兴发展水平（第5章中经济社会高质量发展水平）的分布情况。

4.3.3.4　Markov 链方法

（1）传统 Markov 链是构造马尔科夫转移矩阵，分析全国各省间的乡村振兴发展水平随着时间变化的动态趋势变化概率。马尔科夫转移矩阵具有无后效性，当研究 X_t 的状态等级时，其条件分布只与它的滞后一项 X_{t-1} 有关，计算过程如下：

$$P_{ab}^{t,t+n} = P\{X_{t+n} = b \mid X_t = a\} = \frac{\sum_{t=2010+n}^{2021} n_{ab}^{t,t+n}}{\sum_{t=2010}^{2021-n} n_a^t} \qquad (4-19)$$

其中，$n_{ab}^{t,t+n}$ 表示样本中第 t 年属于 a 等级的地区 n 年后转化为 b 等级的个数，本书中 a 和 b 均取等级低、中低、中高和高，n_a^t 表示第 t 年属于 a 等级的地区个数。将我国各省的乡村振兴发展水平划分为 4 个等级，接着建立 4×4 的转移概率矩阵，$P_{ab}^{t,t+n}$ 表示第 t 年时某省市从 a 等级到第 $t+n$ 年 b 等级的转移概率，其中本书的 n 取值为 1。

（2）空间 Markov 链在传统 Markov 链基础上加入空间概念。例如，将上述传统 Markov 链中 4 个等级形成的 4×4 矩阵转化为 $4 \times 4 \times 4$ 矩阵，此时 $P_{ab}^{t,t+n}$ 表示第 t 年时某省市空间滞后类型为低（或中低，或中高，或高），

该省市从第 t 年 a 等级到第 $t+n$ 年 b 等级的转移概率。

4.3.4　乡村振兴的二级指标权重测度

本部分首先用熵权法来测度二级指标的权重，由于篇幅有限，本部分仅展示 2010 年和 2022 年的乡村振兴发展水平二级指标权重（下同），如表 4-4 所示。由于各指标每一年的数据都有变动，故数据所反映的信息不同，也表明不同年份的指标权重存在差异。为了下文更好地反映每一年各级指标得分，本书以年份为测算单位，对各级指标进行分析。

表 4-4　　　2010 年和 2022 年乡村振兴发展水平二级指标权重

一级指标	二级指标	2010 年	2022 年
产业兴旺	亩均农业机械动力数	0.206	0.194
	有效灌溉面积	0.192	0.194
	万元农林牧渔业增加值电力消耗	0.020	0.017
	亩均用肥量（纯氮）超标水平	0.096	0.059
	万元农林牧渔业增加值用水量	0.044	0.030
	粮食生产水平	0.152	0.177
	非农产值占总产值比重	0.036	0.032
	农业总产值	0.143	0.154
	乡村人均农业增加值	0.112	0.142
生态宜居	农村无害化卫生厕所普及率	0.172	0.116
	有卫生室的行政村比例	0.048	0.036
	村庄绿化覆盖率	0.143	0.185
	农村人均公园绿地面积	0.183	0.229
	农村人均道路面积	0.154	0.172
	农村道路硬化率	0.020	0.021
	农村供水普及率	0.071	0.043
	农村燃气普及率	0.209	0.198

一级指标	二级指标	2010 年	2022 年
乡风文明	农村义务教育学校专任教师本科以上学历比例	0.105	0.043
	城乡人口平均受教育年限比	0.049	0.039
	农村九年义务教育巩固率	0.047	0.016
	农村人口平均受教育年限	0.020	0.015
	乡村义务教育完成人数	0.118	0.097
	学龄儿童净入学率	0.021	0.022
	乡村高中在校人数	0.129	0.108
	每千人口卫生技术人员数	0.102	0.110
	每千人农村人口村卫生室人员	0.083	0.257
	孕产妇死亡率	0.015	0.015
	农村养老服务机构数	0.143	0.149
	乡镇文化站个数	0.128	0.095
	家庭文教支出占总支出比重	0.039	0.033
治理有效	社区服务中心单位数	0.433	0.329
	主任、书记"一肩挑"比例	0.099	0.183
	村委会主任中共党员比例	0.044	0.130
	村委会主任大学本科及以上比例	0.369	0.309
	农村基尼系数	0.055	0.049
生活富裕	农村人均可支配收入	0.128	0.102
	农村居民恩格尔系数	0.107	0.026
	城乡居民人均可支配收入比	0.071	0.032
	工资性收入占总收入比重	0.061	0.093
	财产性收入占总收入比重	0.100	0.105
	人均合格住房面积	0.092	0.112
	农村最低生活保障标准	0.134	0.263
	城乡最低生活保障差异	0.069	0.067
	农村贫困人口发生率	0.058	0.051
	农村居民人均消费支出	0.138	0.077
	城乡居民人均消费支出比	0.041	0.072

由表 4 – 4 的二级权重指标可以初步得出一些阶段性结论。

一是 2010~2022 年全国层面的二级指标权重中，产业兴旺指标体系下，正向指标中，只有亩均农业机械动力数的权重持平，即亩均农业机械动力数持续发挥作用，其他的正指标占比在正常波动范围内有一些波动，但在 12 年间长期趋势是缓缓上涨；三个逆向指标在这期间均在波动中下降，说明有效灌溉面积、粮食生产水平等正向指标的重要性在不断上升，对应三个指标的需求量在增长，而三个逆向指标，即农林牧渔业的电力消耗、亩均化肥用量和万元农林牧渔业增加值用水量的重要性在下降。产业兴旺中，有关能源消耗方面的指标比重在不断下降，而有关工作效率的指标在不断上升，充分说明在供给侧结构性改革方面我国正在不断进步，且改革方向正确。

二是生态宜居指标体系下，所有的指标均为正指标，其中农村无害化卫生厕所普及率、有卫生室的行政村比例、农村供水普及率和农村燃气普及率的权重占比在下降，其余的指标权重均在波动中缓慢上升。初步分析，经过农村厕所改革等一系列的措施，农村的无害化厕所普及率、有卫生室的行政村比例等绝对数量已经达到了能够满足农村日常需求，因此其权重下降。而村庄绿化覆盖率、农村人均公园绿地面积、农村人均道路面积和农村道路硬化率的重要性在不断上升，即农村人口对生活品质的要求和美好生活的向往在不断提升，使得其对生态宜居的一级指标贡献更大。

三是乡风文明指标体系下，所有的正指标中，农村义务教育学校专任教师本科以上学历比例、农村九年义务教育巩固率、农村人口平均受教育年限、乡村义务教育完成人数、乡村高中在校人数和家庭文教支出占总支出比重在下降，其余的占比上升；负指标中，孕产妇死亡率与城乡人口平均受教育年限比均在下降。综上，乡风文明的发展方向逐步转向儿童教育、医疗卫生、养老机构和文化站建设等。

四是治理有效体系下，正指标中，社区服务中心单位数和村委会主任大学本科及以上比例的权重在降低，这说明社区服务中心单位数和村委会主任大学本科及以上比例的人数越来越多，其对乡村振兴的贡献率在降低。主任、书记"一肩挑"比例与村委会主任中共党员比例在上升，即负指标农村基尼指数在下降。初步分析，乡村治理在向加强党员的发展和主任、书记集中力量办实事的方向发展。

五是生活富裕体系下，正指标中农村人均可支配收入与农村居民人均消费支出有下降，其余的在上升。这说明农村人均可支配收入与农村居民人均消费支出均有提高，因此对生活富裕的贡献降低；负指标中，除了城乡居民人均消费支出比在上升，其余指标均下降。这初步说明了生活富裕的重点逐步转向工资收入、住房面积、农民最低生活保障和消费等方向，旨在极力改善农村人口的生活条件。

4.3.5　乡村振兴一级指标得分测度及排名

通过标准化的数值和各个二级指标的权重计算出 12 年间各省区市五个指标的得分，并进行排名，一级指标各省区市各年份的具体得分均在附录中。由于 2010 年和 2022 年各省区市乡村振兴一级指标得分排名如图 4 - 1 和表 4 - 5 所示，图 4 - 1 中展示 2010 年和 2022 年的全国各省区市五个一级指标得分情况，表 4 - 5 展示的则是排名情况。

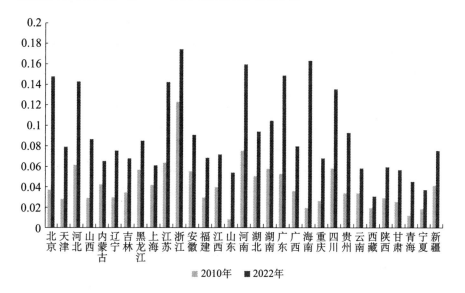

图 4 - 1　2010 年和 2022 年乡村振兴发展产业兴旺一级指标得分

表 4 - 5　　2010 年和 2022 年乡村振兴发展产业兴旺一级指标排名

地区	2010 年	2022 年
北京	16	10
天津	25	16
河北	5	8
山西	24	17
内蒙古	12	25
辽宁	21	20
吉林	19	24
黑龙江	22	22
上海	3	4
江苏	4	5
浙江	1	2
安徽	9	15
福建	6	3
江西	7	7
山东	10	6
河南	13	9
湖北	11	13
湖南	8	12
广东	2	1
广西	17	18
海南	29	11
重庆	26	23
四川	15	21
贵州	18	14
云南	20	27
西藏	28	31
陕西	23	26
甘肃	27	28
青海	31	29
宁夏	30	30
新疆	14	19

通过图 4 - 1 和表 4 - 5 可以看出，2010 年和 2022 年两年中，全部的省区市产业兴旺得分都得到了提高。2010 年排名靠前的是：浙江、广东、上海、江苏和河北；排名靠后的是青海、宁夏、海南、西藏和甘肃。2022年排名靠前的是广东、浙江、福建、上海和江苏；排名靠后的是西藏、宁夏、青海、甘肃和云南。其中，广东的产业兴旺发展比较迅速；海南这 12年的发展速度最快，增长速度也很快，排名从 2010 年的第 29 名上升到第11 名。

从图 4 - 2 和表 4 - 6 可以看出，2010 年和 2022 年两年中，所有省区市的生态宜居指标均呈现大幅上升趋势，说明全国的生态环境出现很大的改善。2010 年生态宜居排名靠前的是浙江、云南、江苏、四川和湖南；排名靠后的是山东、青海、宁夏、西藏和甘肃。2022 年排名靠前的是浙江、云南、广东、江苏和四川；排名靠后的是西藏、宁夏、青海、山东和甘肃。其中表现突出的是北京，从 2010 年排名第 16 名上升到 2022 年的第 7名。而上海由 2010 年的第 12 名下滑到 2022 年的第 24 名。

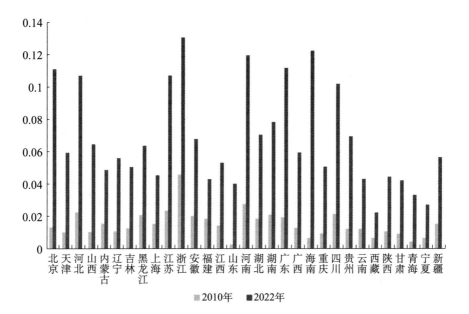

图 4 - 2　2010 年和 2022 年乡村振兴发展生态宜居一级指标得分

表 4 - 6　　　　2010 年和 2022 年乡村振兴发展生态宜居一级指标排名

地区	2010 年	2022 年
北京	16	7
天津	15	13
河北	18	20
山西	25	12
内蒙古	11	15
辽宁	22	17
吉林	20	23
黑龙江	6	14
上海	12	24
江苏	3	4
浙江	1	1
安徽	23	21
福建	7	11
江西	14	18
山东	31	28
河南	21	26
湖北	10	9
湖南	5	8
广东	9	3
广西	17	19
海南	8	6
重庆	26	22
四川	4	5
贵州	19	10
云南	2	2
西藏	28	31
陕西	24	25
甘肃	27	27
青海	30	29
宁夏	29	30
新疆	13	16

从图 4-3 和表 4-7 可以看出，2010 年和 2022 年，所有省区市的乡风文明都得到大幅提升，说明随着我国经济社会高质量发展，乡村文明得到很大的提升和改善。2010 年排名靠前的是：浙江、天津、上海、江苏和山东；排名靠后的是青海、宁夏、西藏、甘肃和重庆；2022 年乡风文明排名靠前的是浙江、天津、北京、上海和江苏；排名靠后的是西藏、宁夏、青海、甘肃和云南。表现最为突出的是北京从 2010 年的第 13 名上升到第3 名。

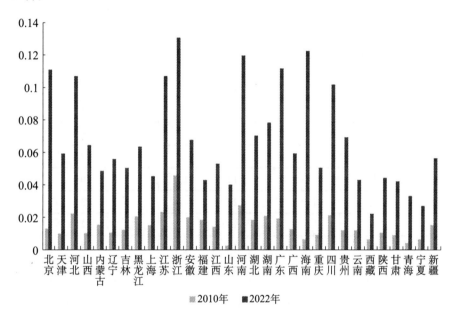

图 4-3　2010 年和 2022 年乡村振兴发展乡风文明一级指标平均得分

表 4-7　　　2010 年和 2022 年乡村振兴发展乡风文明一级指标排名

地区	2010 年	2022 年
北京	13	3
天津	2	2
河北	6	7
山西	26	15
内蒙古	14	25
辽宁	22	20
吉林	20	24

续表

地区	2010 年	2022 年
黑龙江	8	16
上海	3	4
江苏	4	5
浙江	1	1
安徽	9	14
福建	24	22
江西	16	21
山东	5	8
河南	17	9
湖北	11	13
湖南	7	11
广东	10	6
广西	18	17
海南	12	10
重庆	27	23
四川	23	12
贵州	19	18
云南	21	27
西藏	29	31
陕西	25	26
甘肃	28	28
青海	31	29
宁夏	30	30
新疆	15	19

从图 4 - 4 和表 4 - 8 可以看出，2010 年和 2022 年，所有省区市中治理有效指标得分都处于上升趋势，说明我国在注重经济社会高质量发展过程中，各项措施落实到位，乡村治理水平得到很大的提升。2010 年排名靠前的是浙江、天津、江苏、上海和河北；排名靠后的是青海、宁夏、西藏、甘肃和重庆。2022 年排名靠前的是浙江、江苏、天津、上海和广东；

排名靠后的是西藏、宁夏、青海、甘肃和云南。在乡村治理方面改善最大的是北京，从 2010 年的第 18 名上升到 2022 年的第 6 名。

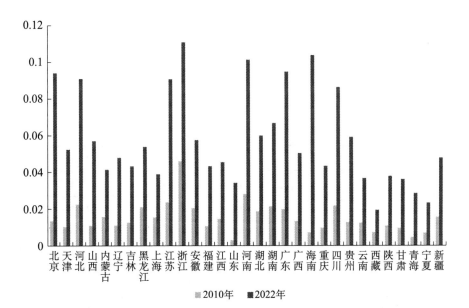

图 4 - 4　2010 年和 2022 年乡村振兴发展治理有效一级指标平均得分

表 4 - 8　　　　　　　2010 年和 2022 年乡村振兴发展治理有效一级指标排名

地区	2010 年	2022 年
北京	18	6
天津	2	3
河北	5	7
山西	17	15
内蒙古	12	25
辽宁	23	20
吉林	21	24
黑龙江	8	16
上海	4	4
江苏	3	2
浙江	1	1

地区	2010 年	2022 年
安徽	9	13
福建	25	22
江西	15	21
山东	13	9
河南	16	14
湖北	11	11
湖南	7	10
广东	10	5
广西	19	18
海南	6	17
重庆	27	23
四川	24	8
贵州	20	12
云南	22	27
西藏	29	31
陕西	26	26
甘肃	28	28
青海	31	29
宁夏	30	30
新疆	14	19

从图 4 - 5 和表 4 - 9 可以看出，2010 年和 2022 年，生活富裕指标得分明显上升，说明乡村生活富裕水平得到大幅提升，人民生活越来越美好。2010 年乡村生活富裕排名靠前的是浙江、上海、江苏、北京和广东；排名靠后的是甘肃、宁夏、青海、西藏和黑龙江。2022 年乡村生活富裕排名靠前的是浙江、广东、上海、江苏和河北；排名靠后的是青海、甘肃、宁夏、新疆和西藏。

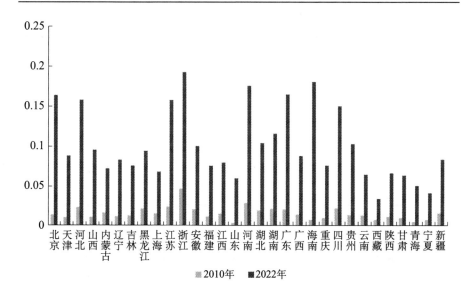

图 4-5　2010 年和 2022 年乡村振兴发展生活富裕一级指标平均得分

表 4-9　　　　　2010 年和 2022 年乡村振兴发展生活富裕一级指标排名

地区	2010 年	2022 年
北京	4	6
天津	12	12
河北	10	5
山西	24	15
内蒙古	26	24
辽宁	14	16
吉林	23	20
黑龙江	27	23
上海	2	3
江苏	3	4
浙江	1	1
安徽	7	9
福建	6	8
江西	19	18
山东	22	19
河南	8	11
湖北	11	10
湖南	13	13

续表

地区	2010 年	2022 年
广东	5	2
广西	21	25
海南	9	7
重庆	15	22
四川	17	14
贵州	20	26
云南	18	21
西藏	28	27
陕西	16	17
甘肃	31	30
青海	29	31
宁夏	30	29
新疆	25	28

4.3.6 乡村振兴准则层总得分测度及排名

利用熵权法计算出乡村振兴发展的总得分（见附录），并对总得分进行排名，通过图 4 – 6 和表 4 – 10 展示 2010 年和 2022 年得分以及 2010 ~ 2022 年排名的结果。

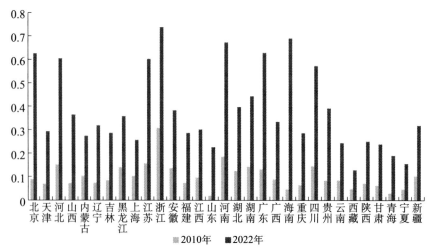

图 4 – 6 2010 年和 2022 年各省区市乡村振兴总得分对比

表 4 - 10　　　　　2010 年和 2022 年熵权法乡村振兴发展的总得分排名

地区	2010 年	2022 年
北京	11	5
天津	10	8
河北	5	6
山西	26	17
内蒙古	19	26
辽宁	21	20
吉林	25	24
黑龙江	18	21
上海	2	4
江苏	3	3
浙江	1	1
安徽	7	15
福建	8	9
江西	14	16
山东	17	10
河南	12	12
湖北	9	14
湖南	6	11
广东	4	2
广西	23	22
海南	13	7
重庆	24	25
四川	16	13
贵州	22	18
云南	15	19
西藏	27	30
陕西	28	27
甘肃	29	28
青海	31	29
宁夏	30	31
新疆	20	23

通过表4-6和图4-10的总得分排名可知，2010年和2022年，各省区市的总得分都出现上升趋势，说明我国乡村振兴在这12年间取得了长足的进步和骄人的成绩。乡村振兴在产业兴旺、生态宜居、乡风文明、治理有效和生活富裕五个方面都得到很大的改善，人民生活越来越富足和美好。2010年乡村振兴总得分靠前的是浙江、上海、江苏、广东和河北；排名靠后的是青海、宁夏、甘肃、陕西和西藏。2022年排名靠前的是浙江、广东、江苏、上海和北京；排名靠后的是宁夏、西藏、青海、甘肃和陕西。

4.4 乡村振兴发展水平的区域差异分析

第3节通过分析乡村振兴综合得分的排名，了解了各省份的乡村发展情况，下一步需要对分区域的乡村发展水平进行进一步明确的分析。因此，先将全国划分为东部、中部和西部地区来进行下一步的测度。

4.4.1 乡村振兴的区域发展水平测度

（1）区域划分。本书将全国划分为东部、中部与西部地区。东部地区沿海，进出口国际贸易较多，同时，高新产业、人口等有利的优势均集中在东部地区，使它有了经济发达的基础。中部地区，在中部崛起战略后，相继的物流、产业园等产业逐渐壮大起来，经济有了可持续发展的基础。对西部地区来说，西部大开发，产业扶贫、大数据中心等的完善让西部的乡村经济也开始有了源源不断的动力。区域划分见表4-11。

表4-11　　　　　　　　全国区域的划分

东部	北京、天津、河北、辽宁、上海、江苏、浙江、福建、山东、广东、海南
中部	山西、内蒙古、吉林、黑龙江、安徽、江西、河南、湖北、湖南、广西
西部	重庆、四川、贵州、云南、西藏、陕西、甘肃、青海、宁夏、新疆

（2）区域乡村振兴水平的测度。对东部、中部和西部地区进行区域乡

村振兴水平平均得分测度，如表 4 - 12 和图 4 - 7 所示。

表 4 - 12　　　　2010 ~ 2022 年分区域的乡村振兴平均得分

年份	东部	中部	西部
2010	0. 188	0. 136	0. 091
2011	0. 198	0. 141	0. 090
2012	0. 205	0. 145	0. 101
2013	0. 352	0. 266	0. 190
2014	0. 375	0. 275	0. 192
2015	0. 395	0. 286	0. 199
2016	0. 411	0. 289	0. 202
2017	0. 428	0. 292	0. 204
2018	0. 442	0. 299	0. 207
2019	0. 451	0. 306	0. 214
2020	0. 474	0. 319	0. 228
2021	0. 514	0. 338	0. 247
2022	0. 540	0. 352	0. 263

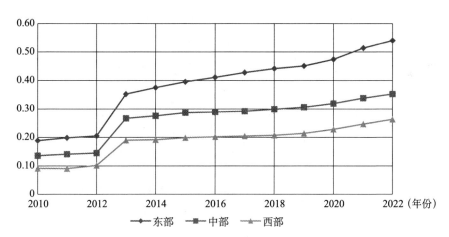

图 4 - 7　2010 ~ 2022 年分区域的乡村振兴平均得分

图 4 - 7 和表 4 - 12 中展示了 2010 ~ 2022 年东部、中部和西部地区的乡村振兴平均得分，可以明显看出，三个地区在这 12 年的研究范围内呈波动中持续上涨趋势，到 2022 年达到最高值。东部地区由 2010 年的 0. 188

上涨到 2022 年的 0.540，中部地区由 2010 年的 0.136 上涨到 2022 年的 0.352，西部地区由 2010 年 0.091 上涨到 2022 年的 0.263。说明前期的扶贫和当下的乡村振兴均取得了一定效果，乡村的发展趋势持续向好，内生动力源源不断注入。

虽然东部、中部和西部地区乡村振兴水平持续上升，但地区间的差异是非常明显的。西部地区的得分不及东部地区得分的 50%，即便 2022 年，得分才超过东部地区 2012 年的水平；中部地区和东部地区的差异也是存在的，到 2022 年还没有达到东部地区 2013 年的发展水平。

4.4.2 乡村振兴的结构差异分析

通过 Dagum 基尼系数的方法对我国 2010～2022 年的乡村振兴发展水平进行计算，通过 R 语言代码计算结果如表 4-13 所示。

表 4-13　　乡村振兴发展水平的地区基尼系数及其分解结果

年份	总体	地区内基尼系数			地区间基尼系数			贡献率（%）		
		东部	中部	西部	东—中	东—西	中—西	地区内	地区间	超变密度
2010	0.231	0.174	0.139	0.164	0.205	0.363	0.231	23.690	69.731	6.578
2011	0.240	0.180	0.140	0.154	0.209	0.386	0.248	22.951	71.063	5.986
2012	0.230	0.184	0.133	0.166	0.209	0.355	0.219	24.371	68.913	6.716
2013	0.191	0.111	0.119	0.168	0.166	0.309	0.201	22.123	71.308	6.568
2014	0.197	0.117	0.109	0.154	0.172	0.332	0.204	20.940	74.721	4.340
2015	0.199	0.111	0.110	0.160	0.177	0.338	0.204	20.436	75.774	3.789
2016	0.207	0.116	0.109	0.165	0.189	0.349	0.205	20.388	75.798	3.814
2017	0.214	0.124	0.103	0.171	0.201	0.361	0.204	20.146	76.512	3.341
2018	0.219	0.132	0.101	0.169	0.206	0.370	0.209	20.207	76.546	3.247
2019	0.216	0.129	0.094	0.173	0.205	0.365	0.207	20.015	76.220	3.765
2020	0.218	0.130	0.100	0.182	0.210	0.362	0.204	20.480	75.079	4.441
2021	0.215	0.121	0.093	0.170	0.216	0.361	0.193	19.394	77.038	3.568
2022	0.216	0.128	0.097	0.174	0.208	0.364	0.203	20.024	76.221	3.755

4.4.2.1　我国乡村振兴发展水平的总体差异分析

由表 4 - 13 中对我国的乡村振兴发展水平 Dagum 基尼系数计算可以得到，我国乡村振兴发展水平的总体区域间差异在波动中呈现整体下降的趋势。由 2010 年的 0.231 下降到 2015 年的 0.199，再上涨到 2016 年的 0.207，持续维持在 0.216 附近。Dagum 基尼系数值的下降意味着全国整体乡村振兴发展水平的地区间差异在波动中不断缩小，这与我国脱贫攻坚结束后开展的乡村振兴战略的有力实施密不可分，政府的支持加上各省市乡村利用自己的独有地理或者人口优势，使得全国的乡村整体得到了长足进步。

4.4.2.2　我国乡村振兴发展水平地区内差异分析

将东部、中部和西部地区 2010～2022 年的基尼系数进行图形的绘制，如图 4 - 8 所示。

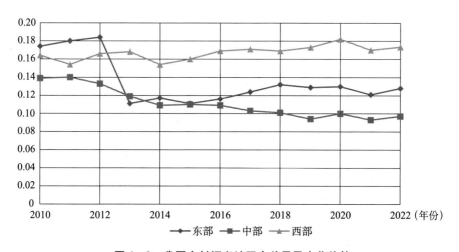

图 4 - 8　我国乡村振兴地区内差异及变化趋势

图 4 - 8 显示，在研究期间，东部地区乡村振兴发展水平差异比较大，2012～2013 年出现快速降低，说明东部地区在这一年差异快速缩小，之后一直维持在一定的水平上。2017～2018 年地区内差异有略微扩大的趋势，但 2021 年出现下降并趋于平稳，说明差异正在缩小；中部地区的差异持续下降，说明中部地区内的差异逐渐缩小；西部地区的基尼系数一直维持在

0.16~0.18 附近，说明西部地区内的差异维持在一定的水平，没有出现趋势性的变化。

4.4.2.3 我国乡村振兴发展水平地区间差异及变化趋势

我国乡村振兴发展水平地区间差异和变化趋势见图 4-9。

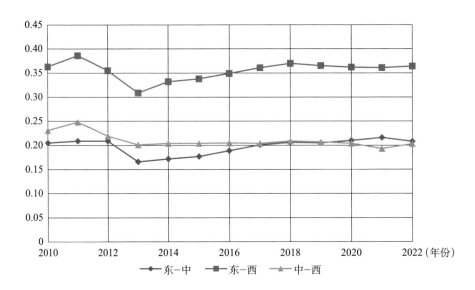

图 4-9 我国乡村振兴发展水平地区间差异和变化

如图 4-9 所示，在研究期间，东—西部地区差距最大，中—西部地区差距最小。东—西部地区的差异在 2011~2013 年间出现大幅下降，说明此期间东—西部地区差异在快速缩小，但 2014 年起很快出现逐步上升的趋势，表明东—西部地区间的差异在逐年缓慢扩大；中—西部地区间的差异，呈现持平和下降的趋势，这表明中—西部地区间的差异长期维持在一定的水平上，但 2020 年开始有缩小的迹象；东—中部地区间的差异在 2013 年出现快速下降，表明差异在这一年大幅缩小，但其他年份都出现缓慢上升趋势，这表明东—中部地区之间的差距越来越大。

4.4.2.4 我国乡村振兴发展水平地区差距来源及贡献率

通过图 4-10 描述我国乡村振兴发展水平总体地区差距来源及贡献率。

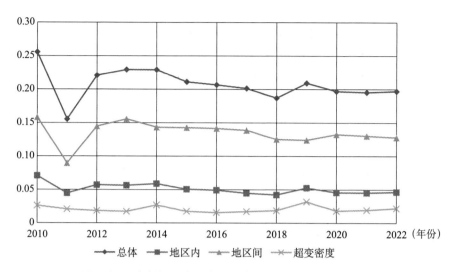

图4-10　乡村振兴发展水平总体差距主要来源及变化趋势

图4-10中展示了2010~2022年的乡村振兴发展水平总体差距主要来源，从图4-10可以看出，乡村振兴发展水平的地区间差距对总体基尼系数的贡献率最大，是造成我国乡村振兴发展水平总体差距的主要因素，且总体在波动中呈下降的趋势，超变密度①的贡献率最小，总体的发展平稳中略有下降。而地区间差距的贡献率逐年上升，这说明地区总差异的主要来源于地区间的差异，而地区内差异的贡献越来越小，也说明地区内乡村振兴水平比较均衡。

从地区内差距、地区间差距和超变密度对总体基尼系数的贡献率看，研究期间，地区间差距对总体基尼系数的贡献率最大。整体基尼系数的变化从2010年的0.231下降到2.21年的0.215，中间一度下降到0.197，这说明总体上看全国乡村振兴水平的差异由下降趋势转为均衡模式；地区间的贡献率从2010年的69.73%上升到2022年的76.221%；地区内差异的贡献率由2010年的23.737%下降到2022年的20.024%，超变密度贡献率下降得更快，由2010年的6.578%下降到2022年的3.755%。

---

① 超变密度：划分分子群体时，由于有交叉项对总体差距产生的影响贡献。

4.4.3 乡村振兴动态特征演进分析

对全国、东部、中部和西部地区的乡村振兴发展水平进行 Kernel 核密度分析。首先，为了清晰地展现出研究期间的 Kernel 核密度图，如果将 12 年的所有数据画在图中，图形会较为混乱，很难清晰观察。因此，本书选取了 2010 年、2016 年和 2022 年有跨度的三年的数据来制作图形，通过 R 软件进行图形的绘制，如图 4 – 11 所示。

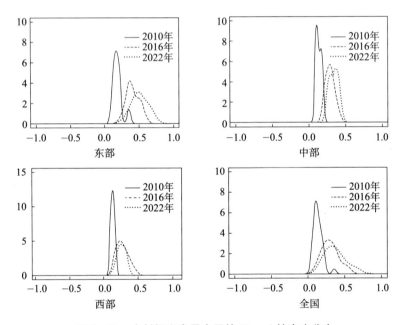

图 4 – 11　乡村振兴发展水平的 Kernel 核密度分布

图 4 – 11 中分别展示了东部、中部、西部地区和全国的乡村振兴发展水平的 Kernel 核密度分布图形，从图中可以得出以下结论。

（1）对于东部地区的乡村振兴发展水平。2010 年，东部地区的乡村振兴发展水平呈现了单波峰的情况，说明乡村振兴发展水平非常集中，呈现聚集的趋势，但大多数省区市的水平集中在相对较低的水平。到 2016 年，明显看到从 2010 年的单波峰变成了双波峰，且最大的波峰变宽，即各个省区市的乡村振兴发展水平更为接近，只有少部分省区市发展明显好于其他省区市，发展水平明显向右移动，说明乡村振兴水平得到提升。2022 年最明显的变化是由双波峰变为了单波峰，并向右移动，意味着东部地区的整体发展水平有所上升，但乡村振兴发展水平地区内没有太大变化。

（2）对于中部地区的乡村振兴发展水平。2010 年中部地区乡村振兴发展呈现出单波峰形，大部分省份水平集中，少部分则发展更好更快。2016年，依然是单波峰，发展水平明显向右移动，带宽变大，表明中部地区乡村振兴发展水平得到提升，但地区内差异略微扩大。2022 年，形成了双波峰形，发展水平向右移动幅度不大，说明各省份发展依旧较为平衡，且有更多的地方发展水平开始呈现明显向好的趋势。

（3）对于西部地区的乡村振兴发展水平。2010 年西部地区呈现出单波峰的情况，发展水平比较集中，但发展水平较低。2016 年依然是单波峰，且波峰高度降低，宽度变宽向右移动，表明乡村振兴水平不断上升，但地区内差异有所加大。2022 年，图形进一步地变宽，说明西部地区内部差异有所增大，且有进一步分化的趋势。

（4）从全国整体乡村振兴发展水平来看，2010 年、2016 年和 2022 年的图形基本均呈现单波峰、拖尾现象，且波峰越来越矮，说明全国乡村振兴发展水平存在地区间的差异。

4.4.4　乡村振兴空间转移特征分析

4.4.4.1　乡村振兴各等级的划分

本书依据乡村振兴发展水平得分将其划分为 4 个等级。具体的等级划分对应的得分如表 4 - 14 所示。

表 4 - 14　　　　　　　　　　乡村振兴各等级划分

	等级	得分	发展水平
乡村振兴	低	[0, 0.180)	低
	中低	[0.180, 0.360)	中低
	中高	[0.360, 0.540)	中高
	高	[0.540, 0.720]	高

由 2010 ~ 2022 年各个省区市乡村振兴的总得分知，最高分为 0.720，最低分为 0.180，将其划分为 4 个等级，根据等级平均划分，低水平为

[0，0.180），对应的是乡村振兴发展低水平；中低水平为［0.180，0.360）；中高水平为［0.360，0.540）；高水平为［0.540，0.720］。

4.4.4.2 乡村振兴发展水平传统 Markov 链与空间 Markov 链的转移矩阵概率计算

因为传统 Markov 链只研究该省区市的第 t 年到第 $t+1$ 年的乡村振兴发展水平状态转移概率，即不考虑某省区市的乡村振兴受到周边省区市的影响，在表 4-15 中表示为无空间滞后项；空间 Markov 链考虑相邻省区市的影响，需要加入空间滞后项再进行状态转移概率的计算，接下来用 R 软件进行计算。

表 4-15　我国省级乡村振兴的传统和空间 Markov 链转移矩阵概率

空间滞后类型（相邻省区市等级）	$t/t+1$	低水平 [0，0.180)	中低水平 [0.180，0.360)	中高水平 [0.360，0.540)	高水平 [0.540，0.720]
无滞后	低	0.804	0.196	0.000	0.000
	中低	0.044	0.866	0.090	0.000
	中高	0.000	0.067	0.933	0.000
	高	0.000	0.000	0.150	0.850
低水平	低	0.830	0.170	0.000	0.000
	中低	0.114	0.886	0.000	0.000
	中高	0.000	0.000	1.000	0.000
	高	—	—	—	—
中低水平	低	0.746	0.237	0.017	0.000
	中低	0.052	0.887	0.061	0.000
	中高	0.000	0.080	0.920	0.000
	高	—	—	—	—
中高水平	低	0.716	0.284	0.000	0.000
	中低	0.021	0.898	0.081	0.000
	中高	0.000	0.044	0.956	0.000
	高	0.000	0.000	0.000	1.000
高水平	低	—	—	—	—
	中低	0.000	0.850	0.150	0.000
	中高	0.000	0.023	0.977	0.000
	高	—	—	—	—

注：数据结果由作者通过 R 软件计算获得。

表 4 - 15 说明以下几点。

（1）传统 Markov 链概率转移矩阵中，对角线是从第 t 年到第 $t+1$ 年乡村振兴的状态转移概率，而非对角线表示不同省区市乡村振兴状态从第 t 年到第 $t+1$ 年的转移概率大小。矩阵对角线上的元素数值较高，说明各省区市维持原乡村振兴水平等级的概率是最高的，乡村振兴发展水平低、中低、中高和高水平的省区市在无滞后项的情况下维持自身等级的概率分别为 80.4%、86.6%、93.3% 和 85.0%；矩阵中非对角线数值较小，说明在连续两年中，所有等级省区市向其他等级转移概率较低，低水平的省区市跃升到中低发展水平的可能性为 19.6%，中低水平向低水平和中高水平的可能性为 4.4% 和 9%，中高水平向中低水平转移的概率是 6.7%，高水平向中高水平转移概率为 15%；矩阵中存在等级跨越的情况。

（2）空间 Markov 链转移矩阵。乡村振兴发展水平的空间上有集聚的特征，相邻省区市的滞后类型（即相邻省区市的乡村振兴发展等级）会对该省区市乡村振兴水平状态转移产生影响。在相邻省区市的空间滞后类型为低水平或中低水平时，其向更低一级的类型发生转移的概率会增加。在空间滞后项为低水平时，乡村振兴水平由传统的 Markov 链转移概率的 80.4% 升高为 83%，而向中低水平转移概率下降到 17%；在相邻省区市的空间滞后类型为中低水平时，中高水平维持原有等级的概率由传统 Markov 链的 93.3% 下降为 92%，向中低水平转移的概率上升为 8%，中低水平省份维持自身等级的概率由无滞后项的 86.6% 上升到 88.7%，其上涨到中高水平的概率下降到 6.1%。在相邻省区市乡村振兴水平等级为中高或者高水平时，乡村振兴水平较低的省区市向更高等级的发展类型发生转移的概率增大，且可能导致跨等级变化。例如，在相邻省区市的空间滞后类型为中高水平时，低水平向中低水平的转移概率升高为 28.4%，中低水平向中高水平发生转移的概率上升到 8.1%，中高水平受到周边中高水平省区市的影响，保持自身等级的概率由无滞后项的 93.3% 上升到 95.6%；相邻省区市乡村振兴发展水平为高水平时，中低水平向中高水平转移的概率上升为 97.7%。高水平省区市的乡村振兴发展水平不受任何发展等级的影响。

本章小结

本章首先建立了乡村振兴的综合评价指标体系，收集全国各省区市 2010 ~ 2022 年具体的二级指标数据，对乡村振兴的二级指标得分和总指标得分进行了测度；其次研究了乡村振兴发展水平的区域差异特征和结构差异特征，接着进行了乡村振兴动态特征演进分析；最后分析了乡村振兴的空间转移特征。

（1）2010 ~ 2022 年，乡村振兴发展 31 个省区市都呈现上升的趋势，各项指标都出现向上的增长趋势；传统的农业强省（市），如浙江、上海、江苏、广东、河北等在乡村振兴发展上保持强劲的势头，而西部地区，如西藏、甘肃、宁夏、青海等排名依旧靠后；产业兴旺方面，所有省区市得分均在上升；生态宜居方面，所有省区市得分均在上升，浙江、云南、江苏等省区市的提升尤为突出；乡风文明方面，所有省区市得分均有上升，天津表现得很突出；治理有效方面，全国所有省区市均在上升，说明我国乡村治理大幅提升；生活富裕方面，全部省区市得分都在上升，说明中国乡村变得越来越富足。

（2）2010 ~ 2022 年，乡村振兴发展水平总体基尼系数呈现小幅下降的趋势，说明乡村振兴发展水平的差异有逐渐缩小的趋势。东部和中部地区内的基尼系数逐渐缩小，说明东部、中部地区内发展较为均衡；西部内的基尼系数在这 12 年间没有太大变化，说明地区内的差异没有显著性变化。

（3）乡村振兴发展水平的地区间差距对总体基尼系数的贡献率最大，是造成我国乡村振兴发展水平总体差距的主要因素；其贡献率持续增大，说明地区间的差异要引起足够的重视，超变密度的贡献率最小，总体的发展平稳中略有下降，而地区间差距的贡献率处于中间位置，同样在波动中下降。

（4）通过 Kernel 核密度图形，从全国整体乡村振兴发展水平来看，2010 年、2016 年和 2022 年的图形基本均呈现单波峰、拖尾现象，且波峰越来越矮，说明全国乡村振兴发展水平存在地区间的差异。

（5）运用传统与空间 Markov 链分析各省区市维持本来乡村振兴水平

等级的概率是最高的。在连续两年中，所有等级省区市向其他等级转移概率较低，中低水平、中高水平和高水平的省份有一定的概率实现等级的跨越，乡村振兴发展水平的空间上有集聚的特征。相邻省区市的滞后类型（即相邻省区市的乡村振兴发展等级）会对该省区市乡村振兴水平状态转移产生影响，在相邻省区市的空间滞后类型为低水平或中低水平时，其向更低一级的类型发生转移的概率会增加；在相邻省区市乡村振兴水平为中高或高水平时，乡村振兴水平较低的省区市向更高等级的发展类型发生转移的概率增大，且可能导致跨等级变化，高水平省区市的乡村振兴发展水平不受任何发展等级的影响。

　　本章研究为第 5 章、第 6 章中乡村振兴发展水平对经济社会高质量发展水平的影响和空间溢出效应分析奠定了基础，测度得到的全国各省区市的乡村振兴发展水平得分是这两章中重要的核心解释变量。

第5章 中国经济社会高质量发展水平的测度分析

改革开放以来，我国经济高速发展了近40年，这种粗放式的发展造成了环境的破坏、资源的浪费，各地区社会经济发展不平衡不充分的问题非常严重。社会的贫富差距越来越大，人民的幸福感和获得感相对较弱。2017年，国家提出我国经济社会将由高速发展阶段转向高质量发展阶段，社会的主要矛盾不再是人民日益增长的物质文化需求与落后的社会生产力之间的矛盾，而是转变为了人民日益增长的美好生活需要和不平衡不充分的发展之间的矛盾。因此，经济社会高质量发展具有重大意义。

本章研究目的是综合测度我国经济社会高质量发展水平，分析经济社会高质量发展的均衡性和时空变化特征等，为全面认识和了解我国经济社会高质量发展的历史阶段和存在的问题提供定量支撑。因此，本章的研究对象包括经济高质量发展覆盖范围内的所有省区市。由于香港、澳门和台湾的社会制度和管理体制与内地不同，同时考虑到数据可得性，本章也排除了西藏，因此本章研究的对象是全国除去西藏、香港、澳门和台湾以外的30个省区市，研究时间跨度为2010~2022年。

5.1 经济社会高质量发展评价指标体系构建原则

5.1.1 经济社会高质量发展评价指标构建的基本原则

《中华人民共和国国民经济和社会发展第十四个五年规划和2035年远

景目标纲要》第一篇中提及我国要开启全面建设社会主义现代化国家新征程，并从"发展环境""指导方针""主要目标"三个角度诠释我国2035年远景目标中经济社会高质量发展的规划。建立科学合理的社会经济高质量发展的指标体系旨在评估当前我国社会经济发展的具体情况，并为未来发展提供指导方针和实践方案的基础。本章对经济社会高质量发展指标体系的目的性、科学性、综合性、可操作性、代表性和可比性的原则进行如下说明。

（1）目的性。冯颜利和曾咏辉（2021）认为，高质量发展的指标体系要围绕综合评价的目的，准确地反映我国经济社会高质量发展的水平。其目的性要明确地定位在我国的"十四五"规划的六大新目标上，"十四五"时期的六大新目标将引领经济社会发展的美好前景，极大地增强人民的幸福感与获得感。因此，在指标体系中，要体现出不同阶段的经济社会发展工作重点，指明我们面对不同阶段的困境，以及新发展格局下经济发展、改革开放、社会文明程度、生态文明建设、民生福祉、国家治理效能等方面的实际情况。

（2）科学性。经济社会高质量发展摒弃了之前粗放式的发展模式，要求接下来的经济社会发展要针对我国的发展不平衡不充分的问题，重点领域的改革任务、创新能力不适应高质量发展要求的现状、农业建成区不稳固、城乡区域发展和收入分配差距较大、生态环保任务艰巨、民生保障存在短板、社会治理还有弱项等问题进行调整，从而引领国家更加科学性地实施高质量发展战略。

（3）综合性。经济社会高质量发展的指标体系必须体现出我国在"十四五"战略的综合性。尽可能将"十四五"规划中的六大新目标涵盖的重要影响因素列入指标体系中，同时，在其中划分好层次以便分析研究。因此，在本指标体系中，我们将经济社会高质量发展的指标划分为"经济发展""创新驱动""民生福祉""绿色生态""安全保障"五个部分。每个部分都包含若干数量的指标，部分指标在属性上可能与几个指标的类别均有关系，本章中将按照其主要的属性进行分类。

（4）可操作性。纳入我国经济社会高质量发展指标体系中的指标因素必须概念明确，内容清晰，必须可以获取明确的数据并且可以实际地测算最终的指标得分。抽象的概念或理论不能作为纳入体系的标准，不可得的数据也不能引入指标体系。

（5）代表性。代表性意味着被选入指标体系的指标应该是能够很好地反映我国当前经济社会高质量发展的情况以及未来的发展趋势。与经济社会高质量发展关系不大的因素不予考虑，对于每一类影响高质量发展的因素，应该适当筛选一定数量的代表性的因素研究，不必面面俱到。

（6）可比性。经济社会高质量发展的指标体系既要考虑各地随着时间推移实际发展动态的可比性，又要保证指标具有横向和纵向的连续性，以便进行全国各个省区市之间的对比，从而可以科学、有效地衡量全国各地的经济社会高质量发展的情况。该指标体系还应该考虑具有较好的包容性，这将有利于实际的可比性操作。

5.1.2 经济社会高质量发展评价指标的选择

本章以"十四五"规划中的第一篇"开启全面建设社会主义现代化国家新征程"为基础，建立了以"经济发展""创新驱动""民生福祉""绿色生态""安全保障"为核心的一级指标。学术界专家和学者们在经济社会高质量发展一级指标下的二级指标构建上有着不同的看法。李金昌、史龙梅和徐蔼婷（2019）认为，高质量发展是经济社会发展的结果体现，应该选择结果指标对其评价，而当前的高质量发展相关文献混淆了过程指标和结果指标。随着时间推移，文献的评价维度与关注点逐渐从单一的经济发展，转变为经济与社会共同发展，再转变为人与自然、经济与政治文化社会生态的协调发展，同时，评价指标也逐步由重规模扩张向重质量效益转变。魏敏和李书昊（2019）研究发现，高质量评价指标体系不仅要追求高质量发展的经济发展过程，还要重视其结果，综合考虑当前国内经济建设存在的问题和当前中国经济高质量发展的指导思想与理念。王晓慧（2019）认为，需要从国家整体层面构建一套统筹各个地方经济社会高质量发展状况的评价指标体系，可以方便观测并量化，从而可以有效地为经济社会高质量发展提供具有参考价值的信息，以下为具体指标的说明。

5.1.2.1 经济发展

推动经济社会高质量发展，"十三五"时期，我国的经济总量稳步上升，经济对世界经济的贡献率在三成左右，是不断推进世界经济增长的动力源。而之前我国粗放的经济发展模式已经不可取，在全球疫情的背景下，我国发展条件和发展阶段有着新变化，这些新变化将会是接下来一阶段我国经济发展的新形势，因此在此一级指标体系下的二级指标要体现出这些新的变化。本章从资本产出率、国内生产总值增长、经济增长稳定性、外贸依存度和常住人口城镇化率五个方面来构建。

一是资本产出率，它能体现出资本与产出量的比值，表示一定经济条件下的产出量需要投入多少资本。在资本和劳动的丰裕程度相同的国家中，资本与产出比值越高，表明等量资本带来的产出量越低。在国民经济的各部门或行业中，因各自的技术构成与相对成本要素各异，资本—产出比率反映了各该部门或行业的资本密集程度。在企业的财务分析中，资本—产出比率表现为固定资产账面价值与其总产值的比率，它反映了企业设备的利用情况。

二是国内生产总值增长，它可以对比一个地区或者国家的 GDP 增速，更好地反映这个地区或者国家在未来经济发展的大致走势情况。

三是经济增长稳定性，它能够体现增速变化背后结构与动能因素的影响，由此判定经济运行是否稳健，增长基础是否扎实。这是当前和今后一个时期主动适应和积极引领新常态亟须强化的新思维。通过对国家统计局数据的进一步分析，可以说，经济增速、结构优化与动力转换呈现良性互动态势，经济增长稳定性获得有效的内在支撑，这是中国经济稳中向好的根本原因。

四是外贸依存度，它是表现一个地区的对外贸易活动对该地区经济发展的影响和依赖程度的经济分析指标。从需求拉动经济增长的角度看，它还能表现一个地区的外向程度。它的计算方法是用外贸出口额与国内生产总值之比。

五是常住人口城镇化率，由于它的定义是中心城区、县（市、区）及建制镇，所有在城镇建设规划内且城区建设均发展到乡镇、居委会及村委会，同时已完成水、电、路"三通"的，全按市镇人口计算。因此，将其纳入了新的经济发展下的二级指标。

5.1.2.2　创新驱动

在"十四五"规划的新发展目标中，创新已成为发展的第一动力。创新驱动是从个人的创造力、技能及天赋中汲取发展动力的企业，还有利用对知识产权的开发能获得潜在财富和就业机会的活动。即经济增长一般通过科学技术的创新带来的效益实现集约的增长方式，并通过技术变革发展生产要素的产出率。一要发展传统产业转型升级。高质量发展需要发展大量传统产业改造提升，推动新技术同传统产业融合，使传统产业焕发新动能。二是加速新兴产业兴起。更好运用创新驱动和"互联网＋"等发展战略，推动高端装备、电子信息、生物医药等新兴产业，利用产业结构优化升级激发新技术、新动能、新活力。三是推动成果顺畅转化。建立成果转化平台，开通科技成果同市场对接渠道，建立科技资源开放共享机制，鼓励科研人员面向企业开展技术开发、技术咨询、培训等，完成科技创新同企业创新创业不断融合。在本章的创新驱动一级指标下被纳入的二级指标有 R&D 经费占生产总值比、R&D 人员全时当量、万人发明专利拥有量、技术合同成交额与生产总值比、规模以上工业企业新产品销售收入、全社会研发经费投入增长和每万人口高价值发明专利拥有量。

第一是 R&D 经费占生产总值比，其中，R&D 经费是全社会研究与试验发展经费，包含实际用于研究与试验发展活动的人员劳务费、原材料费、固定资产购建费、管理费及其他费用支出。应用研究是为确定基础研究成果可能的用途，或是为达到预定的目标探索应采取的新方法等。试验发展是通过基础研究、应用研究和实际经验得到的现有知识，为产生新的产品、材料和装置，开创新的工艺、系统和服务，以及对已产生和建立的上述各项作实质性的改进而完成的系统性工作。

第二是 R&D 人员全时当量，指的是 R&D 项目（课题）人员实际参加研发项目或者课题活动人员折算的全时当量。国际上用这个指标作为比较科技人力投入的指标。R&D 人员是指单位内部从事基础研究、应用研究和试验发展等三类活动的人员。R&D 人员全时当量则是指全年90% 以上工作时间从事 R&D 活动的人员的工作量与非全时人员按实际工作时间折算的工作量之和。该指数越高，代表科技人力投入越大。

第三是万人发明专利拥有量，是每万人拥有经国内外知识产权行政部门授权且在有效期内的发明专利件数。它能表现一个国家或地区科研产出质量和市场应用水平的综合指标，可以体现出一个国家或者地区的自主创新能力。

第四是技术合同成交额与生产总值比。技术合同成交额是反映科技创新工作活跃度的一项重要指标。其比值的提高可以体现科技创新体系建设的完善度，多措并举激活创新能量，全力促进技术市场发展，推动先进科技成果落地转化。

第五是规模以上工业企业新产品销售收入。在统计学中，一般以年主营业务收入作为企业规模的标准，达到一定规模要求的企业就称为规模以上企业，它分若干类，如特大型企业、大型企业、中型企业、小型企业等。新产品很大一部分代表的是企业产品的创新力，可以代表创新驱动的情况。

第六是全社会研发经费投入增长，可以直观地看出全社会在创新研发上的费用投入，据十三届全国人大四次会议政府工作报告，"十四五"期间此指标将年均增长7% 以上。投入的力度将高于"十三五"时期。

第七是每万人口高价值发明专利拥有量，它首次作为规划中的目标出现，并明确要求到 2025 年每万人口高价值发明专利拥有量达 12 件。它能直观体现人均发明专利拥有量，从而侧面反映我国的发明专利情况。

5.1.2.3　民生福祉

民生福祉指的是美满的生活状态，通过"十四五"规划对民生福祉的设定，本章中设置此一级指标下的二级指标为人均可支配收入、居民人均可支配收入增长、人均消费支出、城镇调查失业率、人均医疗卫生支出、每千人口拥有执业（助理）医师数、基本养老保险参保率、人均教育支出和城乡居民可支配收入比。

该二级指标体系下的人均可支配收入和每年居民人均可支配收入增长体现了共同富裕和民众的收入状况，也可以对比其与国内生产总值的增长趋势；人均消费支出、人均医疗卫生支出、每千人口拥有执业（助理）医师数和基本养老保险参保率体现的是民生、基本医疗保障等问题；城镇调查失业率反向直观地体现了就业市场的状况；人均教育支出表现的是教育提质扩容工程和提高劳动年龄人口的平均受教育年限策略的实施情况；城乡居民可支配收入比是个负向指标，体现的是城市和乡村居民收入的差距变化情况。

5.1.2.4 绿色生态

绿色生态，要坚持把建设资源节约型、环境友好型社会当作加速转变经济发展方式的关键着力点，加大生态和环境保护力度，提高生态文明水平，强化可持续发展能力。绿色发展指数年度报告的研究在国内是首次，填补了国内的研究空白，可以有数据有依据地参加相关国际对话，有助于推动全民的绿色发展自觉。本章中绿色生态一级指标下的二级指标有单位地区生产总值废水排放量、单位 GDP 能源消耗降低、单位 GDP 二氧化碳排放降低、森林覆盖率、建成区绿化率和生活垃圾处理率。

单位地区生产总值废水排放量反映的是污水排放量占总产值比重，单位产值污水排放量越低，说明环保性越好；单位 GDP 能源消耗降低体现了我国创造 GDP 的效率提高速度。在实现碳达峰、碳中和的背景下，此项指标有利于研究我国推动经济社会转型升级、能耗较低行业比重的提升、能源利用效率的提升、多措并举推动节能降耗等的发展情况。单位 GDP 二氧化碳排放降低，此指标响应了国务院 2021 年 11 月发布的《关于深入打好污染防治攻坚战的意见》要求，到 2025 年，生态环境不断被优化，主要污染物排放总量一直降低，单位国内生产总值二氧化碳排放相较 2020 年下降 18%，打造并优化全国碳排放权交易市场。同时，优化甲烷等非二氧化碳温室气体排放管控，完善《国家适应气候变化战略 2035》；森林覆盖率是反映一个国家或者地区森林资源和林地占有实际水平的重要指标，森林是陆地上最大的碳储库，减少森林损毁、增加森林资源是应对气候变化的有效途径。森林可持续经营是实现林业可持续发展的前提，是提升经济社会可持续发展的重要措施；建成区绿化率是城市建成区的绿化覆盖面积占建成区的百分比，是反映城市环境质量的一项重要指标；生活垃圾处理率是经处理的生活垃圾量占全部生活垃圾总量的比重。生活垃圾中有一部分含有毒质，大部分会腐烂，散发细菌和恶臭，造成生活环境污染，危害人的身体健康。因此，使用正确方法及时处理生活垃圾是改善生活环境的必要手段。

5.1.2.5　安全保障

推动经济社会高质量发展的安全保障（即社会安定的保障义务），首先要保证广大人民群众解决温饱问题，其次是逐步提高部分工人阶级的小康生活水平[①]，最后是社会经济的稳步发展和人民安定共同保障社会稳定。本章中安全保障下二级指标有粮食产量、能源消费总量、卫生总费用、城镇居民最低生活保障人数和农村居民最低生活保障人数。

粮食产量指农业生产经营者日历年度内生产的全部粮食数量，是人民安全保障的基础；能源消费总量指一定时期内全国物质生产部门、非物质生产部门消费的各种能源的总和，也是人民生活中必不可少的，是衡量基本生活保障的指标；卫生总费用指一个国家或地区在一年内全社会用于医疗卫生服务所花费的资金总额，它是国际通行指标，被认为是了解一个国家卫生状况的有效途径之一；城镇居民最低生活保障人数和农村居民最低生活保障人数是一个负向的指标，随着国家经济实力的不断增强，以及国家扶贫政策的精准实施，我国居民最低生活保障人数逐年减少，因此该指标的减少可以体现我国精准扶贫和经济发展的情况。

5.2　经济社会高质量发展指标体系构建

5.2.1　经济社会高质量发展指标体系的初步构建与数据来源

由第 1 节中经济社会高质量发展体系作为依据，初步建立经济社会高

---

① 资料来源：《中华人民共和国国民经济和社会发展第十四个五年规划和 2035 年远景目标纲要》。

质量发展指标体系，如表 5－1 所示。

表 5－1 初步建立经济社会高质量发展指标体系

一级指标	二级指标
经济发展	资本产出率
	能源消耗率
	国内生产总值增长
	经济增长稳定性
	产业结构高级化指标
	全员劳动生产率增长
	进出口总额占地区生产总值比（外贸依存度）
	常住人口城镇化率
	外资开放度
创新驱动	R&D 经费占生产总值比
	万人 R&D 人员拥有量
	万人发明专利拥有量
	技术合同成交额/生产总值
	新兴产品销售收入占主营业务收入比重
	全社会研发经费投入增长
	每万人口高价值发明专利拥有量
	数字经济核心产业增加值占 GDP 比重
民生福祉	人均可支配收入
	居民人均可支配收入增长
	人均消费支出
	城镇调查失业率
	每千人口拥有 3 岁以下婴幼儿托位数
	人均医疗卫生支出
	每千人口拥有执业（助理）医师数
	基本养老保险参保率
	人均预期寿命
	人均教育支出
	高等教育毛入学率
	城镇化率
	劳动年龄人口平均受教育年限

一级指标	二级指标
绿色生态	单位地区生产总值废水排放量
	单位地区生产总值废物排放量
	单位 GDP 能源消耗降低
	单位 GDP 二氧化碳排放降低
	地级及以上城市空气质量优良天数比率
	森林覆盖率
	建成区绿化率
	生活垃圾处理率
	地表水达到或好于三类水体比例
安全保障	粮食综合生产能力
	能源综合生产能力
	基尼系数
	城乡居民可支配收入比
	区域人均可支配收入极值比
	社会满意度指数

基本养老保险参保率数据来源于《中国人力资源和社会保障部》；单位 GDP 能源消耗降低、森林覆盖率和生活垃圾处理率数据来源于 EPS 统计分析数据库；其他数据均来源于知网数据库、《中国统计年鉴》。

5.2.2　数据不可得和缺失的数据处理

5.2.2.1　数据不可得的指标

本章经过严格的筛选和整理，数据不可得的指标有："产业结构高级化指标""全员劳动生产率增长""新兴产品销售收入占主营业务收入比重""外资开放度""数字经济核心产业增加值占 GDP 比重""每千人口拥有 3 岁以下婴幼儿托位数""人均预期寿命""高等教育毛入学率""劳动年龄人口平均受教育年限""单位地区生产总值废物排放量""地级及以上城市空气质量优良天数比率""地表水达到或好于三类水体比例"。

5.2.2.2　部分缺失数据的剔除和代替

（1）"新兴产品销售收入占主营业务收入比重"，由于没有"规模以上工业企业的主营业务收入"数据，因此本章利用"规模以上工业企业新产品销售收入"的数据来代替。

（2）"能源综合生产能力（亿吨标准煤）"用"能源消费总量"代替。

5.2.2.3　部分缺失数据的处理

（1）"资本产出率"指标由资本形成率除以 GDP 得来；部分省份 2017年之后的数据缺失，则本章中下一年的数据用前一年的数据除以前三年的平均下降速度计算得来。

（2）"经济增长稳定性"指标即"经济波动率"，由本年的经济增速减去上一年的经济增速得到。

（3）"外贸依存度"指标的数值是由进出口总额占地区生产总值的比重来计算。

（4）"人均可支配收入"指标从 2013 年起，国家统计局开展了城乡一体化住户收支与生活状况调查，2013 年及以后数据来自此项调查。与 2013年前的分城镇和农村住户调查的调查范围、调查方法、指标口径有所不同。因此，本章节将 2010～2013 年的城镇和乡村居民的人均可支配收入平均作为总体的人均可支配收入数据计算。

（5）"居民人均可支配收入增长"指标同"人均可支配收入"指标，2013 年之前和之后的统计口径改变，因此，该指标将 2010～2013 年的城镇和乡村居民的人均可支配收入增长平均作为总体的人均可支配收入数据计算。

（6）"基本养老保险参保率"指标计算公式为：$\dfrac{\text{参保人数年末数} - \text{参保离退休人员年末数}}{\text{城镇就业人员年末数}}$，2017 年之后缺失的数据，本章将用前三年的几何平均数计算出下一年的参保率。

（7）"人均教育支出"指标中，2013 年之前农村的人均教育支出数据缺失，因此，按照 2013 年之后农村人均教育支出的平均增长率作为比例计算出 2010～2013 年的农村人均教育支出数值。

（8）"单位地区生产总值废水排放量"指标缺失的部分由前三年数据的几何平均数计算得到。

（9）"单位 GDP 二氧化碳排放降低"指标中，2017 年之后的缺失数据由前三年的几何平均数计算得到。

本章中数据的无量纲化处理过程同本书第 3 章中对乡村振兴发展的无量纲化处理过程。

5.2.3　经济社会高质量发展指标体系的实际构建

经过具体的数据处理，最终确定"经济发展"下二级指标有 5 个，"创新驱动"下二级指标有 7 个，"民生福祉"下二级指标有 9 个，"绿色生态"下二级指标有 6 个，"安全保障"下二级指标有 5 个，如表 5-2 所示。

表 5-2　　　　　　　经济社会高质量发展评价指标体系

一级指标	二级指标（可测度指标）	计量单位	正逆指标
经济发展	资本产出率	%	-
	国内生产总值增长	%	+
	经济增长稳定性	%	+
	外贸依存度	%	+
	常住人口城镇化率	%	+
创新驱动	R&D 经费占生产总值比	%	+
	R&D 人员全时当量	万人年	+
	万人发明专利拥有量	件	+
	技术合同成交额/生产总值	%	+
	规模以上工业企业新产品销售收入	万元	+
	全社会研发经费投入增长	%	+
	每万人口高价值发明专利拥有量	件	+

一级指标	二级指标（可测度指标）	计量单位	正逆指标
民生福祉	人均可支配收入	元	+
	居民人均可支配收入增长	%	+
	人均消费支出	元	+
	城镇调查失业率	%	－
	人均医疗卫生支出	元	+
	每千人口拥有执业（助理）医师数	人	+
	基本养老保险参保率	%	+
	人均教育支出	元	+
	城乡居民可支配收入比	%	－
绿色生态	单位地区生产总值废水排放量	万吨	
	单位 GDP 能源消耗降低	%	+
	单位 GDP 二氧化碳排放降低	%	+
	森林覆盖率	%	+
	建成区绿化率	%	+
	生活垃圾处理率	%	+
安全保障	粮食产量	亿吨	+
	能源消费总量	万吨	－
	卫生总费用	万	+
	城镇居民最低生活保障人数	人	－
	农村居民最低生活保障人数	人	－

资料来源：《学术严选公众号》《中国人力资源和社会保障部》、EPS 统计分析数据库、知网数据库、国家统计局官网、《中国统计年鉴》以及《国家粮食和物资储备局》。

5.3 经济社会高质量发展测度分析

5.3.1 熵权法测度经济社会高质量发展二级指标权重测度

本部分用熵权法来测度经济社会高质量发展的二级指标权重。由于各指标每一年的数据都有变动，故数据所反映的信息不同，也表明不同年份的指标权重存在差异。为了更好地反映每一年各级指标权重，本书以年份为测算单位，对各级指标进行分析。计算公式参见第4章的式（4-5）和式（4-6）。具体的经济社会高质量发展水平如表5-3所示。

表5-3　2010年和2022年经济社会高质量发展水平二级指标权重

一级指标	二级指标	2010年	2022年
经济发展	资本产出率	0.205	0.209
	国内生产总值增长	0.214	0.207
	经济增长稳定性	0.214	0.208
	外贸依存度	0.160	0.172
	常住人口城镇化率	0.206	0.203
创新驱动	R&D经费占生产总值比	0.157	0.157
	R&D人员全时当量	0.156	0.147
	万人发明专利拥有量	0.114	0.116
	技术合同成交额/生产总值	0.107	0.125
	规模以上工业企业新产品销售收入	0.154	0.145
	全社会研发经费投入增长	0.184	0.175
	每万人口高价值发明专利拥有量	0.128	0.135
民生福祉	人均可支配收入	0.099	0.104
	居民人均可支配收入增长	0.120	0.120
	人均消费支出	0.103	0.101
	城镇调查失业率	0.106	0.114
	人均医疗卫生支出	0.112	0.111
	每千人口拥有执业（助理）医师数	0.108	0.112
	基本养老保险参保率	0.122	0.114
	人均教育支出	0.108	0.103
	城乡居民可支配收入比	0.121	0.122
绿色生态	单位地区生产总值废水排放量	0.185	0.173
	单位GDP能源消耗降低	0.154	0.171
	单位GDP二氧化碳排放降低	0.115	0.150
	森林覆盖率	0.175	0.165
	建成区绿化率	0.184	0.166
	生活垃圾处理率	0.187	0.175

一级指标	二级指标	2010 年	2022 年
安全保障	粮食产量	0.196	0.197
	能源消费总量	0.204	0.206
	卫生总费用	0.198	0.196
	城镇居民最低生活保障人数	0.202	0.200
	农村居民最低生活保障人数	0.199	0.201

由表 5 - 3 可以得到关于经济社会高质量发展二级指标的结论。

2010 年和 2022 年经济社会高质量发展全国层面的二级指标权重中，经济发展指标体系下，正向指标中，国内生产总值增长与常住人口城镇化率的权重占比在下降，经济增长稳定性的权重基本持平，说明其在经济发展中的重要性没有改变；而进出口总额占地区生产总值的权重略有上升，说明在研究期间国内生产总值增长与常住人口城镇化率两个指标发展较好，2022 年的进出口总额对经济发展的重要性在提高；逆指标中，资本产出率在研究期间的权重占比在提高，说明我国的资本利用率对经济社会高质量发展的重要性在提升。

创新驱动指标体系下，所有指标均为正向指标。其中，R&D 人员全时当量、规模以上工业企业新产品销售收入和全社会研发经费投入增长的权重占比在研究期间略有下降，说明这几个指标发展相对较好，其对创新驱动的贡献在减少。万人发明专利拥有量、技术合同成交额/生产总值和每万人口高价值发明专利拥有量的权重占比在研究期间上升，即专利数、技术的生产效率和人均高价值专利对创新来说变得越来越重要，说明我国由重视科技创新的从业人员和产业规模等开始转为追求高质量、高价值和高效率的技术创新。

民生福祉指标体系下，正向指标中，人均可支配收入、城镇调查失业率、每千人口拥有执业（助理）医师数和城乡居民可支配收入比在研究期间均有上升，说明人均可支配收入、人均拥有的医生数、城乡收入差距和失业率都是当前和下一阶段我国需要关注的重点。人均消费支出、人均医疗卫生支出、基本养老保险参保率和人均教育支出的权重占比在研究期间均出现了下降的情况，即消费、医疗、养老和教育上我国取得了一些进展，使这些方面的重要性下降，对民生福祉指标的贡献减少。负向指标中，城镇调查失业率和城乡居民可支配收入比的权重占比均在上升，即在这几年的疫情和经济下行大环境下，保障城镇的就业率和城乡收入平衡对民生福祉来说越来越重要，国家下一阶段的经济发展中会格外重视。

绿色生态指标体系下，正向指标中，单位 GDP 能源消耗降低、单位 GDP 二氧化碳排放降低和粮食产量的权重占比在研究期间上升，说明由于近年来对环境的重视与保护程度在上升，对粮食的产出量重视度上升。森林覆盖率、建成区绿化率和生活垃圾处理率的权重占比在下降，即我国的绿化工程和垃圾处理做得比较好，其重要程度有明显下降。负向指标中，单位地区生产总值废水排放量的权重占比下降，即我国的生产效率提升，产生的总废水排放量已经达到了发展要求下比较客观的值，因此，其重要性下降。

安全保障指标体系下，正向指标中，粮食产量和农村居民最低生活保障人数的权重占比在研究期间上升，即粮食安全问题和农村居民的最低生活保障问题在研究期间的重要性逐渐上升。卫生总费用和城镇居民最低生活保障人数权重占比在研究期间下降，说明在卫生投入与城镇居民最低生活保障上已经达到了一定的水准，其重要性在相应下降。负向指标中，能源消费总量的权重占比在上升，即对能源的消费总量的控制对于我国的能源安全的重要性日益提高。城镇居民最低生活保障人数和农村居民最低生活保障人数的权重基本持平，说明最低生活保障人数依然比较重要。

5.3.2   经济社会高质量发展一级指标得分测度及排名

通过标准化的数值和各个二级指标的权重计算出 2010 年和 2022 年各省区市经济社会高质量发展的五个指标的得分并进行排名，一级指标各省区市各年份的具体得分均在附录中。2010 年和 2022 年各省区市经济社会高质量发展一级指标得分排名如图 5 - 1 和表 5 - 4 所示，图 5 - 1 中展示2010 年和 2022 年的全国各省区市五个一级指标得分情况，表 5 - 4 展示的是排名情况。

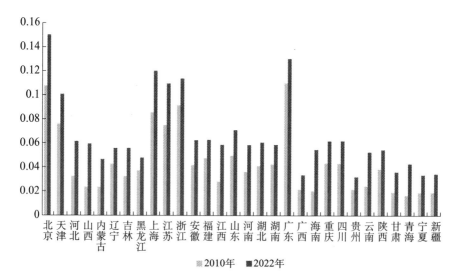

图 5 – 1　2010 年和 2022 年经济社会高质量发展中经济发展一级指标得分

表 5 – 4　　　2010 年和 2022 年经济社会高质量发展中经济发展一级指标得分排名

地区	2010 年	2022 年
北京	1	1
天津	5	6
河北	18	12
山西	22	14
内蒙古	23	24
辽宁	11	19
吉林	19	18
黑龙江	16	23
上海	4	3
江苏	6	5
浙江	3	4
安徽	13	9
福建	8	8
江西	20	17
山东	7	7

地区	2010 年	2022 年
河南	17	15
湖北	14	13
湖南	12	16
广东	2	2
广西	24	28
海南	26	21
重庆	10	10
四川	9	11
贵州	25	30
云南	21	22
陕西	15	20
甘肃	28	26
青海	30	25
宁夏	27	29
新疆	29	27

通过图 5-1 可以看出，在 2010～2022 年的经济发展中，得分较低的省市有吉林、黑龙江和贵州，经济发展提升较快的分别是北京、上海和广东；只有黑龙江的经济发展出现了略微的降低，其余的省区市得分均在上升。这与这些年东北的经济发展不好、人口严重外流有密切联系，想要振兴东北地区的经济，则政府需要对产业和人才提供好的政策。

表 5-4 显示，2010 年，排名前 5 位的为北京、广东、浙江、上海和天津；而排名后 5 位的是青海、新疆、甘肃、宁夏和海南。2022 年，排名前 5 位的是北京、广东、上海、浙江和江苏；排名后 5 位的是贵州、宁夏、广西、新疆和甘肃。2022 年经济发展指标排名前 3 的北京、广东和上海一直都是我国经济发展的龙头，各种政策惠及这些省市的情况相对更多，而海南在近些年逐渐设置了自由贸易试验区，因此其经济发展势头向好，排名得到提升。东北地区的排名呈现下降趋势，这是因为人口外流和产业落后造成的，需要通过更多的政策和岗位吸引人才。

通过图 5-2 可以看出，2010～2022 年，在创新驱动中，各个省份得分均在上升，尤其是广东、江苏和浙江提升尤为突出。

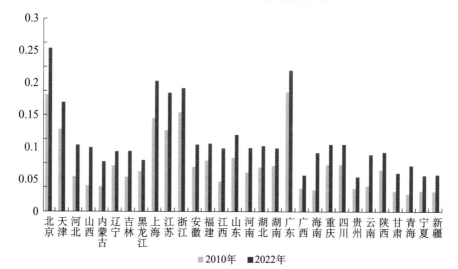

图 5-2　2010 年和 2022 年经济社会高质量发展中创新驱动一级指标得分

通过表 5-5 可以看出，2010 年，排名前 5 位的为北京、广东、上海、天津和江苏；排名后 5 位的为新疆、宁夏、内蒙古、吉林和广西。2022 年，排名前 5 位的为广东、北京、浙江、江苏和上海；排名后 5 位的为吉林、内蒙古、黑龙江、新疆和广西。其中尤为突出的是天津的创新驱动排名从第 4 名下滑到第 16 名。

表 5-5　2010 年和 2022 年经济社会高质量发展中创新驱动一级指标平均得分排名

地区	2010 年	2022 年
北京	1	2
天津	4	16
河北	19	14
山西	22	19
内蒙古	28	29
辽宁	12	17
吉林	27	30
黑龙江	16	28

地区	2010 年	2021 年
上海	3	5
江苏	5	4
浙江	6	3
安徽	15	13
福建	13	7
江西	21	9
山东	7	12
河南	17	18
湖北	10	6
湖南	11	15
广东	2	1
广西	26	26
海南	25	23
重庆	9	8
四川	14	11
贵州	20	20
云南	24	25
陕西	8	10
甘肃	18	22
青海	23	24
宁夏	29	21
新疆	30	27

通过图 5-3 可以看出，2010~2022 年，在民生福祉中，各个省份得分均有明显提升。说明在这 12 年间，全国人民的生活水平和状态有了极大的改善，人民生活越来越美好。其中，提升最快的是海南，海南的迅速发展为成为自由贸易港奠定了很好的经济基础。

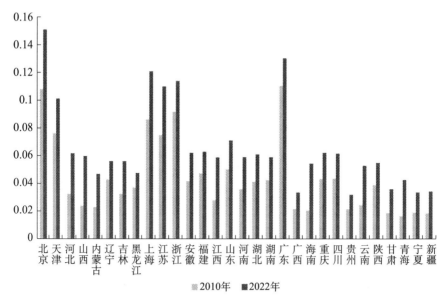

图5-3 2010年和2022年经济社会高质量发展中民生福祉一级指标得分

如表5-6所示，2010年和2022年，排名前5的为上海、浙江、北京、广东和天津；排名后5的为吉林、青海、甘肃、云南和贵州。因此可以看出，民生福祉发达的省区市继续保持较高的发展水平，而比较落后的省区市为东北和西北等经济相对落后的地区。

表5-6 2010年和2022年经济社会高质量发展中民生福祉一级指标平均得分排名

地区	2010年	2022年
北京	3	3
天津	5	5
河北	16	16
山西	19	19
内蒙古	20	20
辽宁	8	8
吉林	30	30
黑龙江	18	18
上海	1	1

续表

地区	2010 年	2022 年
江苏	6	6
浙江	2	2
安徽	13	13
福建	7	7
江西	21	21
山东	9	9
河南	17	17
湖北	11	11
湖南	12	12
广东	4	4
广西	23	23
海南	25	25
重庆	10	10
四川	14	14
贵州	26	26
云南	27	27
陕西	15	15
甘肃	28	28
青海	29	29
宁夏	22	22
新疆	24	24

通过图 5 - 4 可以看出，2010 ~ 2022 年，在绿色生态中，各省份得分均在上升，说明在研究期间，全国的绿色生态环境大幅提升。在习近平总书记提出"绿水青山就是金山银山"的政策下，我国的自然环境得到很大的改善。其中，研究期间得分提升最明显的是天津和吉林，说明天津的整体绿色生态有本质提高，天津的绿化政策发展很顺利，在绿化、垃圾处理、二氧化碳排放上的处理效果非常明显。

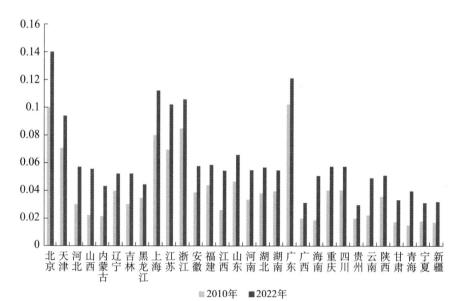

图 5-4　2010 年和 2022 年经济社会高质量发展中绿色生态一级指标得分

通过表 5-7 可以看出，在研究期间，2010 年绿色生态得分排名前 5 的有吉林、浙江、重庆、四川和安徽，排名后 5 位的是上海、河南、甘肃、新疆和北京。2022 年，排名前 5 的是天津、吉林、上海、福建和辽宁，排名后 5 的是黑龙江、新疆、山东、江苏和甘肃。说明天津在环境问题上足够重视，在研究期间发展迅速，取得了相当明显的效果。全国整体上各省区市的绿色生态都得到了全面的提升。

表 5-7　2010 年和 2022 年经济社会高质量发展中绿色生态一级指标平均得分排名

地区	2010 年	2022 年
北京	26	6
天津	9	1
河北	24	16
山西	19	10
内蒙古	15	25
辽宁	12	5
吉林	1	2
黑龙江	20	30

续表

地区	2010 年	2022 年
上海	30	3
江苏	25	27
浙江	2	7
安徽	5	23
福建	7	4
江西	11	13
山东	22	28
河南	29	24
湖北	21	18
湖南	6	20
广东	13	12
广西	18	15
海南	23	9
重庆	3	14
四川	4	21
贵州	14	17
云南	8	11
陕西	10	19
甘肃	28	26
青海	16	8
宁夏	17	22
新疆	27	29

通过图 5 - 5 可以看出，2010～2022 年的安全保障方面全部都在上升。在研究期间，全国各省区市的安全保障能力在提升，进一步说明中国是一个国家治理有效、社会安定、充满安全感的国家。其中，研究期间得分提升最明显的是河南，在能源、粮食等方面的保障能力均有进步，有关其安全保障的相关政策实施效果明显。

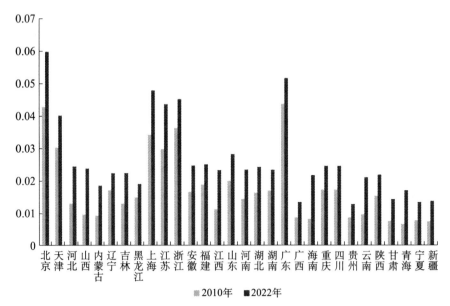

图5-5 2010年和2022年经济社会高质量发展中安全保障一级指标得分

通过表5-8可以看出，在研究期间，2010年，安全保障得分排名前5的分别是河南、四川、黑龙江、湖南和山东；2022年，排名前5的分别是四川、河南、黑龙江、湖南和云南。在研究期间，江西排名上升的速度最快，由刚开始的第16名上升到第8名，说明江西的粮食、能源保障的能力提升较明显。而河南、四川、黑龙江和湖南是农业和资源大省，在粮食和能源方面有先天的优势，因此在安全保障上，政府相关政策的执行效率更高且更精准，使它们的排名一直位于全国前列。

表5-8 2010年和2022年经济社会高质量发展中安全保障一级指标平均得分排名

地区	2010年	2022年
北京	24	24
天津	28	27
河北	10	13
山西	22	22
内蒙古	20	18
辽宁	17	19
吉林	11	10

地区	2010 年	2022 年
黑龙江	3	3
上海	25	24
江苏	14	15
浙江	23	23
安徽	6	7
福建	26	26
江西	16	8
山东	5	6
河南	1	2
湖北	8	10
湖南	4	4
广东	18	16
广西	12	9
海南	27	30
重庆	21	20
四川	2	1
贵州	9	10
云南	7	5
陕西	15	21
甘肃	13	14
青海	30	29
宁夏	29	28
新疆	19	17

5.3.3 经济社会高质量发展准则层总得分测度及排名

利用熵权法计算出乡村振兴发展的总得分（见附录），图 5 - 6 是 2010 年和 2022 年各省区市经济社会高质量发展的情况，表 5 - 9 是 2010 ~ 2022 年经济社会高质量发展排名。

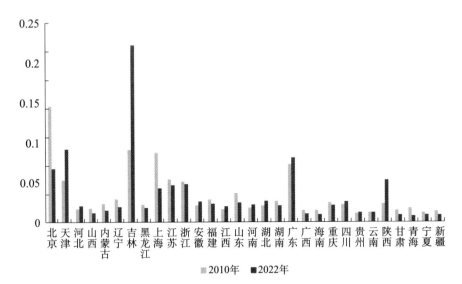

图 5 - 6　2010 年和 2022 年经济社会高质量发展情况

通过图 5 - 6 可以看出，研究期间，经济社会高质量发展得分均在上升，说明我国经济社会发展向好的势头没有改变，国家发展持续向好，人民生活幸福美好。

表 5 - 9　　　　2010 年和 2022 年经济社会高质量发展的总得分排名

地区	2010 年	2022 年
北京	1	1
天津	5	6
河北	18	14
山西	22	23
内蒙古	23	22
辽宁	11	18
吉林	19	20
黑龙江	16	21
上海	4	3
江苏	6	5
浙江	3	4
安徽	13	13

地区	2010 年	2022 年
福建	8	7
江西	20	17
山东	7	9
河南	17	16
湖北	14	10
湖南	12	12
广东	2	2
广西	24	27
海南	26	19
重庆	10	11
四川	9	8
贵州	25	28
云南	21	25
陕西	15	15
甘肃	28	24
青海	30	30
宁夏	27	29
新疆	29	26

通过表 5 - 9 可以看出，2010 年，经济社会发展总得分排名前 5 的分别是北京、广东、浙江、上海和天津；2022 年，总得分排名前 5 的分别是北京、广东、浙江、上海和江苏。

5.4　经济社会高质量发展水平的区域差异特征分析

上节通过分析经济社会高质量发展综合得分的排名，了解了各省份的经济社会发展状况；接着需要对不同区域的经济社会高质量发展水平进行进一步研究。

5.4.1 经济社会高质量发展的区域差异分析

由第4章的表4-11对全国的东部、中部和西部地区的具体划分，进行经济社会高质量发展平均得分进行测度，结果如表5-10和图5-7所示。

表5-10 2010~2022年分区域的经济社会高质量发展平均得分

年份	东部	中部	西部
2010	0.332	0.163	0.135
2011	0.352	0.173	0.142
2012	0.363	0.182	0.152
2013	0.374	0.189	0.161
2014	0.382	0.195	0.164
2015	0.389	0.202	0.171
2016	0.400	0.210	0.177
2017	0.408	0.218	0.182
2018	0.421	0.223	0.191
2019	0.431	0.233	0.198
2020	0.445	0.246	0.204
2021	0.524	0.314	0.271
2022	0.541	0.332	0.279

图5-7和表5-10展示了2010~2022年的东部、中部和西部地区的经济社会高质量发展的平均得分。整体上看，三个地区在这12年期间持续上升，说明我国经济社会的发展态势良好，经济社会发展的平衡性和充分性进一步加强。东部地区由2010年的0.332上涨到2022年的0.541，得分增长率达到57.8%；中部地区由2010年的0.163上升到2022年的0.332，得分增长率达到92.6%；西部地区由2010年0.135提升到2022年的0.279，得分增长率达到77.4%。

东部地区经济社会高质量发展水平明显好于中部和西部地区，中部地区落后于东部地区几乎有12年的时间差距，2022年中部地区的经济社会高质量发展得分还不及东部地区2010年的得分，但是中部地区这12年间

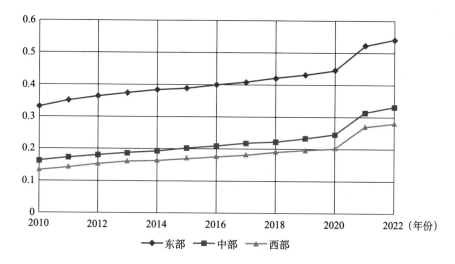

图 5 - 7　2010～2022 年分区域的经济社会高质量发展平均得分

也取得了长足的进步，得分增长率在三个地区中最高，达到 92.6%。西部地区与东部地区的差距就更大，与中部地区的发展也有一定的差距，但其得分增长率达到 77.4%，高于东部地区的增长率。测算结果充分说明我国经济社会高质量发展还有很大的空间和潜力，可以在地区间发展的平衡性方面多下功夫。

5.4.2　经济社会高质量发展的结构差异分析

通过 Dagum 基尼系数的方法对我国 2010～2022 年的经济社会高质量发展水平进行计算，通过 R 语言代码计算结果如表 5 - 11 所示。

表 5 - 11　　　　经济社会高质量发展水平的地区基尼系数及其分解结果

年份	总体	地区内基尼系数			地区间基尼系数			贡献率（%）		
		东部	中部	西部	东—中	东—西	中—西	地区内	地区间	超变密度
2010	0.309	0.133	0.208	0.241	0.371	0.444	0.201	23.30	67.64	9.06
2011	0.306	0.120	0.199	0.247	0.367	0.444	0.193	23.46	68.41	8.13
2012	0.304	0.124	0.205	0.254	0.362	0.432	0.194	24.35	66.12	9.53
2013	0.295	0.118	0.202	0.244	0.351	0.419	0.191	24.07	66.78	9.15
2014	0.288	0.115	0.198	0.236	0.342	0.415	0.187	23.96	68.06	7.98

年份	总体	地区内基尼系数			地区间基尼系数			贡献率（%）		
		东部	中部	西部	东—中	东—西	中—西	地区内	地区间	超变密度
2015	0.280	0.113	0.184	0.228	0.333	0.405	0.182	23.66	68.46	7.88
2016	0.271	0.112	0.176	0.218	0.324	0.397	0.173	23.53	69.49	6.98
2017	0.269	0.111	0.173	0.221	0.318	0.395	0.173	23.71	69.26	7.03
2018	0.263	0.105	0.168	0.212	0.315	0.385	0.167	23.20	69.97	6.83
2019	0.259	0.101	0.161	0.216	0.308	0.382	0.163	23.56	69.89	6.55
2020	0.252	0.088	0.156	0.208	0.296	0.381	0.165	22.93	71.15	5.92
2021	0.209	0.067	0.120	0.177	0.256	0.322	0.119	22.49	73.21	4.30
2022	0.203	0.058	0.116	0.170	0.246	0.321	0.120	23.05	71.06	5.90

5.4.2.1 我国经济社会高质量发展水平的总体变化

由表 5－11 中对我国的经济社会高质量发展水平 Dagum 基尼系数计算可以得到，我国经济社会高质量发展水平的总体区域间差异在波动中呈现整体下降的趋势，由 2010 年的 0.309 下降到 2022 年的 0.203。Dagum 基尼系数值的下降意味着全国整体经济社会高质量发展水平的地区间差异在波动中不断缩小，即在研究期间，我国的经济社会不断发展，产业不断转型，经济结构不断优化，增长动力充沛。说明经济社会高质量发展可以满足人民日益增长的美好生活需要。

5.4.2.2 我国经济社会高质量发展水平地区内差异和变化

将东部、中部和西部地区 2010～2022 年的基尼系数绘制成图形，如图 5－8 所示。

图 5－8 显示，在研究期间，西部地区经济社会高质量发展水平差距最大，中部地区的经济社会高质量发展水平差异排第二，东部地区经济社会高质量发展水平差异最小。将地区内的差异分为三段来分析，首先是 2010～2017 年，高质量发展提出之前的情况；其次是 2017～2020 年，新冠疫情暴发之前的发展情况；最后是 2020～2022 年，新冠疫情暴发后，全球经济下行的高质量发展情况。

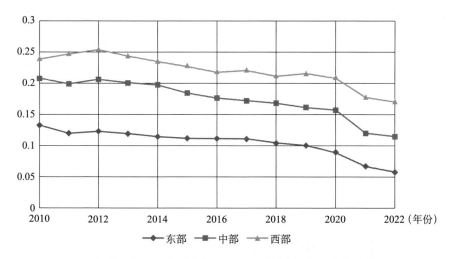

图 5 − 8　我国经济社会高质量发展地区内差异及变化趋势

　　具体看，东部地区，首先是 2010 ~ 2017 年，东部地区经济社会高质量发展的基尼系数由 0.133 下降到 2017 年的 0.111，2017 ~ 2020 年东部地区各省区市的发展水平差距依然在持续下降，2020 ~ 2022 年仍然在下降，说明在这 12 年间的东部地区内省区市的经济社会高质量发展较为全面、快速且均衡，并且东部地区的发展差距在迅速缩小。这是由于先发展起来的省区市带动了东部地区内部其他省区市的经济社会高质量发展，相互之间的竞争使得差距有所缩小。东部地区内的省区市发展趋于均衡，由于疫情的冲击，使得本身发展快于其他省市的北京、上海等高质量发展的脚步略微放缓，其他省区市的发展慢慢赶上，使得差距不断减小。对比中部、西部地区的省区市，它们在科技、资源、人才、地理位置和政策等方面均有明显优势，并且伴随政策和国家的整体发展侧重不同，东部地区整体高质量发展水平差距整体将会持续减小。

　　中部地区在研究期间，基尼系数由 2010 年的 0.208 下降到 2022 年的 0.120。整体上，中部地区各省区市的基尼系数持续下降，即高质量发展的差距在不断缩小，与东部地区相比，中部地区的变化相对较大，可能是由于中部地区的政策和地理位置优势均不大，高质量发展还处于初级阶段，中部地区内部省区市的高质量发展差距不大。研究期间第一阶段，2010 ~ 2017 年在波动中从 0.208 下降到 0.173，说明中部地区的高质量发展刚刚起步，各个省区市的进步速度有一定的差距。而 2017～2020 年，即研究的第二阶段，中部地区由 2017 年的 0.173 下降到 2020 年 0.156，是因为中部地区基本是以制造业为主发展经济，高科技产业在 2017 年国家的发展转为高质量发展后，很多高科技产业才陆续由东部地区往中部地区迁移，并且各个省区市有各自的相对地理优势，高质量发展相对平均，使得基尼系数在缩小。第三阶段，2020～2022 年由 0.088 下降到 0.058，疫情的冲击使中部地区的经济发展速度放缓，各省区市之间的差距缩小。

西部地区在研究期间，基尼系数由 2010 年的 0.241 下降到 2022 年的 0.177，即整体上，西部地区各省区市经济社会高质量发展水平的差距在逐渐缩小，西部地区也是脱贫较晚的地区，政策优势不明显，地理位置处于劣势。第一阶段，2010～2017 年西部地区的基尼系数略有下降，由 0.241 下降到 0.221，说明西部地区的发展均较为落后，省区市间的差距并不大。第二阶段，2017～2020 年基尼系数下降的幅度也不大，但总体来看各省市间的差距略有缩小。第三阶段，2020～2022 年的基尼系数急速下降到 0.177，说明各省区市间的差距在快速缩小，各省区市间的发展逐渐更平衡更充分。

5.4.2.3　我国经济社会高质量发展水平地区间差异及变化趋势

我国经济社会高质量发展水平地区间差异和变化趋势如图 5-9 所示。

如图 5-9 所示，在研究期间，东—西差距最大，中—西差距最小。整体上看，2010 年三个地区间差异是 0.371、0.444 和 0.201，到 2022 年下降为 0.246、0.321 和 0.120。各地区之间的差距随着时间的推移，逐年减小，说明随着经济社会高质量发展，地区之间的差异越来越小，经济社会发展逐渐更平衡更充分。在 2020～2022 年，由于新冠疫情导致的全球经济下行，东部地区许多依靠外贸进口等的行业受到的冲击较大，而中部和西部地区的制造业也受到了相应的影响，使得东—中、东—西、中—西部的基尼系数快速减小，说明新冠疫情对经济社会高质量发展影响非常大。

我国整体经济社会高质量发展水平的差距在研究期间不断缩小，由于

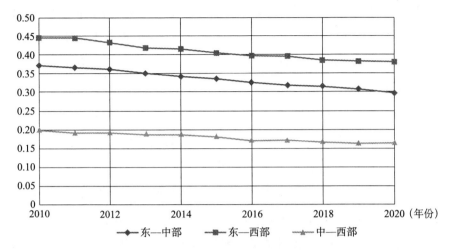

图 5-9　我国经济社会高质量发展水平地区间差异和变化

脱贫攻坚的全面胜利，以及高新企业不断进驻中部和西部地区，使得大部分省区市及广大的贫困农村地区所在中部和西部地区的高质量发展不断赶上东部地区，加上国家的政策和大力扶持，让中部和西部省区市高质量发展得到了有力支持。

5.4.2.4　我国经济社会高质量发展水平地区差距来源及贡献率

通过图 5-10 描述了我国经济社会高质量发展水平总体地区差距来源及贡献率。

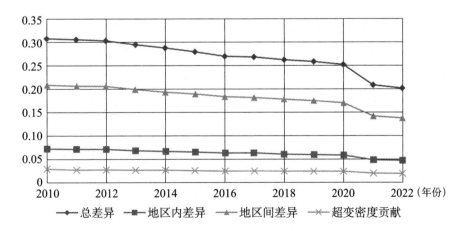

图 5-10　乡村振兴发展水平总体差距主要来源及变化趋势

图 5 - 10 展示了 2010 ~ 2022 年的经济社会高质量发展水平总体差距的主要来源。从图 5 - 10 可以看出，经济社会高质量发展水平总体差异呈现下降趋势，地区间差距对总体基尼系数的贡献率最大，是造成我国经济社会高质量发展水平总体差距的主要因素；地区内的差异对总体差异的贡献较低，超变密度贡献最低。

从地区内差距、地区间差距和超变密度对总体基尼系数的贡献率看，研究期间，地区间差距对总体基尼系数的贡献率最大。整体基尼系数的变化仍然分为 2010 ~ 2017 年、2017 ~ 2020 年和 2020 ~ 2022 年三个阶段分析。第一个阶段，2010 年总体的基尼系数为 0.309，地区间差距对总体贡献率达到了 67.64%，地区间差异的贡献率基本都在 68% 附近，2017 年贡献率达到了 69.26%，地区间经济社会高质量发展差距的减小是全国总差异减少的主要原因。第二个阶段，从 2017 ~ 2020 年，总体基尼系数稳定在 0.26 附近，地区间差异贡献了 69.26% ~ 71.15%，说明在高质量发展提出到疫情发生前，地区间的差异还比较大。第三个阶段，从 2020 ~ 2022 年，地区间差异的贡献率达到了 71.06%，地区内差异的贡献率下降至 23.05%。

5.4.3 经济社会高质量发展的动态特征演进分析

对全国、东部、中部和西部地区的经济社会高质量发展水平进行 Kernel 核密度分析。首先，为了清晰地展现出研究期间的 Kernel 核密度图，如果将这 12 年的所有数据画在图中，图形会较为混乱，很难清晰观察。因此，本书选取了 2010 年、2016 年和 2022 年有跨度的三年的数据来制作图形，通过 R 软件进行图形的绘制，得到的结果如图 5 - 11 所示。

图 5 - 11 中分别展示了东部、中部、西部地区和全国的经济社会高质量发展水平的 Kernel 核密度分布图形，从中可以得出以下结论。

（1）2010 年，东部地区的经济社会高质量发展水平呈现了双波峰的情况，说明了经济社会高质量发展水平的不平衡，大多数省区市的水平集中在相对较低的水平，而少部分省区市的高质量发展已经走在了前列。到

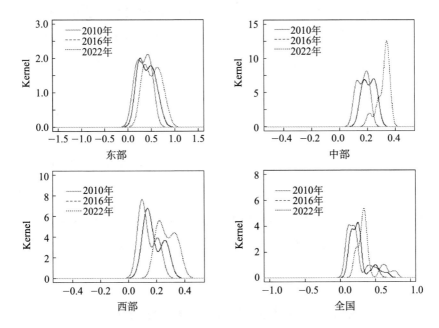

图 5 - 11　经济社会高质量发展水平的 Kernel 核密度分布

2016 年，明显看到波峰变低，整体水平向右移动，说明高质量发展水平在提升。2022 年相对 2016 年波峰进一步下降，整体水平向右移动，说明高质量发展水平更进一步提升，地区间的差异没有明显变化，即东部地区总体的趋势是高质量发展水平越来越高，越来越平衡。

（2）2010 年，中部地区经济社会高质量发展呈现出双波峰形，大部分省份水平集中在低水平的高质量发展，少部分则发展更好更快，整体发展水平较低。2016 年，整体发展水平向右移动，波峰变低，说明高质量发展水平整体提升，省区市之间的发展变得更为平衡。到 2022 年，整体图像向右移动，波峰转变为单波峰形，并且波峰比 2016 年的波峰更高更尖，表明中部地区的高质量发展取得了长足的进步，整体高质量发展水平大幅提升，各省区市发展更加平衡，更加聚集。

（3）2010 年，西部地区的经济社会高质量发展水平呈现出双波峰的情况，两个波峰差异较大，带宽较大，说明西部地区高质量发展整体水平较低，有几个省区市发展较为突出，但其他省区市发展水平在低水平，且差异不大。2016 年依旧是双波峰，整体向右移动，说明高质量发展水平得到提升，各省区市的发展水平在不断接近。2022 年，图像大幅向右移动，波峰变高，说明西部地区高质量发展取得了长足的进步。

（4）从全国整体经济社会高质量发展水平来看，2010 年、2016 年的图形基本均呈现多波峰形，且波峰形状类似，波峰不高，带宽较窄，说明这个阶段全国整体高质量发展水平不高，并且省区市之间的差异不大，大都处于低水平的集聚状态。2016 年，波峰最高且向右略微移动，即全国高质量发展水平略有提升。2022 年，波峰出现大幅升高，波峰变尖，整体向右大幅移动，但仍有较长的拖尾现象，说明全国高质量发展水平大幅提升，部分省区市往较高水平更加集中，其他省区市的差距逐渐缩小，发展越来越均衡。

5.4.4 经济社会高质量发展的空间转移特征分析

5.4.4.1 经济社会高质量发展各等级的划分

本书依据经济社会高质量发展水平得分将其划分为 4 个等级。具体的等级划分对应的得分如表 5 - 12 所示。

表 5 - 12　　　　　　　经济社会高质量发展各等级划分

	等级	得分	发展水平
经济社会高质量发展	低	[0, 0.200)	低
	中低	[0.200, 0.400)	中低
	中高	[0.400, 0.600)	中高
	高	[0.600, 0.800]	高

由 2010～2022 年各个省区市经济社会高质量发展的总分得知，最高分为 0.796，最低分为 0.081，将其划分为 4 个等级，根据等级平均划分，低水平为 [0, 0.200)，对应的是高质量发展低水平；中低水平为 [0.200, 0.400)，对应的是高质量发展中低水平；中高水平为 [0.400, 0.600)，对应的是高质量发展中高水平；高水平为 [0.600, 0.800]，对应的是高质量发展高水平。

5.4.4.2　经济社会高质量发展水平传统 Markov 链与空间 Markov 链的转移矩阵概率计算

传统 Markov 链只研究该省区市的第 t 年到第 $t+1$ 年的经济社会高质量发展水平状态转移概率，即不考虑某省区市的高质量受到周边省区市的影响，在表 5 – 13 中表示无空间滞后项。空间 Markov 链考虑相邻省区市的影响，需要加入空间滞后项再进行状态转移概率的计算，空间滞后项为发展水平低、中低、中高和高的省区市，接下来用 R 软件进行计算。

表 5 – 13　　我国经济社会高质量发展的传统和空间 Markov 链转移矩阵概率

空间滞后类型 （相邻省区市等级）	$t/t+1$	低 $[0, 0.200)$	中低 $[0.200, 0.400)$	中高 $[0.400, 0.600)$	高 $[0.600, 0.800]$
无滞后	低	0.767	0.233	0.000	0.000
	中低	0.086	0.813	0.101	0.000
	中高	0.000	0.081	0.909	0.010
	高	0.000	0.126	0.151	0.903
低水平	低	—	—	—	—
	中低		0.837	0.163	—
	中高	—	0.500	0.500	—
	高	—	—	—	—
中低水平	低	0.751	0.249	0.000	0.000
	中低	0.060	0.844	0.096	0.000
	中高	0.000	0.090	0.910	0.000
	高	0.000	0.029	0.000	0.971
中高水平	低	0.667	0.333	0.000	0.000
	中低	0.038	0.798	0.164	0.000
	中高	0.000	0.074	0.904	0.022
	高	0.000	0.036	0.061	0.903
高水平	低	1.000	0.000	0.000	0.000
	中低	0.000	0.923	0.077	0.000
	中高	0.000	0.000	0.906	0.094
	高	0.000	0.000	0.380	0.620

注：数据结果由作者通过 R 软件计算获得。

从表 5-13 可以得出以下结论。

（1）传统 Markov 链概率转移矩阵中，对角线是从第 t 年到第 $t+1$ 年高质量发展的状态转移概率，而非对角线表示不同省区市高质量发展状态从第 t 年到第 $t+1$ 年的转移概率大小。①矩阵对角线上的元素数值较高，说明各省区市维持原高质量发展水平等级的概率是最高的，高质量发展等级低、中低、中高和高水平的省区市在无滞后项的情况下维持自身等级的概率分别为 76.7%、81.3%、90.9% 和 90.3%。②矩阵中非对角线数值较小，说明在连续两年中，所有等级省区市高质量发展向其他等级转移概率较低，发展等级低水平的省区市跃升到中低水平的可能性为 23.3%，发展等级中低水平向低水平和中高水平转移的可能性为 8.6% 和 10.1%，发展等级中高水平向中低水平转移的概率为 8.1%，发展等级高水平向中高水平转移的概率为 15.1%，向中低水平转移的概率为 12.6%。③各等级的省区市都有跨越等级变化的可能性。

（2）空间 Markov 链中。①经济社会高质量发展水平的空间上有集聚的特征，相邻省区市的滞后类型（即相邻省区市的高质量发展等级）会对该省区市高质量发展水平状态转移产生影响。②在相邻省区市的空间滞后类型为低水平或中低水平时，其向更低一级的类型发生转移的概率会增加。当空间滞后项为发展等级低水平时，发展等级中高水平向中低水平转移的概率由传统 Markov 链的 8.1% 升高至 50%。在相邻省区市的空间滞后类型为中低水平时，中高水平维持原有等级的概率由传统 Markov 链的 90.9% 变为 91%，而向中低水平转移的概率上升为 9%；中低水平维持自身等级的概率，由无滞后项的 81.3% 上升到 84.4%，其上升到中高水平的概率为 9.6%。③在相邻省区市经济社会高质量发展水平等级为中高水平或者高水平时，高质量水平较低的省区市向更高等级的发展类型发生转移的概率增大。在相邻省区市的空间滞后类型为中高水平时，仅有中高水平的省份保持自身等级的概率由无滞后项的 90.9% 调整至 90.4%，而中低水平向中高水平转移的概率升高为 16.4%。低水平上升到中低水平的概率上升到 33.3%，这说明在周边省区市高质量发展水平为中高或高水平时，对低水平省份的影响比较大；相邻省区市经济社会高质量发展水平为高水平时，高水平省份维持自身等级的概率为 62%。

本章小结

首先，本章建立了经济社会高质量发展的综合评价指标体系，并收集全国各省区市 2010~2022 年具体的二级指标数据。其次，对经济社会高质量发展的二级指标得分和总指标得分进行了测度。再次，研究了经济社会高质量发展水平的区域差异特征和结构差异特征。又次，进行了经济社会高质量动态特征演进分析。最后，进行了经济社会高质量的空间转移特征分析。

本章的结果表明。

（1）2010~2022 年，经济社会高质量发展 30 个省区市的各项指标都出现向上的增长趋势；传统的经济强省（市）如北京、上海、广东、浙江和江苏等在高质量发展上依旧保持强劲的势头，而西部地区如新疆、甘肃、宁夏等省区排名依旧靠后。经济发展方面，所有省份得分均在上升，只有黑龙江略有降低；创新驱动方面，所有省份得分均在上升，广东、江苏、浙江提升尤为突出；民生福祉方面，所有省份得分均有上升，天津略有下降；绿色生态方面，全国所有省份均在上升，说明我国绿色生态环境大幅提升；安全保障方面，全部省份得分都在上升，说明中国是一个治理有效、社会安定的国家。

（2）2010~2022 年，经济社会高质量发展水平的区域差异为东部地区经济社会发展水平明显高于中部和西部地区；但中部地区也取得了长足的进步；西部和东部地区的差距较大，但其得分增长率高于东部地区的得分增长率。

（3）Dagum 基尼系数显示，经济社会高质量发展水平总体区域间差异呈现下降趋势，其地区间差距对总体基尼系数的贡献率最大，是造成我国经济社会高质量发展水平总体差距的主要原因。东—西部地区间的差距最大，东—中部地区其次，中—西部地区间的差异最小，但随着时间推移，都呈现下降趋势，说明地区间、地区内的差异均在逐渐缩小，经济社会高质量发展越来越平衡；地区内和地区间的贡献率都呈下降的趋势，超变密度的贡献率最小。

（4）Kernel核密度函数显示2010～2022年东部、中部、西部地区也大致具有集聚现象，整体水平右移；全国高质量发展水平整体向右移动，说明发展水平越来越高；波峰由双波峰转变为单波峰，说明各省区市发展水平越来越集中，具有集聚现象；带宽相对变窄，说明全国各省区市之间差距逐渐缩小，发展越来越平衡。

（5）通过传统与空间Markov链分析，各省区市维持本来高质量发展水平等级的概率是最高的。在连续两年中，所有等级省区市高质量发展向其他等级转移概率较低，存在跨越等级的变化。经济社会高质量发展水平的空间上有集聚的特征，相邻省区市的滞后类型（即相邻省区市的高质量发展等级）会对该省区市高质量发展水平状态转移产生影响。在相邻省区市的空间滞后类型为低水平或中低水平时，其向更低一级的类型发生转移的概率会增加，在相邻省区市经济社会高质量发展水平为中高或高水平时，高质量水平较低的省区市向更高等级的发展类型发生转移的概率增大。

本章研究为第6章、第7章中乡村振兴发展水平对经济社会高质量发展水平的影响和空间溢出效应分析奠定了基础，测度得到的全国各省区市的经济社会高质量发展水平得分是这两章中重要的被解释变量。

第6章　中国乡村振兴对经济社会高质量发展的驱动效应分析

乡村振兴评价指标体系由产业兴旺、生态宜居、乡风文明、治理有效和生活富裕五个部分组成，涉及了乡村的产业发展、生态环境、文明程度等方面。而经济社会高质量发展可以追溯到本书的第5章，由经济发展、创新驱动、民生福祉、绿色生态和安全保障组成该指标体系。乡村振兴战略实施过程中人才培养，可以带动各个省区市的经济和创新驱动；农村地区的资本投入必定会带来新兴产业的到来，淘汰一些低效能的产业，使整个地区的产业得到升级，从而带动经济社会高质量发展。同时，农村地区的网络发展，使得信息传播和技术创新等会影响到经济社会高质量发展，并且对经济社会高质量发展的影响可能具有非线性的特点和空间溢出效应。

因此，本章将提出研究假设并运用面板数据的固定效应模型论证乡村振兴对经济社会高质量发展的影响。

6.1　研究假设的提出与影响机制

6.1.1　乡村振兴对经济社会高质量发展的驱动效应

当前的中国经济社会步入了高质量发展阶段，高质量发展中的"高"具体体现在经济社会发展方面的总要求，随着实践的不断推进，社会不断发展，人民对社会高质量发展的认识也在不断深化，由于我国社会主要矛盾转化为人民日益增长的美好生活需要和不平衡不充分的发展之间的矛盾，过去那种低水平的、粗放式的发展，已在各行各业都难以为继。

乡村振兴是经济社会高质量发展的重要组成部分，尤其是中国农村人口占绝大部分比重，农村生产力发展水平远远低于城镇发展水平，使得农村的发展成为经济社会高质量发展的一个瓶颈。当全国农村基本脱贫，那么乡村振兴这一重要措施是提升农村生产力发展水平的重要途径，也是促进经济社会平衡发展和充分发展的重要手段。因此，乡村振兴是影响经济社会高质量发展的重要因素。

乡村振兴是我国欠发达地区省份的农村地区落实经济社会高质量发展最好的战略。借鉴美国、欧洲和亚洲等发达地区 80 多年的乡村发展经验，政府在推进乡村发展的进程中扮演了重要角色，有着积极的主导作用，我国政府可以同样以立法为保障、市场为基准，加快建立乡村振兴政策体系和制度框架[1]，在具体的实施过程中，还应重视"三条路径"的协调推进。

6.1.2 乡村振兴驱动经济社会高质量发展的研究假设

乡村振兴战略是应对新时期社会主要矛盾的必然要求，农村的基础设施建设是生态宜居的"必要条件"，是保障乡村振兴的基础[2]；张春玲和刘秋玲（2019）认为，在当前，农业高质量发展面临四个方面的挑战，分别是农业资源的限制、农业生产成本提高、农业从业人员素质不高、农业生产结构单一。经过研究得出，我们要从改善农业生态环境、提高农业资源的使用率、提高经济效益和改善农业从业人员的结构四个方面来发展农业，从而推动乡村的经济社会高质量发展来协同全面的经济社会高质量发展。他们通过构建农业高质量发展的指标体系，从农业资源、经济效益、生态环境和从业人员四个方面体现乡村发展的状况，认为在乡村振兴的大

---

① 胡月，田志宏. 如何实现乡村的振兴？——基于美国乡村发展政策演变的经验借鉴［J］. 中国农村经济，2019（3）：128 – 144.

② 曾福生，蔡保忠。农村基础设施是实现乡村振兴战略的基础［J］. 农业经济问题，2018（7）：88 – 95.

背景下，必须从根本上解决农业发展的质量问题来改变农业发展的现状。因此，首先提出如下假设。

H1：乡村振兴能驱动经济社会高质量发展，有正向作用，对经济社会高质量发展有显著影响。

进一步地，我国的十大农业省份①的农业发展，由于这些省份的耕地面积、种植技术、国家农业拨款等强于其他省区市，本身的乡村发展对经济社会的高质量发展影响更大，可能存在着异质性，会更加强乡村振兴对经济社会高质量发展的正向影响作用。韩君（2019）研究中国"三农"问题发现，要构建一个有效的政策框架以农业和农村发展为重点，动员资源支持四大重点事项支援农业和农村发展，才能很好地为乡村振兴战略的成功实施做好准备，从而实现经济社会高质量发展，他系统地比较了"全面建成小康社会"宏伟目标所涉及的具体目标和中国目前在"三农"领域取得的成就。讨论了弱点，并概述了解决这些弱点的优先事项，确定了四个关键任务：一是打赢脱贫攻坚战；二是稳固农业农村发展基础；三是完成乡村振兴初期的重点任务；四是打造有效的农业农村优先发展政策框架，整合资源支持农业农村发展人员优先、资源优先、资金优先、公共服务优先。周洋、李亚梅和徐晨晨（2020）回顾了我国土地整理的历史沿革，并对我国土地整理的现状、特征、潜在影响以及土地的驱动机制进行了讨论。土地整理②具有多功能性，他们认为现有的研究大多集中在耕地的补充功能上，缺乏对其促进农村可持续发展和振兴功能的系统研究。在当前全球农村衰落的大背景下，土地整理被赋予了促进乡村振兴和区域可持续发展的内涵。结果表明，中国土地整理在稳定耕地动态平衡、保障粮食安全方面发挥了不可替代的作用。它已经或正在朝着支持现代农业发展、扶贫和乡村振兴以及区域可持续发展的方向发展。土地整理因其社会效益、经济效益和生态效益，在促进乡村发展和振兴中逐渐受到青睐，可以解决

---

① 十大农业省份包括黑龙江、河南、山东、内蒙古、河北、湖南、湖北、四川、安徽、吉林和江苏。

② 土地整理：是国家为调整土地关系，组织和监督土地的开发利用，保护和合理利用土地资源，而采取的行政、经济、法律和技术的综合性措施。

乡村资金、土地、技术、人才、产业等方面的困难，为乡村振兴提供平台，注入新的活力。因此，提出第二个假设。

H2：农业大省的乡村振兴对经济社会高质量发展的正向驱动作用更强。

6.2 模型的研究设计

6.2.1 计量模型构建

要构建乡村振兴对经济社会高质量发展的影响模型，首先，通过第 1 节相关知识和文献的介绍，得到了乡村振兴战略对经济社会高质量发展有着重要的影响，并从文献中发现和总结了 6 个可能会对经济社会高质量发展有影响的变量。因此，在基础模型中，设定自变量为乡村振兴，用 RV_i 表示（$i = 1, 2, \cdots, 30$ 表示 30 个省区市），为检验假设 H1 和 H2，对式（6-1）和式（6-2）的回归模型进行估计。

$$Y_{it} = \beta_0 + \beta_1 RV_{i,t} + \beta_2 Control_{i,t} + \mu_i + \theta_t + \varepsilon_{i,t} \qquad (6-1)$$

$$Y_{it} = \beta_0 + \beta_1 RV_{i,t} + \beta_2 AGR \times RV_{i,t} + \beta_3 Control_{i,t} + \mu_i + \theta_t + \varepsilon_{i,t} \qquad (6-2)$$

式（6-1）是用来检验假设 H1 的假设检验，而式（6-2）是用来检验假设 H2 的假设检验。其中，Y_{it} 是省区市 i 的 t 年经济社会高质量发展的水平指标，这里的经济社会高质量发展水平用第 5 章测度的得分来计算，$RV_{i,t}$ 是省区市 i 的 t 年乡村振兴发展的水平指标，用第 4 章测度的得分来计算。AGR 为虚拟变量，它表示该省份是否为十大农业省份，是取 1，否则取 0。向量 $Control_{i,t}$ 表示的是一系列的控制变量，μ_i 表示的是省区市不随时间变化的省份固定效应，θ_t 表示的是时间固定效应，$\varepsilon_{i,t}$ 则是随机扰动项。

6.2.2 变量定义与说明

（1）被解释变量和解释变量。经济社会高质量发展水平第 5 章已经界定了定义，因此在此章节不做过多赘述。乡村振兴发展水平在第 4 章已经界定了定义，在此不再赘述。

（2）控制变量的选取。乡村的发展在总体的经济社会高质量发展中有着非常重要的地位，除此之外，还有一些其他不可忽视的重要因素在影响着经济社会高质量发展，既要更全面地分析在经济社会高质量发展中乡村振兴战略的溢出效应，还需要设置一些在经济社会高质量发展中可能产生影响的控制变量。

本书选取了以下控制变量：外商投资（FDI），财政分权度（Finadp），科技创新投入（Tech），金融发展水平（Finance）和地方公共财政收入（Localin）。

（1）外商投资（FDI）。外商投资（FDI）指的是外国的公司、企业、其他经济组织或者个人依照中华人民共和国法律的规定，在中华人民共和国境内进行私人直接投资，且仅限于外商直接投资，其间接投资行为[①]不属于"外商投资"。本书用分省份外商直接投资企业年底注册登记情况来表示此变量，即每年各省区市年末的外商直接投资登记情况，变量为正向指标，单位为亿美元。

（2）财政分权度（Finadp）。财政分权度（Finadp）是给地方政府的一定税收权力和支出责任范围，且认可其自己制定预算支出规模与结构，让位于基层的地方政府可灵活选择所需政策类型，积极加入社会管理，能使地方政府提供更优质的服务。郭健和张明媛等（2021）认为，财政分权在我国的经济社会高质量发展的增长过程中有显著的双门槛效应，分权程度过高或过低均减弱了财政分权对高质量发展的激励效应。本书用财政预算内收入与财政预算内支出之比得到此变量。

（3）科技创新投入（Tech）。科技创新投入（Tech）是工业企业用在科技创新和技术开发上的具体活动。华坚和胡金昕（2019）对中国内地30个省级地区的耦合协调度进行评价，认为当前的我国区域科技创新与经济社会高质量发展总体上已初步实现良好协调发展，继续增强科技创新能力，发挥创新驱动的作用。本书用R&D经费外部支出值来表示此变量。

---

① 如购买股票、证券等投资行为。

（4）金融发展水平（Finance）。金融发展水平（Finance）是金融交易规模的扩大及金融产业的高度化过程带来的金融效率的不断提高。张双才和尹庆伟（2021）将金融规模、金融效率和金融结构作为金融发展的实际测度指标，通过回归检验得出了金融发展对经济社会高质量发展具有显著的正向影响作用。通过机构存贷款余额①与 GDP 的比获得此变量值，由于存款余额的数据缺失，因此用机构贷款余额比 GDP 来表示财政分权度②。2018～2020 年的数据缺失，利用前三年的增长率来推算出 2018～2020 年的数据，GDP 只有人民币作为单位的数据，本书将 2010～2020 年每年美元兑换人民币的平均汇率作为这个指标的分母，此变量为正指标。

（5）地方公共财政收入（Localin）。地方公共财政收入（Localin）是地方财政年度收入，包括地方本级收入、中央税收返还和转移支付，由省（自治区、直辖市）、县或市（自治州、自治县）的财政收入组成。石俊（2020）认为政府财政支出作为社会财富再分配的工具，其结构必定影响居民收入，且它是作为政府宏观调控的基本工具和产业结构变迁的重要驱动力，在总量层面上能够弥补市场机制在产业结构升级方面的不足，驱动经济社会高质量发展。

6.2.3 数据的来源与说明

（1）数据来源。一是经济社会高质量发展数据来源于第 5 章对经济社会高质量发展情况测度得到，原始数据来源于《中国人力资源和社会保障部》《中国统计年鉴》。二是乡村振兴发展情况数据来源于第 3 章对乡村振兴总得分的测度得到，而测度过程中的原始数据来源于《中国城乡建设统计年鉴》《中国卫生健康统计年鉴》《中国环境统计年鉴》《中国农村贫困监测报告 2020》《中国统计年鉴》。三是其他数据均来自 CSMAR 数据库，且均以 2010 年为基期进行了可比价处理。

---

① 机构存贷款余额：金融机构存贷款余额就是指月末银行的存款和贷款数据。
② 财政分权度：给予地方政府一定的税收权力和支出责任范围，并允许其自主决定预算支出规模与结构。

（2）数据选取说明。本书对 2010～2022 年中国除港澳台地区和西藏（数据不可得）之外的 30 个省区市展开研究。在这些控制变量中，部分数据值过大，不利于直观地发现数据之间的变化关系，因此通过对数变换，即取对数的方式让数据变化的情况更直观地展现，避免异方差问题，从而更好地进行统计推断。通过观察这些控制变量的具体数据，本书将科技创新投入、地方公共财政收入与外商直接投资的数据取对数来进行后续的描述性统计与检验。

6.3　乡村振兴对经济社会高质量发展驱动的实证分析

6.3.1　变量的描述性统计

本章的变量有被解释变量经济社会高质量发展水平，解释变量为乡村振兴发展水平，以及一系列控制变量。表 6－1 为所有变量的描述性统计。

表 6－1　　　　　　　　　　变量的描述性统计

变量	样本量	均值	最大值	最小值	标准差	单位
乡村振兴发展（RV）	390	0.278	0.706	0.081	0.131	—
经济社会高质量发展	390	0.272	0.796	0.081	0.150	—
科技创新投入（lnTech）	390	262.7	626.5	75.3	1.325	百万元
地方公共财政收入（lnLocalin）	390	756.5	1102	470.2	0.935	百万元
金融发展水平（Finance）	390	5.013	46.172	0.024	5.622	—
财政分权度（Finadp）	390	1.189	16.770	0.011	2.404	—
外商直接投资（lnFDI）	390	198.7	513.1	144.9	1.386	亿美元

将数值较大的科技创新投入、地方公共财政收入、外商直接投资经过取对数处理，处理后得到的数据较小且趋于稳定，方便直接观测。

表中数据形成了 30 个省区市的 13 年间的均衡面板观测数据，每个控制变量都是 390 个数据值，非常利于观测。乡村振兴发展水平的均值为 0.278，最大值为 0.706，最小值为 0.081，标准差不大；经济社会高质量发展水平均值为 0.272，最大值为 0.796，最小值为 0.081，标准差为 0.15；控制变量最大均值是地方公共财政收入为 756.5，最小均值是财政分权度为 1.189；标准差都不大。

6.3.2　基准回归实证检验结果与分析

上述模型中建立了经济社会高质量发展水平作为因变量，乡村振兴发展水平作为主要自变量的基础回归模型，表 6 - 2 显示了经济社会高质量发展水平的基准回归结果的估计。

表 6 - 2　　　　　　　　　经济社会高质量发展的基准回归结果

变量	模型	
	（1）	（2）
RV	0.196 *** (8.470)	0.229 *** (9.309)
lnUrban		0.025 (0.845)
lnTech		0.410 * (1.895)
lnLocalin		0.010 * (1.869)
Finance		0.100 *** (3.160)
Finadp		-0.000 (-0.305)
lnFDI		0.200 * (6.270)
Constant	0.188 *** (46.930)	0.239 *** (4.887)
省区市固定	YES	YES
年份固定	YES	YES
数据量	360	360
R^2	0.846	0.854

注：括号内为 z 值，*、** 和 *** 表示的是 10%、5% 和 1% 的显著性水平。

从表 6 - 2 可以看出，加入所有的控制变量和逐步加入其他控制变量的模型（1）和（2），核心变量 RV 的系数为正且在 1% 的显著性水平下都通过了检验，模型拟合优度达到了 0.85 左右，说明乡村振兴发展水平对经济社会高质量发展的影响是正向的，有着很强的驱动和促进作用。

模型（1）中，只放入核心解释变量 RV，检验乡村振兴对经济社会高质量发展影响的显著性，该变量通过了检验，说明乡村振兴水平每提高 1%，经济社会高质量发展水平就要提高 0.196%；系数为正，符号符合预期，说明乡村振兴对经济社会高质量发展有积极的正向影响，加强整体乡村振兴发展可以显著驱动整体的经济社会高质量发展。

加入科技创新 R&D（Tech），乡村振兴与科技创新 R&D 的对数 lnTech 的系数为正且均通过了 1% 的显著性检验，说明乡村振兴水平每提高 1%，经济社会高质量发展水平就要提高 0.209%，科技创新 R&D 每提高 1%，经济社会高质量发展水平就要提高 0.360%，说明乡村振兴和科技创新 R&D 对整体经济社会高质量发展有着正向的显著影响。加入了地方财政公共收入（Localin），乡村振兴发展水平、科技创新 R&D、地方财政公共收入三个变量都通过显著性检验，并且系数均为正，说明三个变量都对经济社会高质量发展有着正向的显著性影响，有促进作用。其中，地方财政公共收入每提高 1%，经济社会高质量发展水平就要提高 0.070%，说明乡村振兴水平每提高 1%，经济社会高质量发展水平就要提高 0.211%，加入控制变量后，乡村振兴对经济社会高质量发展的影响逐渐增强。加入了金融发展水平（Finance），乡村振兴、科技创新 R&D、地方财政公共收入和金融发展水平都显著，而且系数为正，说明四个变量对经济社会高质量发展有着显著的正向影响和促进作用。金融发展水平（Finance）每提高 1%，经济社会高质量发展水平就要提高 0.100%，乡村振兴每提高 1%，经济社会高质量发展水平就要提高 0.229%，加入了财政分权度（Finadp），但没有通过检验。这可能是由于地方政府财政和事权的不匹配带来的负面影响与支出集权带来的正面影响相互抵消了。

模型（2）加入了外商直接投资（FDI），乡村振兴、科技创新 R&D、地方财政公共收入、金融发展水平和外商投资都显著，而且系数为正，说明五个变量对经济社会高质量发展有着显著的正向影响和促进作用。外商直接投资（FDI）每提高1%，经济社会高质量发展水平就要提高0.200%，乡村振兴每提高1%，经济社会高质量发展水平就要提高0.229%。

通过以上实证分析可以得到，研究假设 H1 成立。

6.3.3 稳健性检验

6.3.3.1 稳健性检验理论

现有的研究中，利用稳健性检验作为基础回归检验之后可靠性检验的学者非常多。胡宏伟（2013）在研究城居保对家庭医疗消费的影响中，通过使用"社区平均参保率"作为家庭是否参加城居保的工具变量来进行回归的稳健性检验，将模型进行了优化。寇业富和许文璐（2013）通过剔除部分公司和部分指标两种思路，对中国财产保险公司综合竞争力的评价结果进行稳健性检验，验证了保险公司竞争力评价结果的可靠性优良。刘金全和张龙（2019）研究了我国货币政策的宏观经济时变效应时利用混频 Granger 因果方法检验不同时期货币政策宏观经济效应的稳健性检验，验证了数量型和价格型货币政策具有宏观经济效应，调控效果与经济运行阶段有关。

稳健性检验主要从以下三个方面下手。

（1）从数据角度，根据不同的标准调整分类，检验结果是否依然显著。

（2）从变量角度，用其他的变量替换，例如，公司规模可以用总资产来衡量，也可以用总销售额衡量。

（3）从计量方法出发，可以用最小二乘法（OLS），固定效应法（FIX EFFECT），广义矩估计（GMM）等来回归，看结果是否依然具有可靠性。

6.3.3.2 稳健性检验分析

在本书中选用变量替换的方式来作稳健性检验，若在替换一个变量的前提下，自变量在之前基础回归模型中依然通过检验且符号的结果稳定，那么就说明基础回归的模型结果是稳健的。

　　因此，本书用农村农民人均可支配收入①替换乡村振兴发展得分来作基础回归检验的稳健性检验，结果如表6-3所示。

表6-3 稳健性检验结果

变量	稳健性检验结果（主要解释变量为 Cin）
主要解释变量 Cin	0.205 *** (2.421)
lnTech	0.090 * (1.821)
lnLocalin	0.014 *** (3.277)
Finance	0.030 *** (3.512)
Finadp	-0.000 (-1.109)
lnFDI	0.106 * (1.851)
Constant	0.233 *** (4.696)
省区市	YES
年份固定	YES
数据量	360
R^2	0.799

注：括号内为 z 值，＊、＊＊和＊＊＊表示的是10%、5%和1%的显著性水平。

　　由表6-3的检验结果可以看出，用作变量替换的农村农民人均可支配收入通过1%的显著性检验，系数为正，说明其对经济社会高质量发展有着正向的促进作用，而且每提高1%，经济社会高质量发展水平就要提高0.205%；其作用和乡村振兴发展水平相近，影响方向一致，与基础回归模型符号一致；而科技创新 R&D 也通过了5%的显著性检验，系数为正，说明科技创新 R&D 每提高1%，经济社会高质量发展水平就要提高0.090%；地方公共财政收入、金融发展水平和外商直接投资均通过了显著性检验，

―――――――――――

　　① 农村农民人均可支配收入数据来源于《中国统计年鉴》。

且估计结果均为正，与基础回归的符号基本一致，说明基础回归结果较为稳健。

6.4 乡村振兴对经济社会高质量发展的驱动效应内生性检验和异质性分析

6.4.1 内生性检验

6.4.1.1 内生性问题的产生

内生性问题的产生源于多元线性回归模型的若干基本假设。小样本的普通最小二乘法估计要求严格外生性假定，即解释变量与扰动项同期和不同期的都不相关，大样本普通最小二乘法估计要求非严格外生性假定，解释变量与扰动项同期不相关。若不满足这个假定，即这个解释变量就是内生的。

（1）遗漏变量偏差，指模型中漏掉了一个或几个重要的解释变量，且它们与模型的解释变量相关。在一个回归中，有一个重要的解释变量，但未将此解释变量放入模型，这个变量即会自动被包含进扰动项中。若此被遗漏的解释变量与模型已有的解释变量不相关，那估计依然是无偏差的。若被遗漏的变量与没有被遗漏的变量相关，会造成解释变量与扰动项相关，也就是内生性问题的定义。

（2）测量误差。对于一个变量 X，仅能观测到其中能够观测到的部分 $X1$，而对于无法观测到的部分 $X2$（$X = X1 + X2$，这里 X 由可观测的 $X1$ 和不可观测的 $X2$ 两部分组成），就被自然地放到了误差项。那么 $X2$ 是否与其他解释变量相关就不确定了，如果相关，就造成解释变量与误差项相关，也就是内生性问题。

（3）反向因果。当至少一个解释变量被确定为被解释变量的函数，反向因果就出现了。如果解释变量 X 被部分确定为被解释变量 Y 的函数，这意味着 X 与 Y 相关，而 Y 与误差项相关。因此，X 与误差项相关，回到内生性的定义。

例如，公司的某项投资会影响公司绩效，但反过来，公司的绩效也会影响公司的该项投资，因为绩效好意味着公司有更多的钱来进行这种投资。

6.4.1.2　内生性问题的检验

考虑模型中可能出现的内生性问题，在模型（6-1）的基础上，引入乡村振兴发展水平的一阶滞后项，构建固定效应面板数据模型，结果如表6-4所示。

表6-4　　　　　　　　　　　内生性问题的处理

变量	模型1	模型2
RV_{it-1}	0.212 *** (7.477)	0.232 *** (7.402)
lnUrban		0.365 *** (3.009)
lnTech		0.630 *** (3.367)
lnLocalin		0.012 ** (1.990)
Finance		0.090 *** (3.021)
Finadp		-0.001 (-1.185)
lnFDI		0.470 * (1.883)
Constant	0.594 *** (68.097)	0.573 *** (60.254)
Kleibergen-Paap rk LM statistic	55.923 ***	61.441 ***
Cragg-Donald Wald F statistic	680.616 ***	542.344 ***
省区市固定	YES	YES
年份固定	YES	YES
观测值	330	330
R^2	0.995	0.995

注：括号内为 z 值，＊、＊＊ 和 ＊＊＊ 分别代表10%、5% 和 1% 水平的显著性，括号中为稳健标准误差。其中 Kleibergen-Paap rk LM 在 10% 显著性水平下的阈值为16.38，均显著拒绝"工具变量的弱识别"的原假设。Kleibergen-Paaprk LM 的 p 值为 0，这在较高水平上显著拒绝了"工具变量识别不足"的原假设。

将自变量乡村振兴发展水平替换为乡村振兴发展水平的一阶滞后项进行检验，结果通过了1%的显著性检验，系数为正，表明乡村振兴对经济社会高质量发展有正向的显著影响。同时，选取的工具变量即乡村振兴发展水平的滞后一期项目的 Kleibergen-Paap rk LM 与 Cragg-Donald Wald F 统计量在1%显著性水平上显著，拒绝"工具变量的弱识别"原假设。与表6-2进行对比，可以得到二者的估计具有一致性，结果依旧稳健，因此，内生性问题对基础回归结果的影响不显著。

6.4.2 异质性分析

由于各省区市的乡村产业、乡村生态、乡村文明、乡村治理和乡村生活水平等方面存在差异，对于农业强省，其农业发达程度与其他省份相比也不同。与非农业强省相比，农业强省的经济发展动力就来源乡村。因此，在乡村发展上的投入对不同省份经济社会高质量发展强度很可能存在异质性影响，探讨异质性是非常有必要的。

根据农业的发达程度将全国30个省区市划分为十大农业强省和非十大农业强省两种类型。设置虚拟变量 AGR，其中 AGR = 1 代表十大农业强省，十大农业强省为基准组。引入交叉项 AGR × RV，考察乡村振兴对不同农业发达程度的省区市经济社会高质量发展强度的差异化影响进行异质性分析，结果如表6-5所示。

表6-5　　　　　　　　　　　异质性分析

变量	模型1	模型2
RV	0.170*** (5.759)	0.190*** (6.266)
AGR × RV	0.027*** (2.109)	0.041*** (2.150)
lnUrban		0.227 (1.650)
lnTech		0.380* (1.841)
lnLocalin		0.010 (0.790)

续表

变量	模型1	模型2
Finance		0.120 *** (3.736)
Finadp		− 0.000 (− 0.878)
lnFDI		0.158 * (1.824)
Constant	0.190 *** (44.443)	0.234 *** (47.819)
控制变量	NO	YES
省区市固定	YES	YES
年份固定	YES	YES
观测值	360	360
R^2	0.847	0.856

注：括号内为 z 值，∗、∗∗和∗∗∗分别代表 10%、5%和 1%水平的显著性。

上述模型中，在不加入控制变量和加入控制变量的情况下，乡村振兴 RV 与乡村振兴和十大农业省份的交叉项 AGR×RV 均通过了显著性水平为 1%的检验，并且系数为正，这表明乡村振兴发展水平对经济社会高质量发展有显著影响，并且有促进作用。由模型（2）的结果可得，乡村振兴发展水平每提高 1%，经济社会高质量发展水平就要提高 0.19%；乡村振兴 RV 和十大农业强省的交叉项 AGR×RV 通过了检验，说明我国农业十大强省的乡村振兴发展水平更能促进经济社会高质量发展水平，他们的乡村振兴水平每提高 1%，对经济社会高质量发展水平的提升为 0.2313%；与非农业十大强省相比，比它们多提高 0.0413%。同时，科技创新投入、金融发展水平和外商直接投资都通过了显著性检验，系数均为正，说明对经济社会高质量发展水平有着正向促进作用。

以上结果与基础回归模型的结果相符合，因为乡村振兴和十大农业强省的交叉项 AGR×RV 的系数通过了检验，说明与非农业强省相比，农业强省的乡村振兴对经济社会高质量发展有增强作用，使乡村振兴对经济社会高质量发展的正向作用更加显著，证明了研究假设 H2 成立。

本章小结

基于已有文献的相关研究，本章提出研究假设 H1：乡村振兴能驱动经济社会高质量发展，对经济社会高质量发展有显著影响；研究假设 H2：农业大省的乡村振兴对经济社会高质量发展的正向作用更强。

通过前文对我国各省区市乡村振兴和高质量发展水平的测度，搜集一系列的控制变量数据，建立面板数据。运用固定效应模型，以乡村振兴得分为核心变量，以科技创新投入（lnTech）地方公共财政收入（lnLocalin）、金融发展水平（Finance）、财政分权度（Finadp）和外商直接投资（lnFDI）。

作为控制变量，分析了乡村振兴及选取的控制变量对经济社会高质量发展的影响，同时，进行了模型的稳健性分析、内生性分析和异质性分析。对模型结果进行分析，结论总结如下。

（1）基准回归模型中，主要解释变量乡村振兴发展水平对经济社会高质量发展有正向的显著影响。在一系列的稳健性检验和内生性分析后，主要解释变量均通过显著性检验，且估计系数为正，与基础回归模型符号一致。这说明本书的基准回归结果稳健，且内生性问题对基础回归结果的影响不显著。研究假设 H1 成立，验证了乡村振兴发展水平对经济社会高质量发展具有较强的促进作用。乡村振兴发展战略的提出到实施，无疑是我国经济社会高质量发展的重要一环，从经济发展的层面来看战略成效显著。

（2）在异质性分析中，乡村振兴与乡村振兴和十大农业强省的交叉项均通过了显著性水平为 1% 的检验，并且系数为正，这表明研究假设 H2 成立。可以看出我国农业十大强省的乡村振兴发展水平更能促进经济社会高质量发展水平，他们的乡村振兴水平每提高 1%，对经济社会高质量发展水平提升为 0.2313%；跟非农业十大强省相比，比他们多提高了 0.0413%。

基于本章的研究，本书认为乡村振兴对中国经济社会高质量发展水平的提升有着积极作用，但是不能忽视发展过程中可能存在的省份异质性。制定乡村振兴阶段性战略的时候可将资源有选择地倾向于农业省份。对于各省区市来说，应根据自身的特有属性及发展优势制定相应的乡村振兴发展战略。十大农业强省尤其要发挥自身农业主导经济增长的优势，制定详尽的乡村发展举措，切实地落实乡村振兴对经济社会高质量发展的促进作用。非农业强省可以将乡村振兴与自身经济发展的支柱产业相结合，以长板带动短板发展，达到促进经济社会高质量发展的效应最大化。

第7章　中国乡村振兴对经济社会高质量发展的空间驱动效应分析

7.1　空间计量的研究假设提出与空间计量模型理论

经典的计量经济学以各研究对象是相互独立的、不存在空间相关性为前提。然而，在现实经济社会中，相邻经济体之间存在着广泛的联系。显然，每个经济体在空间上都不是一个独立的个体。空间计量经济学是基于经济体之间空间相互依存、相互制约、相互作用的特点进行计量分析，能够更客观、全面地反映经济体之间的关系。

空间计量模型由于纳入了空间滞后项，不能像传统计量模型一样直接反映两个变量之间的相互影响关系，"可能存在反馈循环效应"，即某个地区的主要解释变量发生变动不仅对本地区的主要解释变量有影响，还可能影响其他地区的其他变量，从而反过来影响主要的解释变量。因此，通过空间权重矩阵将空间效应分解为直接效应、间接效应和总效应。

秦炳涛、郭援国和葛力铭[①]（2022）研究公众参与对绿色技术创新的空间溢出效应中，通过空间效应分解发现本地公共参与不仅会提升本地绿色工艺创新，同时这种正向效应也会辐射到周边经济差距较小的地区。郝淑双（2018）通过空间效应分解分析了中国东部、中部、西部地区的区位

---

① 秦炳涛，郭援国，葛力铭．公众参与如何影响企业绿色技术创新——基于中介效应和空间效应的分析［J］．技术经济，2022，41（2）：50–61.

特征、经济发展水平等方面，发现在存在明显差异的前提下，各种影响因素对绿色发展水平的影响效应。闫超栋和马静（2022）通过空间效应分解研究了信息化对中国工业转型升级的空间溢出效应及其随地理距离变化的特征。据此，提出以下研究假设3。

H3：乡村振兴可以通过空间溢出效应驱动周围的省区市的经济社会高质量发展。

7.1.1　空间相关分析

空间相关分析是一种研究区域单元空间关联度的测度方法。其中，全局相关分析和局部相关分析是较为常用的方法，主要内容如下。

（1）空间权重矩阵。它是进行空间分析的首要步骤，根据其类型可以分为两种：邻接矩阵和距离矩阵。

空间权重矩阵是表现某个地区与其他地区的经济社会高质量发展在空间上的关系，它与各个地区的空间邻接距离和空间经济距离有着很强的关系。两个地区靠得越近，它们的经济社会高质量发展水平越有可能相互借鉴和影响，因此要在空间模型中考虑到空间权重矩阵。本章将使用两个空间权重矩阵来进行模型的参数估计。

令空间邻接矩阵为 $W1$，公式为：

$$W1 = \begin{cases} 1，如果 i 与 j 在空间上相邻 \\ 0，如果 i 与 j 在空间上不相邻 \end{cases} \tag{7-1}$$

令空间经济距离矩阵为 $W2$，两个地区的经济相关性越高，则它们经济发展的水平也相近，空间权重越大。其公式为：

$$W2 = \begin{cases} y_{ij}，如果 i 与 j 的经济发展相近 \\ 0，如果 i 与 j 的经济发展相近 \end{cases} \tag{7-2}$$

（2）全局空间相关分析。全局莫兰指数[①]（Global Moran's I）是进行全局自相关分析的常用统计量。它可以测度我国所有省份的经济社会高质量发展水平与周边地区的平均相似程度，其计算公式如下：

[①]　Moran P A P. Notes on continuous stochastic phenomena ［J］. Biometrika, 1950, 37 (1/2)：17-23.

$$I = \frac{n \sum_{i=1}^{n} \sum_{j=1}^{n} w_{ij}(y_i - \bar{\bar{y}})(y_j - \bar{\bar{y}})}{S^2 \sum_{i=1}^{n} \sum_{j=1}^{n} w_{ij}} \qquad (7-3)$$

式（7-3）中，n 为中国省份总个数，y_i 和 y_j 分别表示中国 i 省份和 j 省份的经济社会发展水平测度指标，y_j 为所有省份经济社会高质量发展水平的均值，w_{ij} 为行标准化后的空间权重值。全局莫兰指数取值范围为 $[-1,1]$，在指定的显著性水平下，当 $I>0$ 时，表现为空间正相关；$I<0$ 表现为空间负相关；$I=0$ 表现为空间随机分布。此外，对于莫兰指数可进行如下假设检验：$Z(I) = (I - E(I))/\sqrt{Var(I)}$，在 0.05 显著性水平下，当 $|Z|>1.96$ 时，莫兰指数显著。

（3）局部空间相关分析。全局莫兰指数仅描述所有地区与周边地区差异的平均程度，并不能刻画出局部空间差异的特征。因此，可借助局部莫兰指数[①]（Local Moran's I）来衡量局部空间自相关特征。其计算公式为：

$$I_i = \frac{Z_i}{S^2} \sum_{j \neq i}^{n} w_{ij} Z_j \qquad (7-4)$$

式（7-4）中，n 为中国省份总个数，Z_i 和 Z_j 分别表示中国 i 省份和 j 省份经济社会高质量发展水平的均值标准化值，w_{ij} 为行标准化后的空间权重值。以 Z_i 作为横轴，$\sum_{j \neq i}^{n} w_{ij} Z_j$（相邻区县的空间滞后向量）作为纵轴可绘制 Moran's I 散点图，各象限对应其含义如表 7-1 所示。

表 7-1 　　　　　　　　　Moran's I 散点图各象限含义

Z_i	$\sum_{j \neq i}^{n} w_{ij} Z_j$	含义	类型
>0	>0	省份 i 与周边地区经济水平均较高，空间差异较小	高高聚集（H-H）
<0	<0	省份 i 与周边地区经济水平均较低，空间差异较小	低低聚集（L-L）
>0	<0	省份 i 经济水平较高，周边地区较低，空间差异较大	高低聚集（H-L）
<0	>0	省份 i 经济水平较低，周边地区较高，空间差异较大	低高聚集（L-H）

① Anselin L. Local Indicators of Spatial Association-LISA [J]. Geographical analysis, 1995, 27 (2): 93-115.

7.1.2　空间计量模型的选取

研究群体互不影响，不具备空间互动是传统计量经济学的基本假设。然而，在社会经济发展中，相邻经济体因受到贸易流动、资金流动、要素扩散等因素影响，进而产生广泛的联系。由此可见，从空间视角来看，每个经济体均非独立的个体。在传统计量的基础上，纳入研究单元特征影响，能够更加客观、全面地反映各个经济体之间的空间依赖性。考虑研究单元的空间相关性特征通常隐藏在被解释变量的空间滞后项和误差冲击中，由此便衍生出空间滞后和空间误差模型，而空间杜宾模型因综合二者的特征也常用于实证研究中。

（1）空间滞后模型[①]（SLM）。该模型在普通回归模型的基础上引入被解释变量的空间滞后项，表示某个地区因变量的变动会受到周边地区因变量变动影响。该模型表明影响因变量的因素既包含自身因变量的影响，也包含了邻近区域自变量的影响。

此模型也称空间自回归模型，是加入被解释变量"经济社会高质量发展水平"的空间滞后项，公式如下：

$$Y_t = \rho W \times Y_{t-1} + \beta' X + \mu + \varepsilon \qquad (7-5)$$

W 为已知的我国省区市空间权重矩阵（非随机），表示各地区在地理空间上的联系，X 为解释变量，ρ 是经济社会高质量发展水平的空间溢出效应，即其他地区的经济社会高质量发展水平提升对本地经济社会高质量水平的影响，此影响力可能是源自周围地区产业间的联系、技术成果等因素。

（2）空间误差模型（SEM）。设定本章的空间误差面板模型，地区间的经济社会高质量发展水平的空间相关性很复杂，随机误差项可能具有较强的空间相关性，因此随机误差项修正为公式（7-7），构成空间误差面

---

① 葛和平，钱宇. 数字普惠金融服务乡村振兴的影响机理及实证检验 [J]. 现代经济探讨，2021（05）：118-126.

板模型进行估计。

$$Y = \alpha + \beta'X + \mu + \varepsilon \qquad (7-6)$$

$$\varepsilon_t = \lambda W \times \varepsilon_{t-1} + \varphi \qquad (7-7)$$

其中，λ 为回归残差间的空间相关度，φ 是服从均值为零的正态分布的随机扰动项，W 为已知的我国省区市空间权重矩阵（非随机）。

（3）空间杜宾模型（SDM）。设定本章的空间杜宾模型，可以考虑到经济社会高质量发展的空间滞后项和空间滞后解释变量（如产业进步、技术提升、外商直接投资增加等）对经济社会高质量发展水平的影响，本书对经济社会高质量发展水平影响因素模型的空间杜宾模型方程拟订为：

$$Y = \rho W \times Y + \beta'X + \delta'W \times X + \mu + \varepsilon \qquad (7-8)$$

其中，$W \times X$ 是本省区市的解释变量（如产业进步、技术提升、外商直接投资增加等）的空间滞后项，系数 β' 与系数 δ' 是空间向量，μ 表示空间特定效应，ε 是随机扰动项。ρ 为自变量的空间回归系数，若 ρ 大于零，说明本地经济社会高质量发展水平能够拉动周边地区的发展；若 ρ 小于零，说明本地经济社会高质量发展抑制周边地区的高质量发展，产生虹吸效应。

7.2 我国经济社会高质量发展的空间相关性检验

7.2.1 我国经济社会高质量发展的全局相关性分析

从空间自相关角度探索我国数字经济发展水平分布特征的想法，源于朴素的"地理学第一定律"[①]，该定律认为空间上邻近的观测单元之间会相互影响，且影响程度与距离呈负相关。本书从全局和局域的角度，计算相

---

① A Computer Movie Simulating Urban Growth in the Detroit Region [J]. Economic Geography, 1970, 46 (Suppl): 234-240.

应的统计量来验证乡村振兴是否可以通过空间溢出效应作用于周围的省区市的经济社会高质量发展这一假设。为了确保结论的稳健性，本书以邻接距离和经济距离作为空间权重矩阵，分别计算我国 2010~2022 年各省份的经济社会高质量发展水平的全局 Moran's I 指数，以检验其全局相关性，结果汇总见表 7-2。

空间相关性检验用到的是 Moran's I 指数，Moran's I 指数的值介于 -1 和 1 之间，大于 0 表示有正向相关性；小于 0 说明有负向相关性，表示数据有相异属性的省区市聚集在一起；若为 0 则没有相关性。由于中国大部分的省区市都有相邻边界，进行空间相关性检验及空间计量分析时，需要用到邻接空间矩阵 W1 和空间经济距离矩阵 W2。通过 Stata 的测算得到如表 7-2 所示的空间相关性检验结果。

表 7-2　不同权重矩阵下我国经济社会高质量发展水平全局 Moran's I 指数

年份	检验	邻接空间矩阵	空间经济距离矩阵
2010	Moran's I	0.108 ***	0.397 ***
	P-Value	0.004	0.000
2011	Moran's I	0.147 ***	0.501 ***
	P-Value	0.003	0.000
2012	Moran's I	0.131 **	0.489 ***
	P-Value	0.011	0.000
2013	Moran's I	0.133 ***	0.352 ***
	P-Value	0.006	0.000
2014	Moran's I	0.146 ***	0.500 ***
	P-Value	0.005	0.000
2015	Moran's I	0.137 ***	0.422 ***
	P-Value	0.007	0.005
2016	Moran's I	0.147 ***	0.472 ***
	P-Value	0.002	0.000
2017	Moran's I	0.221 ***	0.462 ***
	P-Value	0.009	0.000
2018	Moran's I	0.239 **	0.473 ***
	P-Value	0.016	0.000
2019	Moran's I	0.263 ***	0.472 ***
	P-Value	0.008	0.000

年份	检验	邻接空间矩阵	空间经济距离矩阵
2020	Moran's I	0.243 **	0.472 ***
	P-Value	0.013	0.000
2021	Moran's I	0.248 **	0.472 ***
	P-Value	0.014	0.000
2022	Moran's I	0.389 ***	0.540 ***
	P-Value	0.002	0.000

注：双边检验，括号内为 z 值，＊、＊＊和＊＊＊表示的是 10%、5% 和 1% 的显著性水平。

$W1$ 结果显示，在使用空间邻接矩阵作为空间矩阵时，2010~2022 年经济社会高质量发展水平都通过了显著性检验，表明其存在明显的空间自相关性，并且空间自相关性有逐渐增强的趋势；13 年间 Moran's I 为正，说明邻近省份具有很强的空间相关性，形成地理上的集聚。

$W2$ 结果显示，在使用空间经济距离矩阵作为空间矩阵时，2010~2022 年的经济社会高质量发展水平在 1% 显著性水平下均有显著空间自相关性，13 年间的 Moran's I 系数均为正数，说明经济社会高质量发展水平相似的地区聚集在一起。即经济社会高质量发展水平较高的省区市集聚在一起，发展水平较低的省区市集聚在一起，出现高—高，低—低的集聚现象。

因此在构建空间计量模型的过程中，需要考虑经济社会高质量发展水平的空间滞后变量。

7.2.2 我国经济社会高质量发展的局部空间相关分析

经上述分析可知，从全局范围来看，我国经济社会高质量发展具备空间相关性，这一结论具备充分的稳健性。但考虑到全局莫兰指数的局限性，即它只能近似刻画所有空间单元的凭据相似特征，无法突出各省份与周边地区的局部相似特征，因此计算出经济社会高质量发展的全局相关性的 Moran's I 系数后，本章将进一步计算全国经济社会高质量的局部空间相关性指数，来判断空间溢出效应的情况，分析其空间特征的演进情况。

（1）空间邻接矩阵。通过展示空间邻接矩阵 2010 年和 2022 年的局部空间相关性结果来解释这 13 年的变化，如表 7 - 3、图 7 - 1 和图 7 - 2 所示。

表 7 - 3　　　　　　　　　　　对应省份所在象限

象限	2010 年	2022 年
第一象限 （H - H）	天津、江苏、上海、浙江、北京	天津、浙江、江苏、上海、北京
第二象限 （L - H）	黑龙江、辽宁、河北、福建、江西、海南、安徽	福建、江西、河北、广西、海南、湖南、山东、安徽
第三象限 （L - L）	广西、内蒙古、湖南、河南、重庆、宁夏、湖北、青海、新疆、陕西、四川、云南、甘肃、山西、贵州	河南、重庆、吉林、辽宁、陕西、黑龙江、山西、云南、甘肃、青海、新疆、内蒙古、贵州、宁夏、四川、湖北
第四象限 （H - L）	山东、广东、吉林	广东

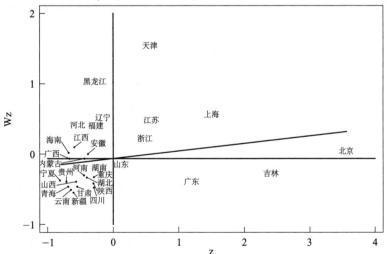

图 7 - 1　2010 年空间邻接矩阵的局部 Moran's I 指数散点图

如图 7 - 1、图 7 - 2 和表 7 - 3 所示，2010 年期间，高水平—高水平（HH）聚集的省份地区涉及天津、江苏、上海、浙江和北京，即这 5 个地

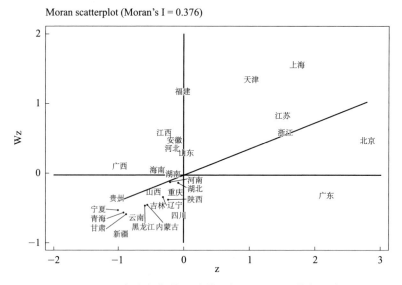

Moran scatterplot (Moran's I = 0.376)

图 7 - 2 2022 年空间邻接矩阵的局部 Moran's I 指数散点图

区的经济社会高质量发展水平呈现出了高水平与高水平聚集的现象；低水平—低水平（LL）聚集的省份有广西、内蒙古、湖南、河南、重庆等 15个，这 15 个地区的经济社会高质量发展水平呈现出低水平与低水平聚集的现象；低水平—高水平（HL）聚集的省份有黑龙江、辽宁、河北、福建、江西、海南、安徽；而高水平—低水平（LH）聚集的省份有山东、广东和吉林。

2022 年，高水平—高水平（HH）聚集的省份有天津、浙江、江苏、上海、北京 5 个；低水平—低水平（LL）聚集的省份有河南、重庆、吉林等 16 个；低水平—高水平（LH）聚集的省份有福建、江西、河北、广西、海南、湖南、山东、安徽；高水平—低水平（HL）聚集的只有广东。

可以看出，从 2010～2022 年，高水平—高水平与低水平—低水平聚集的省份明显多于另外两个聚集形式，说明经济社会高质量发展存在空间相关性，且同向空间聚集的现象非常明显。

（2）空间经济距离矩阵。通过展示空间经济距离矩阵 2010 年和 2022年的局部空间相关性结果来解释这 13 年来的变化，如表 7 - 4、图 7 - 3 和

图7-4所示。

表7-4 对应省份所在象限

象限	2010年	2022年
第一象限 (H-H)	天津、江苏、上海、浙江、北京	天津、浙江、江苏、上海、北京、广东、山东
第二象限 (L-H)	内蒙古、辽宁、福建	福建、内蒙古、辽宁
第三象限 (L-L)	广西、湖南、黑龙江、河南、重庆、宁夏、湖北、青海、新疆、陕西、四川、云南、甘肃、山西、河北、贵州、海南、安徽、江西	河南、重庆、吉林、陕西、黑龙江、山西、云南、甘肃、青海、新疆、贵州、宁夏、河北、广西、海南、湖南、江西、四川、湖北、安徽
第四象限 (H-L)	山东、广东、吉林	无

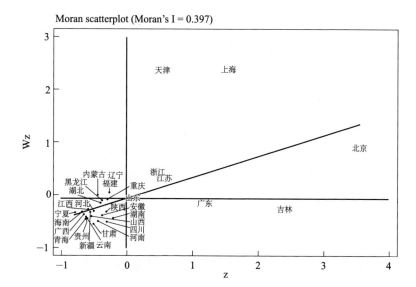

图7-3 2010年空间经济距离矩阵的局部Moran's I指数散点图

图7-3、图7-4和表7-4显示,2010年期间,高水平—高水平(HH)经济聚集的省份涉及天津、江苏、上海、浙江和北京,低水平—低水平(LL)有广西、湖南、河南、重庆等19个省份地区,低水平—高水平(HL)有3个省份地区,而高水平—低水平(LH)经济聚集的省份有

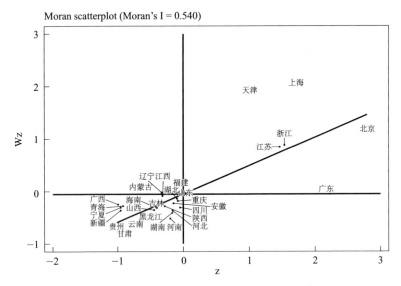

图 7－4　2022 年空间经济距离矩阵的局部 Moran's I 指数散点图

山东、广东和吉林。

2022 年，高水平—高水平（HH）聚集的省份有天津、浙江、江苏、上海、北京、广东和山东，低水平—低水平（LL）聚集的省份有河南、重庆、吉林等 20 个省份，低水平—高水平（LH）聚集的省份有福建、内蒙古和辽宁，没有高水平—低水平（HL）聚集的省份。

可以看出，2010～2022 年，高水平—高水平与低水平—低水平聚集的省份明显多于另外两个聚集形式，说明经济社会高质量发展在经济上还存在空间相关性，且经济发展接近的地区空间聚集的现象非常明显。

7.3　我国经济社会高质量发展的空间驱动效应实证分析

7.3.1　空间计量模型的应用场景

由于加入了空间因素，空间计量模型在实际问题中比普通计量模型运用得更多，尤其是在经济学、实证分析等领域中的应用十分广泛。秦炳涛、郭援国和葛力铭（2022）研究公众参与对绿色技术创新的空间溢出效应，利用空间杜宾模型对二者进行了回归检验，检验出绿色工艺创新有正向溢出，而绿色产品创新有负向溢出；许梦博和潘远超（2022）基于动态空间面板模型计量实证分析了全国互联网对地区全要素生产率有显著促进作用；朱静（2022）搜集了2010～2019年全国各省份农业知识产权保护、绿色技术创新等数据，并且用空间杜宾模型实证考察了农业知识产权保护与绿色技术创新的空间溢出效应及效应边界。张金鑫（2022）使用空间面板计量模型检验了各城市房地产风险的空间相关性，并得出了城市房地产风险会受到邻近城市房地产风险的正向影响，且此正向影响溢出效应会在邻近城市加强的结论。

7.3.2 空间面板模型选择及检验

通过极大似然估计法对空间面板模型进行参数估计，步骤如下。

（1）通过 Moran's I 指数得到经济社会高质量发展的空间全局相关性，可知我国经济社会高质量发展具有空间相关性，所以要引入空间变量。

（2）对变量作稳健性 LM 空间滞后检验以及稳健性 LM 空间误差检验，二者中若只有一个可以通过检验，则直接选择通过检验的那一个模型；若两者均通过了检验，则考虑使用空间杜宾模型。

通过 Stata 对数据在两种空间矩阵下进行 LM 检验，诊断结果如表7-5和表7-6所示。

表7-5 　　　　LM 检验 W1 空间邻接矩阵下空间模型的类型

检验	Statistic	df	P-Value
空间误差：			
Moran's I	15.544	1	0.000
Lagrange multiplier	205.658	1	0.000
Robust Lagrange multiplier	77.891	1	0.000
空间滞后：			
Lagrange multiplier	132.780	1	0.000
Robust Lagrange multiplier	5.013	1	0.025

表7-6　　LM 检验 W2 空间经济距离矩阵下空间模型的类型

检验	Statistic	df	P-Value
空间误差：			
Moran's I	11.330	1	0.000
Lagrange multiplier	116.884	1	0.000
Robust Lagrange multiplier	18.221	1	0.000
空间滞后：			
Lagrange multiplier	116.634	1	0.000
Robust Lagrange multiplier	17.971	1	0.000

通过表7-6可以看出，在两种空间矩阵的传统 LM 空间滞后模型和空间误差模型检验的结果拒绝"没有空间滞后被解释变量"和"没有空间自相关误差项"的原假设。同时，稳健 LM 检验的结果显示在1%的显著性水平下空间滞后项和空间误差项的结果均通过了检验，说明空间误差项和空间滞后项均在模型中存在。因此，本章根据主要变量乡村振兴发展水平得分与六个控制变量对经济社会高质量发展水平进行空间滞后和空间误差的检验，$W1$、$W2$选择空间杜宾模型来进行分析，即：

$$Y_t = \rho W \times Y_{t-1} + \beta' X + \delta' W \times X + \mu + \varepsilon \qquad (7-9)$$

（3）对模型进行 Hausman 检验，利用 Hausman 检验模型来判断在空间杜宾模型中需要采用随机效应模型还是固定效应模型。若拒绝原假设，就拒绝了随机效应，选择固定效应模型，反之，则选用随机效应模型。根据表7-7中面板数据中的检验结果，$W1$ 和 $W2$ 的 P 值分别为0.017和0.000，通过了5%和1%的显著性水平检验，拒绝随机效应模型，接受固定效应模型。因此，在空间杜宾模型中应该继续使用固定效应模型来检验。

表7-7　　　　　　　　　　　　Hausman 检验

Hausman 检验	P 值
$W1$	0.017 **
$W2$	0.000 ***

注：括号内为 z 值，＊、＊＊和＊＊＊表示的是10%、5%和1%的显著性水平。

7.3.3　空间面板数据实证结果分析

用空间杜宾模型估计 $W1$、$W2$ 的空间矩阵，利用 Stata 来估计模型，同时对模型进行稳健性检验，进一步确定模型选择空间杜宾模型。对模型进行进一步的检验，通过 Wald/LR 空间滞后检验和 Wald/LR 空间误差检验，确认是否要将空间杜宾模型转换成空间滞后模型或者空间误差模型。经过 Wald/LR 检验，得到检验结果均通过了检验，证明模型应该继续选择空间杜宾模型来进行检验。两种空间矩阵的具体参数估计如表 7 – 8 所示，此估计均选择了 R^2 最大的固定效应模型类型作为最佳模型。

表 7 – 8　　　　　　　　　两种空间矩阵的空间计量参数估计

模型设定	SDM	
空间矩阵类型	空间邻接距离矩阵	空间经济距离矩阵
变量	（1）	（2）
RV	0. 201 *** （7. 815）	0. 196 *** （7. 942）
lnUrban	0. 092 （1. 380）	0. 050 （0. 912）
lnTech	0. 450 ** （1. 977）	0. 13 ** （1. 990）
lnLocalin	0. 010 * （1. 875）	0. 040 * （1. 830）
Finance	0. 061 * （1. 927）	0. 010 * （1. 820）
Finadp	0. 032 （0. 340）	0. 050 （0. 504）
lnFDI	0. 001 * （1. 875）	0. 005 * （0. 800）
WX1	0. 092 *** （4. 520）	0. 118 ** （1. 973）
W × lnUrban	0. 007 * （1. 810）	0. 007 * （1. 830）
W × lnTech	0. 121 *** （2. 144）	0. 128 *** （2. 700）

模型设定	SDM	
空间矩阵类型	空间邻接距离矩阵	空间经济距离矩阵
变量	(1)	(2)
W × lnLocalin	0.139 *** (3.771)	0.140 *** (3.330)
W × Finance	0.020 *** (2.729)	0.021 *** (2.210)
W × Finadp	0.072 (1.500)	0.061 (1.560)
W × lnFDI	0.136 ** (1.997)	0.135 ** (1.950)
R^2	0.628	0.600
个体固定	YES	YES
时间固定	YES	YES
LR 空间滞后项检测（$W1$）	54.17 ***	P = 0.000
LR 空间误差项检测	58.06 ***	P = 0.000
Wald 空间滞后项检验	42.59 ***	P = 0.000
Wald 空间误差项检验	29.20 ***	P = 0.000
LR 空间滞后项检测（$W2$）	66.23 ***	P = 0.000
LR 空间误差项检测	65.59 ***	P = 0.000
Wald 空间滞后项检验	5.18	P = 0.638
Wald 空间误差项检验	7.35	P = 0.393

注：括号内为 z 值，＊、＊＊和＊＊＊表示的是 10%、5% 和 1% 的显著性水平。

表 7 - 8 的结果分析如下。

（1）邻接距离矩阵选择个体时间固定效应模型，其 R^2 为 0.628；Wald 检验显示经济距离矩阵下使用空间杜宾模型未通过检验，与模型的 LM 和 LR 检验显示的结果明显不同，根据空间计量的三个检验统计量 LM、LR 和 Wald 中的不等式 Wald ≥ LR ≥ LM 得知，当 LR 通过了检验而 Wald 未通过检验时，取 LR 统计量的检验结果作为显著性检验的依据①。因此，经济距

①　赵留彦，王一鸣. A、B 股之间的信息流动与波动溢出［J］. 金融研究，2003（10）：37 - 52.

离矩阵选择固定效应模型，其 R^2 为 0.600，说明二者的拟合效果较好，本章将使用两种空间矩阵作为空间计量模型来估计。

（2）对于核心解释变量"乡村振兴"。一是在空间邻接矩阵中，乡村振兴发展水平通过了显著性水平为 1% 的检验，加入了空间滞后项后在 1% 的显著性水平下依然显著，系数为正，即相邻省份的乡村振兴发展水平会驱动本省的经济社会高质量发展。同时，也说明了乡村振兴发展水平存在着显著的依赖性，相邻地区或者经济距离邻近的地区乡村振兴发展水平存在显著的空间溢出效应。因此要改善相邻地区的乡村振兴发展模式，使得相邻地区的两地间贸易、经济等往来更频繁，更有利于地区间的协同发展，最终可以提高经济社会高质量发展水平。二是在空间经济距离矩阵中，乡村振兴发展水平也通过显著性水平 1% 的检验，加入了空间滞后项后在 5% 的显著性水平下显著，系数为正，说明乡村振兴发展可以带动经济发展水平相近省份的经济社会高质量发展。因此，改变经济发展接近地区的乡村振兴发展模式，使得经济发展相近的两地互惠互利，相互影响，相互促进，让其可以带动经济接近地区的经济社会高质量发展。

（3）对于控制变量。一是在空间邻接矩阵中，科技创新 R&D 与其空间滞后项在 1% 显著性水平下显著且系数为正，说明加大相邻省份的科技创新 R&D 的投入，能拉动本省份经济社会高质量发展水平，有正向溢出效应。地方公共财政收入及其空间滞后项分别通过 10% 和 5% 的显著性检验，且系数为正，表明相邻省份公共财政收入持续增强，也能提升本省份的经济社会高质量发展水平，有正向溢出效应。金融发展水平与其空间滞后项都通过了 1% 的检验，表明相邻省份的金融发展水平能驱动本省份经济社会高质量发展，金融发展水平具有溢出效应。财政分权度及其滞后项均未通过显著性检验，表明相邻省份财政分权度越高对本省份的经济发展没有影响。外商直接投资及其滞后项在 1% 的显著性水平下通过了检验，表明相邻省份本年度的外商投资对本省份具有溢出效应。二是在空间经济距离矩阵中，科技创新 R&D 与其空间滞后项在 1% 显著性水平下显著且系数为正，说明加大经济相近省份的科技创新 R&D 的投入，能拉动本省份经济社会高质量发展水平，有正向溢出效应。地方公共财政收入及其空间滞后项分别通过 10% 和 5% 的显著性检验，且系数为正，表明经济相近省份公共财政收入持续增强，也能提升本省份的经济社会高质量发展水平，有正向溢出效应。金融发展水平与其空间滞后项都通过了 1% 的检验，表明经济相近省份的金融发展水平能促进本省份经济社会高质量发展，金融发展水平具有溢出效应。财政分权度及其滞后项均未通过显著性检验，表明相邻省份财政分权度越高对本省份的经济发展没有影响。外商直接投资及其滞后项在 1% 的显著性水平下通过了检验，表明经济相近省份的外商投资对本省份具有溢出效应。

7.3.4 空间模型的稳健性检验

为了验证空间面板模型的可靠性，接下来通过用农民人均可支配收入（Cin）来替代主要自变量乡村振兴发展水平进行空间面板回归模型的检验，结果如表 7 - 9 所示。

表 7 - 9   空间模型的稳健性检验

模型设定	SDM	
空间矩阵类型	空间邻接距离矩阵	空间经济距离矩阵
变量	（1）	（2）
Cin	0.168 ***	0.160 ***
	（7.742）	（3.120）
lnUrban	0.030	0.048
	（0.130）	（1.170）
lnTech	0.440 **	0.138 *
	（1.970）	（1.830）
lnLocalin	0.016 ***	0.005 **
	（4.010）	（1.980）
Finance	0.030 *	0.007 *
	（1.890）	（1.830）
Finadp	0.001	0.001
	（1.770）	（1.210）
lnFDI	0.005 *	0.001
	（1.890）	（1.160）

续表

模型设定	SDM	
空间矩阵类型	空间邻接距离矩阵	空间经济距离矩阵
变量	（1）	（2）
WCin	0.029 ** （1.990）	0.011 *** （5.573）
W × lnUrban	0.162 *** （2.958）	0.172 *** （2.270）
W × lnTech	0.015 *** （4.256）	0.001 *** （4.410）
W × lnLocalin	0.005 （1.368）	0.001 （1.220）
W × Finance	0.001 *** （3.350）	0.001 *** （2.580）
W × Finadp	0.003 *** （2.291）	0.001 *** （2.070）
W × lnFDI	0.009 * （1.670）	0.001 * （1.610）
R^2	0.457	0.482
个体固定	YES	YES
时间固定	YES	YES
LR 空间滞后项检测（$W1$）	28.60 ***	P = 0.002
LR 空间误差项检测	30.94 ***	P = 0.001
Wald 空间滞后项检验	23.92 ***	P = 0.001
Wald 空间误差项检验	16.68 **	P = 0.020
LR 空间滞后项检测（$W2$）	53.86 ***	P = 0.000
LR 空间误差项检测	53.61 ***	P = 0.000
Wald 空间滞后项检验	11.59	P = 0.115
Wald 空间误差项检验	13.91	P = 0.053

注：括号内为 z 值，*、**和***表示的是 10%、5% 和 1% 的显著性水平。

对比以乡村振兴发展水平为主要自变量的空间面板数据模型可以看出，在空间邻接矩阵与经济距离矩阵中，主要自变量农村人均可支配收入均通过了显著性水平为 1% 的检验，而其滞后项通过了检验，且符号均为正数；其他变量及其滞后项的表现和表 7-8 一致，说明空间计量模型的结果稳健。

7.4 乡村振兴对经济社会高质量
发展驱动的空间溢出效应分析

7.4.1 全国层面的空间效应分解实证

空间杜宾模型中被选入空间滞后项的估计系数并不可以直接作为反映解释变量的数值，其可能存在"反馈循环效应"。"反馈循环效应"指的是某个地区的解释变量发生的改变会带动相邻地区的经济社会高质量发展水平的变动，从而反向再带动本地区的经济社会高质量发展水平。因此，要通过求解空间权重矩阵，选用 0 - 1 邻接矩阵及经济距离矩阵进行空间效应分解，将这些效应分解成直接效应、间接效应和总体效应来解释被解释变量。因此对全国层面的空间效应进行分解，如表 7 - 10 所示。

表 7 - 10　　　　全国层面的分解效应

直接效应	空间邻接矩阵模型	空间经济矩阵模型
RV	0. 101 *** （2. 790）	0. 060 *** （2. 480）
lnTech	0. 011 ** （1. 980）	0. 0128 ** （1. 990）
lnLocalin	0. 003 *** （1. 780）	0. 004 *** （2. 650）
Finance	0. 001 * （1. 820）	0. 001 * （1. 870）
Finadp	0. 004 （1. 440）	0. 004 （1. 120）
lnFDI	0. 002 * （1. 810）	0. 005 * （1. 920）
间接效应		
RV	0. 027 *** （4. 130）	0. 021 *** （4. 750）
lnTech	0. 009 ** （1. 980）	0. 023 ** （1. 970）

直接效应	空间邻接矩阵模型	空间经济矩阵模型
lnLocalin	0.005 ** (1.970)	0.004 ** (1.990)
Finance	0.003 * (1.840)	0.002 * (1.850)
Finadp	0.002 (1.610)	0.000 (1.120)
lnFDI	0.001 * (1.810)	0.007 * (1.890)
总效应		
RV	0.128 *** (4.710)	0.081 *** (5.080)
lnTech	0.020 ** (1.990)	0.036 *** (6.770)
lnLocalin	0.008 *** (3.190)	0.008 *** (3.020)
Finance	0.004 * (1.850)	0.003 * (1.850)
Finadp	0.006 (1.490)	0.004 (1.660)
lnFDI	0.003 * (1.880)	0.012 * (1.845)

注：括号内为 z 值，*、** 和 *** 表示的是 10%、5% 和 1% 的显著性水平。

7.4.2　空间溢出效应分解的结论

从表中可以得到以下结论。

（1）乡村振兴发展水平 RV 在两个矩阵下的直接效应、间接效应与总效应都通过了 1% 显著性水平检验，系数均为正，说明乡村振兴发展对本省份的经济社会高质量发展有驱动作用，而且对相邻地区和经济相近地区的经济社会高质量发展水平都有驱动作用，乡村振兴对经济社会高质量发展具有显著的溢出效应。

（2）科技创新投入在两种空间矩阵中的三个效应都通过了 5% 显著性检验，且所有的系数均为正值，即科技创新投入对相邻地区和经济相近地区的经济社会发展有明显的溢出效应，驱动经济社会的全面高质量发展。

（3）地方公共财政收入在两个矩阵下三个效应分别通过了1%的显著性检验，且系数为正，即地方公共财政收入对周边地区和经济相近地区的经济社会高质量发展有显著的驱动作用，具有溢出效应。

（4）金融发展水平在两个矩阵下的三个效应均通过了10%的显著性检验，由此可以得出结论，金融发展水平有明显的空间溢出，即本地的金融发展向周围省份的一些产业或者人才投资帮助了对周围地区的经济社会发展。

（5）财政分权度在空间邻接矩阵下的三个效应均未通过显著性检验，系数为正，说明财政分权度对相邻地区和经济相近地区的经济社会高质量发展没有显著的驱动作用，对邻近省份的经济社会高质量发展没有溢出效应。

（6）外商直接投资两个矩阵中的三个效应中都通过了10%的显著性检验，系数为正，说明本省份的外商直接投资会驱动周边地区和经济相近地区的经济社会发展进程。总体上看，它对经济社会高质量发展具有空间溢出效应。

经过本章的研究，研究假设 H3 成立。

本章小结

本章首先分析我国经济社会高质量发展的空间相关性，计算全局莫兰指数和局部莫兰指数；其次建立了乡村振兴及选取的控制变量对经济社会高质量发展的空间杜宾模型，并进行了稳定性检验；最后对空间效应进行分解，验证乡村振兴对经济社会高质量发展的空间溢出效应。经过分析，得出如下结论。

（1）我国经济社会高质量发展在空间上具有相关性，邻接省份和经济相近的省份之间都具有较强的相关性。即地理位置相近的省份形成集聚，经济发展相近的省份也形成集聚效应。呈现出高—高集聚和低—低集聚的现象。

（2）通过建立空间杜宾模型和对全国层面数据进行空间效应分解，得到的结论是乡村振兴发展水平 RV 在两个矩阵下的直接效应、间接效应与总效应都通过了 1% 显著性水平检验，系数均为正，说明乡村振兴发展对本省份经济社会高质量发展有驱动作用，而且对相邻地区和经济相近地区的经济社会高质量发展水平都有驱动作用，乡村振兴对经济社会高质量发展具有显著的溢出效应。同时，控制变量科技创新 R&D、地方公共财政收入、金融发展水平、外商直接投资对经济社会高质量发展都存在着空间溢出效应，对其相邻省份和经济相近省份的经济社会发展具有驱动作用。而财政分权度对经济社会发展则没有溢出效应。

（3）研究假设 H3 成立。基于本章的研究，本书认为乡村振兴对中国经济社会高质量发展水平的提升有着积极作用，但是不能忽视发展过程中乡村振兴的溢出效应。制定乡村振兴阶段性战略的时候可以考虑与邻接省份、经济相近省份的相互融合，相互合作，通过加大各自的科技创新 R&D 的投入、提高地方公共财政收入、大力提高金融发展水平、吸引外商直接投资等途径，在提高自身省份经济社会高质量发展水平的基础上，同时可以带动邻接省份和经济相近省份的经济社会高质量发展水平的提高，实现共同富裕的目标。

第8章　中国乡村振兴与经济社会耦合协调发展的测度分析

8.1　耦合协调发展的机理分析

8.1.1　耦合度与耦合协调度

8.1.1.1　耦合

耦合是物理学中的概念，表示系统或要素间相互作用、相互影响，而内部个体在这样的作用和影响之下从无序变为有序的过程。推广到经济学中，代表两个或者两个以上的系统或者运动形式利用各种相互作用来彼此影响的现象圈。

8.1.1.2　耦合度

耦合度是描述系统或要素间互相影响的程度，系统从无序走向有序机理的重点在于系统内部的协同作用，它影响着系统相变的特征与规律，耦合度能测度这种协同作用的程度。

8.1.1.3　耦合协调度

耦合协调度指一个相互配合最终形成某种平衡的过程，经济学中表达为要在各方经济势力共同作用下使经济系统趋于平衡状态。系统学中指在若干相关联系统相互作用下，达到的良性循环。本章倾向于管理学中的定义：利用各种要素管理，完成预期目标的若干手段。耦合的过程，即各要素在相互影响过程中，一直减少相互矛盾，而相互促进，最终完成协同的过程。耦合协调度的变化表现出系统从无序向有序状态变化的趋势①。

耦合度与耦合协调度的基本概念简单而言，即两个或两个以上的系统或者运动方式之间通过相互间作用彼此影响到联合起来的现象，在各个子系统下的良性互动下，相互依赖、协调、促进的动态关系。耦合也是一项处理统计学中随机变量相关性问题的方法，由一组随机变量的边缘分布确定它们的联合分布。

结合物理上耦合的概念，本章将乡村振兴与经济社会高质量发展的耦合定义为：一定时间内乡村振兴与经济社会高质量发展之间相互促进、协同发展，构成二者的统一，让两者之间各个要素形成共生、匹配、协同等推动各项资源要素、产业结构优化以及发展战略的改善，从而推动"十四五"发展规划的顺利进行。

8.1.1.4　乡村振兴与经济社会高质量协调发展机理

第 6 章和第 7 章中研究了乡村振兴对经济社会高质量发展有显著影响，说明二者之间有紧密的联系，因此，本章对二者耦合协调发展的研究是很有意义的。本章中的耦合度概念为乡村振兴与经济社会高质量发展间的耦合及协调的程度。它反映的是一段时间内二者之间协调的综合水平，耦合度的值越高，说明乡村振兴与经济社会高质量发展的契合度越高，二者协调发展程度也越高，各区域和国家的竞争力也相对提升，在这段时间内可获得更多的收益；如果耦合度的值较低，反映的则是乡村振兴与经济社会高质量发展的协调性未得到重视，二者在发展中得到的重视程度不高，会使得在这段时间内的乡村振兴和经济社会高质量发展缓慢，经济发展在这个过程中也无法享受到二者之间协调发展所带来的收益和"溢出收益"，在它们非耦合的时候可能会对社会和经济发展产生负面影响。

"耦合协调度"（即协调度）在本章中指的是经济社会高质量发展与乡

---

① 吴俣．旅游产业与新型城镇化发展质量耦合协调关系研究［D］．大连：东北财经大学，2017.

村振兴两个重要战略的耦合协调发展，也是构成这两个大战略各个要素之间的协调状况好坏。在经济发展中，通过完善经济结构、国内市场和创新能力，可以使农业基础更牢固，城乡区域的发展协调性更明显；从改革开放的角度看，社会主义市场经济体制更完善，可以带动产权制度改革及要素市场化配置改革获得更大进步，形成更高水平的开放型经济新体制，可以更好带动农产品的生产、加工及销售的过程；从社会文明程度角度看，公共文化服务体系及文化产业体系更健全，人民精神文化活动日益丰富，更好地改善了乡村的乡风文明建设；从生态文明的角度，国土空间开发保护格局能更加完整，生产生活方式绿色转型成效显著，能源配置更合理，生态环境的持续改善有利于乡村的生态宜居；从民生福祉角度看，城镇调查事业率持续地下降，居民人均可支配收入与国内生产总值增长大致相同，分配结构显著改善，全民受教育程度不断提高，也带动了乡村的教育发展，更多的青年教师下乡支教，向乡村的孩子传递了更广阔的思想境界；从国家治理的角度看，社会主义民主法治更加健全，国家行政体系的逐渐完善，也同步带动了乡村治理的有效实施，让乡村的选举制度更加令人信服。因此，从耦合发展的角度来看，乡村振兴离不开经济社会的高质量发展，如果乡村不振兴，那么经济社会的高质量发展也必然不可能完成，二者在"十四五"规划中的耦合发展正起着越来越重要的作用。

8.1.2 耦合协调度模型的关系判定

类似于集合的概念，本章将乡村振兴战略和经济社会高质量发展看作两个集合，二者间的关系可能有以下几种情况。

8.1.2.1 相对独立关系的模型

在此关系下，乡村振兴战略与经济社会高质量发展是"十四五"规划发展中相对独立的两个部分，二者之间并不存在直接的关系，各自发挥各自的作用，共同为"十四五"发展作出贡献，如图 8 - 1 所示。

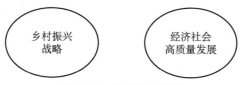

图 8 - 1   相对独立模型

8.1.2.2　交叉重叠型模型

在此关系下，乡村振兴战略与经济社会高质量发展之间不是相互独立的关系，而是有部分的交叉，即二者要相互参与另一方才能在某个程度上实现目标。乡村振兴战略需要经济社会发展摒弃之前的高速发展，而转变成高质量的发展才能更好地被促进；而经济社会要想取得高质量发展，则必须基于乡村振兴战略发展基础之上才能获得溢出效应，如图8 - 2 所示。

图 8 - 2   交叉重叠型模型

8.1.2.3　包含关系的模型

在此关系下，乡村振兴战略和经济社会高质量发展之间的关系属于包含与被包含的关系。此种关系中，乡村振兴战略可以是经济社会高质量发展的一部分，经济社会高质量发展也可以是乡村振兴战略的一部分。同时，这也意味着乡村振兴战略和经济社会高质量的地位相同，二者相互包含，互为子集，如图 8 - 3 所示。

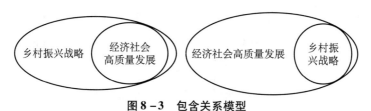

图 8 - 3   包含关系模型

首先，乡村振兴战略与经济社会高质量发展的关系不是模式一。二者不可能是相互独立的关系，乡村振兴离不开经济社会的高质量发展，经济社会的高质量发展也离不开乡村的发展,脱离乡村的发展不可能实现整个经济社会的高质量发展。

其次,乡村振兴战略与经济社会高质量发展的关系不是模式三,经济社会高质量发展不能被乡村振兴战略全部包含,因为乡村振兴战略还包含了农业农村现代化、农产品扶持、农村金融等经济社会高质量发展中所不包含的内容;同样,乡村振兴战略也不能被经济社会高质量发展全部包含,经济社会高质量发展中不仅包含了农村,还有城市的总体发展指标,例如,常住人口城镇化率、城镇居民最低生活保障人数等指标。

最后,交叉重叠型模型是反映二者关系最恰当的模型。即乡村振兴战略中有经济社会高质量发展的部分指标和内容,后者同时也包含了部分乡村振兴战略中的指标和内容,二者均需要人才、产业、资本、信息和技术,这也是二者共有且可以相互连接的部分。

8.2 耦合协调度及其相对等级测评模型构建

8.2.1 乡村振兴与经济社会高质量发展的耦合度计算方法

耦合度是对系统之间关联程度的度量,反映出系统之间的相互影响、作用的强弱程度。协调度是度量系统或要素之间协调状况好坏程度的定量指标,对于乡村振兴和经济社会高质量发展协调关系的定量测算,借用耦合协调模型,通过构造耦合度模型与协调度模型,测算系统间的耦合度与协调度。耦合协调模型有两个系统耦合协调度模型和三个系统耦合协调度模型,以下是对两个系统和三个系统耦合协调度模型的介绍。

(1)两个系统间的耦合协调公式。基于姜磊、柏玲和吴玉鸣(2017)的研究,两个系统耦合度的公式为:

$$C = 2 \left[\frac{U_i \times U_j}{(U_i + U_j)^2} \right]^{\frac{1}{2}} \tag{8-1}$$

其中，U_i，$U_j(i, j = 1, 2, 3；i \neq j)$ 代表第 i 个系统和第 j 个系统的综合指数。左侧的 C 代表第 i 个系统和第 j 个系统的耦合度，其取值范围是 $[0, 1]$，当且仅当 $U_i = U_j$ 时，耦合度 C 等于最大值 1。但是此模型在有些情况下很难体现二者的综合取值，为了弥补这个缺陷，则需要加上补充模型来进行计算，补充模型如下：

$$D = \sqrt{C \times T} \qquad (8 - 2)$$

$$T = \varepsilon_i U_i + \varepsilon_j U_j \qquad (8 - 3)$$

补充模型中，T 表示第 i 个系统和第 j 个系统的综合发展水平。D 表示协调度，取值越大，代表两个系统的协调程度越好。ε_i，ε_j 为待定系数，本章将根据二者在各指标体系中的赋权原则确定 ε_i，ε_j 的取值。

（2）三个系统间的耦合协调公式。同两个系统耦合度的公式一样，三个系统的耦合度公式如下：

$$C = 3 \left[\frac{U_1 \times U_2 \times U_3}{(U_1 + U_2 + U_3)^3} \right]^{\frac{1}{3}} \qquad (8 - 4)$$

其中，U_1，U_2，U_3 分别是三个系统的综合指数，C 表示的是耦合度，同上，取值范围为 $[0, 1]$。同理，当且仅当 $U_1 = U_2 = U_3$ 时，耦合度能达到 1。

计算出耦合度后，综合得分可以被计算出来，公式如下：

$$T = \varepsilon_1 U_1 + \varepsilon_2 U_2 + \varepsilon_3 U_3 \qquad (8 - 5)$$

其中，ε_1，ε_2，ε_3 为待定系数，三个系数将会作为耦合协调度评价得分的权重。三个系统耦合协调度公式依旧是式（8 - 2），其三个综合指数必须要进行标准化处理，耦合协调度 D 同式（8 - 2）。

8.2.2　耦合协调度测评等级构建与分析

针对系统耦合度 C，一般可以分为低水平耦合、拮抗耦合、磨合耦合和高水平耦合四个等级。例如，蒋天颖、华明浩和许强等（2014）在讨论区域创新与城市化耦合发展机制中将耦合度分为四个等级，即 $0 \sim 0.3$、$0.3 \sim 0.5$、$0.5 \sim 0.8$、$0.8 \sim 1$，如表 8 - 1 所示。

表 8 - 1 　　　　　　　　　　耦合度 C 的等级划分

耦合度 C	等级
0 ~ 0.3	低水平耦合
0.3 ~ 0.5	拮抗耦合
0.5 ~ 0.8	磨合耦合
0.8 ~ 1	高水平耦合

也有学者将耦合度 C 划分为 3 个等级，郝生宾和于渤（2008）将研究技术能力和技术管理能力的耦合状态分为 3 个等级：$0 < C \leq 0.3$ 时，表示企业的技术能力和管理能力处于较低水平的耦合阶段，处于该阶段的企业非常注重技术引进方面的提升，表示处于重引进轻吸收的时期；当 $0.3 < C \leq 0.7$ 时，表示企业的技术能力和管理能力处于中等水平的耦合阶段，此时的企业具有一定的消化能力，技术能力可以为技术管理能力提供一个较大的平台；当 $0.7 < C \leq 1$ 时，表示企业的技术能力和管理能力处于高度水平的耦合阶段，处于这个阶段的企业除了有较强的吸收能力外，还拥有非常强的自主创新能力，技术能力和技术管理能力相互促进发展，二者的发展相互依赖。

针对耦合协调度 D 的取值划分协调关系，学者和专家对于这个问题有不同的看法。部分专家将其划分为 4 个等级，有些学者将其划分为 10 个等级。

熊建新（2014）采用中值分段法，将洞庭湖区 2001 ~ 2012 年的生态承载力系统耦合协调度分为 4 段，当 $0 < D \leq 0.3$，表明生态弹性子系统、资源环境子系统和社会经济子系统三者处于低度耦合协调；当 $0.3 < D \leq 0.5$ 时，表明三者处于中度耦合协调；当 $0.5 < D \leq 0.8$ 时，表明三者处于高度耦合协调；当 $0.8 < D \leq 1$ 时，表明三者处于极度耦合协调。同样运用 4 段分法的还有盛彦文和马延吉（2017），他们在区域产学研创新系统中将其分为企业创新子系统、高校创新子系统和科研机构创新子系统的耦合协调度研究。丛小丽、黄悦和刘继生（2019）在研究吉林省生态旅游和旅游环境耦合协调的时空渐变过程中，运用了"十分法"评价等级的划分标准，耦合协调度 0.5 一般是二者协同与否的主要界面线。协调度的具体划分如表 8 - 2 所示。

表 8-2　　　　　　　　　　耦合协调度的"十分法"等级划分

耦合协调度	协调等级
0 ~ 0.1	极度失调
0.1 ~ 0.2	严重失调
0.2 ~ 0.3	中度失调
0.3 ~ 0.4	轻度失调
0.4 ~ 0.5	濒临失调
0.5 ~ 0.6	基本协调
0.6 ~ 0.7	初级协调
0.7 ~ 0.8	中级协调
0.8 ~ 0.9	良好协调
0.9 ~ 1	优质协调

　　同样运用"十分法"的是李雪铭、郭玉洁和田深圳等（2019）对辽宁省城市人口居住环境系统中人类系统、居住系统、支撑系统、自然系统和社会系统的耦合协调度的研究。

　　以上内容是以往学者和专家们对耦合度和耦合协调度的一些等级划分的研究，本书根据乡村振兴战略和经济社会高质量发展的具体内容，以及二者耦合度和协调度的具体计算，将耦合度和协调度均划分为 4 个等级，如图 8-4 和图 8-5 所示。

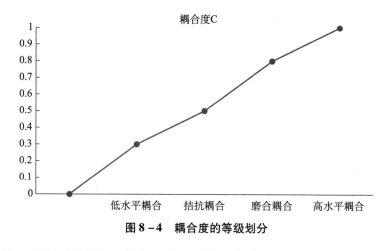

图 8-4　耦合度的等级划分

　　当乡村振兴战略与经济社会高质量发展耦合度处于 0 ~ 0.3 的阶段，这属于低水平耦合。在此阶段，乡村振兴战略尚处于展开阶段，大部分地区还在吸收国内外的乡村振兴经验，因此，这一阶段的乡村振兴战略与经济社会高质量发展的融合尚不充分。当耦合度处于 0.3~0.5 的阶段时，其为拮抗耦合。此时国内各个省区市已经有了一定的乡村振兴战略经验，与高质量发展的融合也更紧密。当耦合度处于 0.5~0.8 的阶段时，被称为磨合耦合。在此阶段，国内大部分省区市的乡村振兴战略与经济社会高质量发展相互促进，有了显著的提高。当耦合度为 0.8~1 时，二者处于高水平耦合阶段。这表明乡村振兴战略各个方面已经非常成熟，可以与经济社会高质量发展有机结合，形成强大的"溢出效应"。

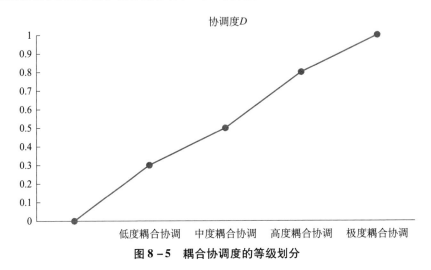

图 8-5　耦合协调度的等级划分

当乡村振兴战略与经济社会高质量发展耦合协调度与上述的耦合度等级划分相对应时，除了表示二者的相关程度外，还体现了在相互作用中良性耦合程度的大小，以及协调状况的好坏，即各功能之间是在高水平上相互促进还是在低水平上相互制约。

8.3　乡村振兴发展与经济社会发展的耦合协调度的测度

本章前两节介绍了乡村振兴战略与经济社会高质量发展的耦合协调发

展机理，以及耦合度和耦合协调度等级的构建与划分，本节将继续对乡村振兴战略和经济社会高质量发展二者的具体耦合度和协调度进行计算。在进行计算时，本节将用到第 4 章和第 5 章中利用熵权法计算出的 2010 ~ 2022 年各省区市乡村振兴战略和经济社会高质量发展综合得分，再结合耦合度和协调度的计算公式进行计算。由于经济社会高质量发展中西藏自治区的很多指标数据缺失，因此本章在计算时将同时剔除乡村振兴和经济社会高质量发展中西藏地区的指标。

8.3.1　总体耦合协调发展水平分析

两系统的耦合度与协调度的均值如表 8 - 3 和图 8 - 6 所示。

表 8 - 3　　　　　2010 ~ 2022 年两系统的耦合度与协调度的均值

年份	耦合度	协调度
2010	0.962	0.344
2011	0.968	0.348
2012	0.975	0.348
2013	0.970	0.348
2014	0.978	0.349
2015	0.968	0.346
2016	0.980	0.350
2017	0.987	0.351
2018	0.986	0.352
2019	0.980	0.366
2020	0.986	0.363
2021	0.987	0.365
2022	0.987	0.366

总体来看，表 8 - 3 和图 8 - 6 中显示的是 2010 ~ 2022 年乡村振兴战略和经济社会高质量发展的耦合度和协调度每年的均值，需要注意的是，在 2010 ~ 2017 年，我国还未开始实施乡村振兴战略和经济社会高质量发展。因此，2010 ~ 2016 年是未提出政策之前测度二者耦合度的情况，2017 ~ 2022 年的数据显示的是提出两个重要战略后的耦合情况。

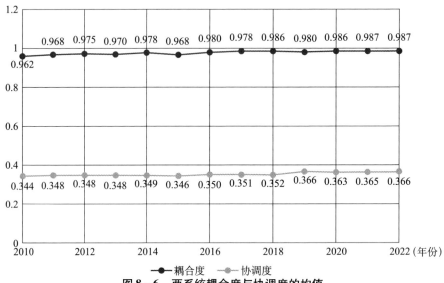

图 8 - 6　两系统耦合度与协调度的均值

针对耦合度，数据显示，2010 年耦合度为 0.962，而 2016 年耦合度为 0.980。在提出经济社会高质量发展和乡村振兴发展战略前，高质量发展与乡村发展的耦合度已经开始有了明显提升。2017 ~ 2022 年，实施乡村振兴战略和经济社会高质量发展以来，各省区市的乡村振兴战略和经济社会高质量发展的平均耦合度有一定程度的下降，最低降至 0.980，且在两个战略提出后的 5 年内均值在波动中回到了 2017 年的平均耦合度 0.987，在 2022 年均值维持在 0.987。这说明了乡村振兴战略的提出，使我国城乡经济关系一直朝着更适应新发展阶段需求的方向演化，也能在新格局中起到基础性作用，加强城乡经济循环，与经济社会高质量发展呈现出高水平耦合，是构建新发展格局在"三农"问题领域的关键所在，有利于增强国民经济体系的整体效能。同时，对全面推进乡村振兴战略、新型城镇化建设和整体经济社会高质量发展有重要且深远的意义。在 2017 年后的两年，二者在磨合中慢慢找到了能够共同发展的方向。

对于协调度，经过计算，全国各省区市的协调度均值由 2010 年的 0.344 上升到了 2019 年的 0.364，上升了 0.02，这一数据始终显示中度耦合协调的状态。2017 年乡村振兴和经济社会高质量发展政策实施以后，经过两年的发展，各地的乡村振兴和经济社会高质量发展的协调度均有明显提高，总体均值上升到了 2019 年的 0.366。在发展的探索中，协调度持续保持在 0.366 的水平，并维持中度耦合协调的状态。即从总体的均值来看，总体协调度变化不大，在研究期间，协调度值一直处于中度耦合协调的区间，这说明乡村振兴与经济社会高质量协调发展的状况总体还在寻求共同发展的模式。政府需要继续不断尝试新的发展模式，以使其协调度发展的状况更好。

8.3.2 省际耦合协调发展水平分析

经过计算，2010~2022 年各省区市的耦合度和协调度的值如表 8-4和表 8-5 所示，由于篇幅有限，本书仅展示 2010 年、2017 年和 2022 年的数据。

表 8-4　　2010~2022 年各省区市乡村振兴与经济社会高质量发展的耦合度

地区	2010 年	2017 年	2021 年
均值	0.962	0.987	0.987
北京	0.851	0.927	0.922
天津	0.967	0.998	0.997
河北	0.962	0.972	0.977
山西	0.980	0.979	0.985
内蒙古	0.998	0.980	0.997
辽宁	0.995	0.990	0.985
吉林	0.801	1.000	0.976
黑龙江	0.986	0.997	0.997
上海	0.915	0.980	0.955
江苏	0.992	0.997	0.995
浙江	0.992	0.990	0.996
安徽	0.989	1.000	0.998
福建	1.000	1.000	0.997
江西	0.984	0.997	0.998
山东	0.835	0.985	0.998
河南	0.920	0.985	0.989

地区	2010 年	2017 年	2021 年
湖北	0.991	1.000	0.997
湖南	0.992	0.998	0.999
广东	0.951	0.980	0.981
广西	0.982	0.981	0.985
海南	0.871	0.992	0.996
重庆	1.000	0.998	0.993
四川	0.974	0.998	0.996
贵州	0.995	0.980	0.991
云南	0.985	0.990	0.991
陕西	0.999	0.988	0.990
甘肃	0.999	0.998	0.998
青海	1.000	1.000	0.999
宁夏	0.984	0.988	0.992
新疆	0.967	0.941	0.952

表 8 – 5   2010～2021 年各省区市乡村振兴与经济社会高质量发展的协调度

地区	2010 年	2017 年	2021 年
均值	0.344	0.351	0.365
北京	0.546	0.570	0.566
天津	0.390	0.421	0.462
河北	0.309	0.350	0.372
山西	0.285	0.281	0.283
内蒙古	0.295	0.310	0.313
辽宁	0.326	0.331	0.346
吉林	0.449	0.291	0.329
黑龙江	0.334	0.318	0.355
上海	0.449	0.490	0.488
江苏	0.477	0.483	0.484
浙江	0.407	0.441	0.445
安徽	0.327	0.360	0.373

地区	2010 年	2017 年	2021 年
福建	0.321	0.338	0.357
江西	0.289	0.313	0.328
山东	0.517	0.452	0.450
河南	0.357	0.350	0.358
湖北	0.322	0.371	0.373
湖南	0.347	0.357	0.367
广东	0.441	0.494	0.525
广西	0.272	0.285	0.293
海南	0.315	0.302	0.327
重庆	0.315	0.317	0.327
四川	0.356	0.374	0.402
贵州	0.253	0.290	0.320
云南	0.267	0.278	0.287
陕西	0.312	0.320	0.328
甘肃	0.272	0.268	0.280
青海	0.242	0.247	0.262
宁夏	0.232	0.253	0.263
新疆	0.284	0.282	0.294

综上对数据的整理和分析，随着时间的推移，全国的乡村振兴战略和经济社会高质量发展协调性总体趋势稳步提升。

耦合度中，总体均值在 2010 年为 0.962，经过 7 年上升到耦合度最高的是 2017 年，达到 0.987，随后略微地下降至 2020 年的 0.980，最终到 2022 年又维持了 2017 年的 0.987 的水平。2017～2022 年，耦合度得分上升最明显的几个省区市是内蒙古、山东和新疆，得分上升均超过了 0.010，但是由于北京、辽宁、吉林、上海、重庆和陕西的耦合度均下降超过了 0.005，最终导致了全国总体均值不变的结果。乡村振兴与高质量发展的耦合度已经很高，即乡村发展与高质量发展的契合度很高，尽管在它们被具体提出为国家战略之后，二者的耦合度变化并不显著，但二者之间的发展契合度始终稳定保持在高水平。

总体上看，从 2010～2017 年，协调度下降的省区市有山西、吉林、黑龙江、山东、河南、海南、甘肃和新疆，其中下降最严重的是吉林，下降了 0.158，说明吉林的乡村发展与高质量发展协调的状况不太理想。从 2017～2022 年，只有北京、上海和山东的协调度有所下降，但是只分别下降了 0.004、0.002 和 0.001，基本上与 2017 年持平，说明国家从 2017 年开始重视二者的协调发展后，各个省区市也在不断调整自身的发展政策，统筹协调二者的发展路径。其中，北京、天津、上海、江苏、浙江、山东、广东这些经济发达地区的协调度均在 0.4 以上，已经迈入高度协调发展的阶段，这也得益于我国沿海地区贸易发达、人才济济、产业兴旺的现状。经济发展较好的同时，新型乡村建设也在全国领先的水平；而中部地区在 0.3～0.4，基本都进入了中度耦合协调发展阶段并且协调度在不断提高，说明乡村振兴战略和经济社会高质量发展水平在提升，相互间的促进作用越来越强。

所有的低度耦合协调度均在西部地区，说明我国西部地区在实施乡村振兴和经济社会高质量发展二者协调中存在着一定问题。

（1）乡村振兴战略的关键在于产业和人才。西部拥有广大的农村地区，亟待发展。脱贫攻坚战任务的全面完成和目前乡村振兴取得的阶段性成果，标志着"三农"工作的重心将全面转移到乡村振兴上，乡村振兴是一个持久战，需要转变发展观念、减贫战略、工作体系、发展动力和政府政策。从产业角度来看，产业出现了低质同构化的趋势，并且部分地区以改革供给侧为由，进行非粮化和非农化，甚至放弃了粮食安全的底线。因此，长远来看，乡村振兴应该建立一个有特色、有竞争力的现代乡村产业体系。各地要因地制宜、突出特色和多元化道路。

（2）顾名思义，经济社会高质量发展是对经济社会方面的总要求，贯彻创新、协调、绿色、开放、共享的新发展理念。在欠发达地区，应当要因地制宜、扬长补短，探索出适合本地区实际的高质量发展之路，并长期坚持。

综上所述，要实现二者的协调发展，产业、人才都是关键。同时，各省区市应当发挥自身特点和优势，才能更好地协调推进两个战略的发展。

8.3.3　区域耦合协调发展水平分析

全国共包含华北、东北、西北、华东、中南、西南六大行政区。本书对各个行政区的乡村振兴战略和经济社会高质量发展耦合和协调的情况进行总结分析，耦合度和协调度的均值分布如表 8 - 6 和表 8 - 7 所示，由于篇幅有限，此处仅展示 2010 年、2017 年和 2022 年的数据。

表 8 - 6　　乡村振兴与经济社会高质量发展区域耦合度均值

地区	2010 年	2017 年	2022 年
华北	0.952	0.971	0.976
东北	0.927	0.996	0.986
华东	0.958	0.993	0.991
中南	0.951	0.989	0.991
西南	0.988	0.991	0.993
西北	0.990	0.983	0.986

表 8 - 7　　乡村振兴与经济社会高质量发展区域协调度均值

地区	2010 年	2017 年	2022 年
华北	0.365	0.386	0.399
东北	0.370	0.313	0.343
华东	0.398	0.411	0.418
中南	0.342	0.360	0.374
西南	0.298	0.315	0.334
西北	0.268	0.274	0.285

如表 8 - 6 所示，六大地区 2010 ~ 2022 年的耦合度均值都在 0.9 以上，都处于高水平耦合阶段，这一阶段的乡村振兴战略和经济社会高质量发展同步进行，契合度很高。分时段来看，从 2010 ~ 2017 年，耦合度下降的地区只有西北地区，下降了 0.007，说明在将乡村振兴和高质量发展上升到国家战略之前，各个地区的耦合发展已经趋于稳定，且各层管理机构对二

者的发展关系处理非常好。从 2017～2022 年，耦合度下降的地区有东北和华东地区，分别下降了 0.01 和 0.002，下降的幅度不大。全国六大地区依旧保持着高水平耦合，这说明在提出国家战略后，我国的乡村振兴与高质量发展的契合度依旧很高。乡村振兴战略的执行拥有很高的成熟度，各地方政府都会积极且合理地创新乡村发展新规划，以完成乡村振兴任务，并与经济社会高质量发展相辅相成，相互促进。

如表 8－7 所示，华北地区的协调度一直在 0.3～0.4 之间，到 2022 年达到了 0.399，一直处于中度耦合协调阶段，13 年间的动态发展较为平稳。在研究的 13 年期间，东北地区协调度有一些波动，2019 年是 10 年内均值的最低值 0.302，到 2022 年又上升到了 0.343。华东地区协调度均值一直是六大地区中最高的，也是唯一突破 0.4 的地区，到 2022 年达到了 0.418。中南地区则在 2022 年的协调度达到了最高的 0.374，同华北与华东地区一样，13 年间始终在中度耦合协调的阶段。西南地区协调度均值在 2010 年是 0.298，经过 13 年的研究发展，在 2019 年达到了 0.334，步入了中度耦合协调阶段。西北地区的协调度始终是六大地区中最低的，其虽然在 13 年间不断升高，到 2022 年达到了 0.285，但始终位于低度耦合协调阶段。

具体分析，华东地区的经济发达，产业兴旺，也是近年来毕业生主要的流向地，产业和人才都非常充足，因此沿海的发达地区农村发展相对较好，经济社会高质量发展的质量也较高，使得乡村与高质量发展二者的整体协调程度也比较好。东北地区 2020 年比 2010 年人口减少了 1101 万人，年均减少约 110.1 万人，人口发展已经进入了人口负增长、老龄化加速和人口流失严重的主要特征阶段，东北地区的经济发展水平不断下降对人口外流具有推动作用，阻碍了技术的进步和劳动生产效率的提高。同时，国家面对全球气候问题所提出的碳达峰、碳中和的目标，作为传统重工业基地的东北地区经济进一步受到影响。因此，东北地区无论是乡村还是城市，产业和人才的流失是造成乡村振兴战略和经济社会高质量发展均不景气的原因，协调度也一路下滑。华北地区和中南地区都是我国的中部地区，乡村振兴与经济社会高质量发展的协调度在 10 年内不断提高，中部地区的经济主要依靠粮食生产、运输业和能源等，在经济结构转型过程中还有一段路需要走，要明确地确立城市一体化，实现中部地区城市间协调合作，加强以城带乡长效机制，加快农业科技创新，推动乡村企业发展和人才的培养，未来"两系统"的协调发展会更上一层楼。西南地区协调度由 2010 年的 0.298 上涨到 2022 年的 0.334，西北地区在六大区域里协调度最低，虽然它一直处于低度耦合协调度阶段，不过协调度的均值也在提高，这与西部的人才引进，旅游资源的开发有密不可分的关系。政府应该鼓励人才去西部援助贫困乡村，鼓励资本、技术、品牌、营销技术等综合体下乡，并且在政策上给予补贴，加大财政刺激力度，减免税收，提供上升通道等。

8.4　乡村振兴与经济社会发展的耦合协调度的动态演化特征分析

8.4.1　乡村振兴与经济社会高质量发展的空间相关性

空间相关性中 Moran's I 指数，马尔科夫链以及加权空间马尔科夫链的方法在第 3 章中已经具体解释说明，本章节将会直接进行这些方法的应用。本节的时序演进特征分析中，利用 R 软件画出全国乡村振兴战略和经济社会高质量发展的耦合度和协调度情况。在空间演进特征分析中，本书首先会进行 Moran's I 指数的测算来判断耦合度和协调度是否有空间相关性，其次进行空间马尔科夫转移矩阵测算，以判断各省区市未来由某一水平的耦合度或者协调度转移到另一水平的耦合度或者协调度的概率。根据前三节的计算结果，各个省区市的乡村振兴战略和经济社会高质量发展耦合度在 13 年的研究期间均处于高水平耦合阶段，且没有发生过一次状态转移，因此，本节仅计算协调度的 Markov 概率转移矩阵。

8.4.2　乡村振兴与经济社会高质量发展的空间演进特征分析

8.4.2.1　空间相关性

分析乡村振兴战略与经济社会高质量发展耦合协调性的空间演进特

征，需要先对两者间的耦合度和协调度的空间相关性进行分析。接下来本书用 Stata17 来测算两者间耦合度和协调度的 Moran's I 指数。由于测算出耦合度的结果均未通过检验，因此耦合度在空间上没有相关性，即各省区市之间的耦合度无相关性，协调度的测算结果如表 8 - 8 所示。

表 8 - 8　乡村振兴战略与经济社会高质量发展协调度的空间相关性检验

年份	Moran's I 指数
2010	0. 274 *** (0. 114)
2011	0. 190 *** (0. 047)
2012	0. 353 *** (0. 001)
2013	0. 316 *** (0. 113)
2014	0. 334 *** (0. 113)
2015	0. 309 *** (0. 114)
2016	0. 421 *** (0. 114)
2017	0. 373 *** (0. 113)
2018	0. 396 *** (0. 114)
2019	0. 348 *** (0. 114)
2020	0. 355 *** (0. 114)
2021	0. 356 *** (0. 114)
2022	0. 356 *** (0. 114)

注：表中括号内为乡村振兴战略与经济社会高质量发展协调度的标准误，＊、＊＊和＊＊＊分别代表在 10%、5% 和 1% 的水平上的显著。

2010 ~ 2022 年的 Moran's I 指数均通过了 5% 的显著性检验，说明乡村振兴战略和经济社会高质量发展的协调度在各省区市间存在空间相关性，即不同地区的两者协调性在地理位置上存在高度的空间依赖效应。在研究的 13 年间，所有的 Moran's I 指数均为正数，意味着一个地区的乡村振兴战略和经济社会高质量发展的协调度会受到相邻地区的正向影响。这主要是各区域的经济体间的各种乡村振兴战略要素和经济社会高质量要素相互流动而形成的，表明了协调度的空间溢出效应。

8.4.2.2　协调度的各等级重新划分及传统 Markov 概率转移矩阵

按照表 8 - 9 的协调度重新划分其在传统 Markov 转移矩阵上的协调度等级，将其分为 Ⅰ 、Ⅱ 、Ⅲ 、Ⅳ 4 个等级，并有相应的协调度范围。经过 Markov 链对 2010 ~ 2022 年研究的协调度转移矩阵的概率测算，得到如表 8 - 10 所示的结果。

表 8 - 9　　　　　　　　　　协调度的 Markov 等级重新划分

	等级	评分	发展水平
协调度	Ⅰ	协调度 < 0.30	低
	Ⅱ	0.30 < 协调度 < 0.35	中低
	Ⅲ	0.35 < 协调度 < 0.45	中高
	Ⅳ	协调度 > 0.45	高

表 8 - 10　　　　　　　　　　协调度 Markov 转移矩阵概率

空间滞后类型（相邻省区市等级）	$t/t+1$	Ⅰ (0 ~ 0.30)	Ⅱ (0.30 ~ 0.35)	Ⅲ (0.35 ~ 0.45)	Ⅳ (0.45 ~ 1.00)
无滞后	Ⅰ	0.892	0.096	0.012	0.000
	Ⅱ	0.065	0.815	0.012	0.000
	Ⅲ	0.000	0.130	0.740	0.130
	Ⅳ	0	0	0.0455	0.955

注：数据结果由作者通过 R 软件计算获得。

传统 Markov 链不考虑空间的因素，即忽略了相邻省区市之间的等级转移影响，只考虑自身的协调度发展。因此，在传统 Markov 链的矩阵中，对角线表示的是我国省区市从第 t 年到第 $t+1$ 年平衡性的状态转移概率，而非对角线表示的是不同省区市的平衡性状态从第 t 年到第 $t+1$ 年的转移概率大小。结合数据分析如下：一是矩阵对角线上的元素数值较高，等级

Ⅰ、Ⅱ、Ⅲ、Ⅳ的稳定概率分别为 0.892、0.815、0.740 和 0.955，说明各省区市维持本来协调度的概率是最高的，表明了低水平或中低（Ⅰ或Ⅱ）协调度的发展遇到了瓶颈和较大的阻碍；二是矩阵中非对角线的数值较小，说明在连续两年中，该省区市向其他等级转移的概率较低，最多跨越两个等级，其中只出现了由等级Ⅰ转移到等级Ⅲ，且其概率只有 0.012。

综上所述，传统 Markov 链不考虑空间的因素，它仅考虑与等级Ⅰ或Ⅱ之间的跨越式转移，但这种跨越式转移的概率很小；而对等级Ⅲ和Ⅳ，则只存在相邻等级的转移，且保持当前的协调度等级的概率是最大的。

8.4.2.3 空间 Markov 概率转移矩阵

考虑到相邻的省区市协调度等级转移对本省区市的影响，本书将采用空间 Markov 概率转移矩阵进行测度，计算各个省区市的等级转移概率。计算结果如表 8 - 11 所示。

表 8 - 11 协调度的空间 Markov 概率转移矩阵

空间滞后类型（相邻省区市等级）	$t/t+1$	Ⅰ (0 ~ 0.30)	Ⅱ (0.30 ~ 0.35)	Ⅲ (0.35 ~ 0.45)	Ⅳ (0.45 ~ 1.00)
Ⅰ	Ⅰ	0.929	0.050	0.021	0.000
	Ⅱ	0.076	0.833	0.091	0.000
	Ⅲ	0.000	0.105	0.860	0.035
	Ⅳ	0.000	0.000	0.167	0.833
Ⅱ	Ⅰ	0.798	0.160	0.042	0.000
	Ⅱ	0.070	0.779	0.151	0.000
	Ⅲ	0.000	0.183	0.687	0.130
	Ⅳ	0.000	0.000	0.188	0.812
Ⅲ	Ⅰ	0.855	0.145	0.000	0.000
	Ⅱ	0.059	0.840	0.101	0.000
	Ⅲ	0.000	0.278	0.639	0.083
	Ⅳ	0.000	0.027	0.054	0.919
Ⅳ	Ⅰ	0.818	0.182	0.000	0.000
	Ⅱ	0.038	0.792	0.151	0.019
	Ⅲ	0.000	0.161	0.774	0.065
	Ⅳ	0.000	0.024	0.095	0.881

在乡村振兴战略与经济社会高质量发展协调度的 Markov 链中，相邻空间的滞后类型会对该省区市的协调度等级有影响，具体表现有以下两点。

（1）在考虑空间滞后项的情况下，当相邻省区市协调度为等级 I 时，各等级稳定概率分别为 0.929、0.833、0.860 和 0.833；在协调度为等级 II 时，各等级稳定概率分别为 0.798、0.779、0.687 和 0.812；在协调度为等级 III 时，各等级稳定概率分别为 0.855、0.840、0.639 和 0.919；在协调度为等级 IV 时，各等级稳定概率分别为 0.818、0.792、0.774 和 0.811。协调度在空间上有集聚的特征，相邻省区市的滞后类型会对该省区市协调度等级转移产生影响。在相邻省区市的空间滞后类型为等级 IV 时，等级 I 由传统的 Markov 链转移概率的 0.892 降低为 0.818，等级 I 或等级 II 协调度的省区市在等级 III 或等级 IV 协调度省区市的影响下，可以突破原本的等级，且能增加传统 Markov 链中向更高等级转移的概率。

（2）在相邻省区市协调度水平为等级 III 或等级 IV 的影响下，协调度等级 I 的省区市向高一等级的协调度发生转移的概率会增加，而与等级 I 或等级 II 的省区市相邻时，则该省区市向更低一级的类型发生转移的概率会增加。

（3）协调度等级 IV 的省区市受相邻省区市的影响不大，与等级 I、II、III 和 IV 的省区市相邻，其等级 IV 保持原本等级的概率分别为 0.833、0.812、0.919 和 0.881，均在 0.8 以上，说明低等级的相邻省区市对等级 IV 的影响不大。

综上所述，乡村振兴战略与经济社会高质量发展的协调度 Markov 转移矩阵中，等级存在跨越式转移，只能跨越一级并且越级的概率相对于保持当前或者转变为相邻等级的概率要低。我国乡村振兴战略与经济社会高质量发展的协调度等级演变总体上会受到邻域空间滞后类型的影响，但是高等级协调度的省区市由于自身的乡村振兴战略和经济社会高质量发展战略实施的情况很好，相邻省区市对其影响并不大。

8.4.3 乡村振兴和经济社会高质量发展耦合度与协调度的时序演进特征分析

第4章和第5章建立了乡村振兴战略和经济社会高质量发展的指标体系，并用熵权法进行计算得到了二者的综合指标得分，上一节根据耦合度和协调度的公式计算出了二者的耦合度和协调度，通过 R 软件绘制 2010 年和 2022 年的中国国家地图，可以更加直观地看到全国空间上的时序演进变化，绘制的地图可联系作者索要。

2010 年乡村振兴与经济社会高质量发展协调度分布的特点为东部沿海地区省区市的协调度较高。等级为Ⅲ或Ⅳ的有北京、山东、江苏、山东、浙江和广东，而中部地区的协调度发展最高只有等级Ⅲ，有四川、河南和湖南，西部地区的协调度等级均为Ⅰ，形成此现象的原因可能是东部地区的经济较发达，农村的乡村振兴试点较早，整个体系发展得非常成熟，因此协调度较好。中部地区的资源相对较多，可以弥补部分经济发展中的缺陷，乡村发展起步相对东部要晚，得到的国家补贴有限，因此协调度的发展较东部地区较慢；西部地区的自然资源丰富，但由于地势较高且自然环境恶劣，人才和重要产业的缺失让经济本不发达的西部地区发展受阻，除了四川外，其他地区的协调度等级均为Ⅰ。

2022 年乡村振兴与经济社会高质量发展协调度分布的特点为东部地区协调度继续兴旺发展，天津达到了等级Ⅳ；中部地区部分省份，如湖北、安徽、陕西均在 13 年中有所提高，达到了等级Ⅲ；西部地区的经济和乡村发展相对 2010 年均有进步，但是在协调度上进步不明显。相比于 2010 年，东北地区在研究的 13 年间人才流失严重，产业转型等因素造成了整个东北的经济和乡村发展受到了严重打击，使得黑龙江和吉林在 2022 年的协调度等级下降为Ⅲ和Ⅱ。"中部崛起"让中部地区的湖北和安徽的经济和乡村得到了一定发展，协调度达到了等级Ⅲ。前期东部地区对乡村发展模式的探索让全国其他地区广大农村有了借鉴、学习的经验。另外，部分高新科技企业和产业逐渐从东部地区向中西部地区转移。例如"云上贵州"、华为研发基地等,为中西部地区的经济发展注入了强心剂。

综上所述,乡村振兴与经济社会高质量发展协调度随着时间的推移情况越来越好,深色区域越来越多,且由沿海地区慢慢向内地发展,因此,要继续加强乡村振兴与经济社会高质量的协调发展。

本章小结

本章通过构建乡村振兴与经济社会高质量发展的耦合协调度模型,并且建立了相应的等级划分,对总体、省际和区域的耦合协调度都进行了测度与分析,最后进行了时空变化的分析,得到以下结论。

(1) 乡村振兴战略的提出,使我国城乡经济关系不断向更加适应新发展阶段要求的方向演化,同时在新格局中发挥了基础性作用,加强了城乡经济循环,与经济社会高质量发展呈现出高水平耦合,也是构建新发展格局在"三农"问题领域的重要体现,不仅有利于提升国民经济体系的整体效能,而且对全面推进乡村振兴战略、新型城镇化建设和整体经济社会高质量发展有重要且深远的意义。协调度值一直处于中度耦合协调的区间,说明乡村振兴与经济社会高质量发展的协调发展状况总体还在寻求共同发展的模式,政府需要继续不断尝试新的发展模式,使其协调度发展的状况更好。

(2) 西部地区的乡村振兴与经济社会高质量发展要协调,产业、人才都是关键,且要发展各省区市自身特点和优势才能协调发展好两个战略。政府应该鼓励人才去西部援助贫困乡村,鼓励资本、技术、品牌、营销技术等综合体下乡,并且政府在政策上给予补贴,加大财政刺激力度,减免税收,提供上升通道等。

(3) 华东地区的经济发达,产业兴旺,也是近年来毕业生主要的流向地,产业和人才都非常充足,因此沿海的发达地区农村发展相对较好,经济社会高质量发展的质量也高,使得乡村与高质量发展二者的整体协调程度也比较好。东北地区的经济发展水平不断下降对人口外流具有推动作用，阻碍了技术的进步和劳动生产效率的提高。东北地区无论是乡村还是城市，产业和人才的流失均是造成乡村振兴战略和经济社会高质量发展不景气的缘故，协调度也一路下滑。华北地区和中南地区的经济主要依靠粮食生产、运输业和能源等，但在经济结构转型过程中还有一段路要走，要明确地确立城市一体化，推动中部地区城市间协调合作，建立以城带乡长效机制，加快农业科技创新，促进乡村企业发展和人才的培养。未来，"两系统"的协调发展会更上一层楼。西南地区一直处于低度耦合协调度阶段，不过协调度的均值也在提高，这与西部的人才引进，旅游资源的开发有密不可分的关系。

（4）乡村振兴战略与经济社会高质量发展的协调度 Markov 链转移矩阵中，等级存在跨越式转移，只能跨越一级并且越级的概率相对于保持当前或者转变为相邻等级的概率要低。我国乡村振兴战略与经济社会高质量发展的协调度等级演变总体上会受到邻域空间滞后类型的影响，但是由于高等级协调度的省区市自身的乡村振兴战略和经济社会高质量发展战略实施的情况很好，相邻省区市对其影响并不大。

（5）东部地区的经济较发达，农村的乡村振兴试点较早，整个体系发展非常成熟，因此协调度较好。中部地区的资源相对较多，可以弥补部分经济发展中的缺陷，乡村发展起步相对东部较晚，得到的国家补贴有限，因此协调度的发展较东部地区较慢。西部地区的自然资源丰富，但由于地势较高且自然环境恶劣，人才和重要产业的缺失让经济本不发达的西部地区发展受阻。东北地区在研究的 13 年间人才流失严重，产业转型等因素造成了整个东北的经济和乡村发展受到了严重打击，"中部崛起"让中部地区的湖北、安徽和河北的经济和乡村得到了一定发展，协调度达到了等级Ⅲ。前期东部地区对于乡村发展模式的探索让全国其他地区广大农村有了借鉴、学习的经验。另外，部分高新科技企业和产业逐步由东部地区向中西部地区转移，如"云上贵州"、华为研发基地等，为中西部地区的经济发展注入了强心剂。

第 9 章　结论与展望

9.1　研究结论与政策建议

本书首先从乡村振兴与经济社会高质量发展中涉及的经济学基本原理、乡村发展理论、乡村振兴理论与经济社会高质量发展中的政治经济学理论基础进行了陈述。在政策性文件和知网中相关文献的搜集后，建立乡村振兴与经济社会高质量发展的文本与社会网络分析，对未来二者研究热点、提升路径进行寻找、分析及描述。第 4 章、第 5 章分别建立了乡村振兴与经济社会高质量发展的指标体系，对它们的二级指标得分和总指标得分进行了测度。然后研究了乡村振兴和经济高质量发展的区域差异特征和结构差异特征，接着进行了动态特征演进分析和空间转移特征分析。第 6 章研究乡村振兴对经济社会高质量发展的影响，加入了一些控制变量，建立了面板数据模型。第 7 章研究了乡村振兴对经济社会高质量发展的空间溢出效应，对两者的关系进行了空间计量分析和空间溢出效应分解。第 8 章建立了耦合协调模型，对全国的乡村振兴与高质量发展的耦合度和协调度情况进行了测度并进行了区域之间的对比，最后该模型还测度了协调度的时序演进和空间发展变化，并对二者之间协调发展的未来走向进行了预测。

全书研究得到了如下结论。

第一，通过文本分析找到了乡村振兴与经济社会高质量发展提升的最佳路径分别为：乡村振兴是农业经济、农业现代化技术、乡村的经济结构转型、乡村数字化、城市带动乡村经济发展几个方面。经济社会高质量发展主要集中于科技创新发展、数字经济、供给侧结构性改革等方面。

2010年以来文献研究的最热点以及最关键的点有"乡村振兴""乡村治理""新时代""绿色发展""城镇化"等关键词。

乡村振兴推动经济社会高质量发展的内在逻辑在于：建立返贫的事前干预机制，构建返贫预警机制，能够有效解决乡村返贫问题；通过发展乡村产业促进乡村经济发展，使乡村的薄弱环节得到根本改善；利用乡村数字化赋能乡村振兴，推动城乡机会均等化；推动城镇化能给乡村带来经济增长，助力城乡经济平衡；支持乡村绿色发展，守住绿水青山，就是守住了金山银山。这些方面使得经济社会发展最薄弱的农村地区有了新的动力，有力推动了全社会经济社会高质量发展。

第二，乡村振兴发展水平呈现逐年上升趋势，产业兴旺、生态宜居、乡风文明、治理有效和生活富裕五项指标都持续向好，乡村振兴总体差异略有下降。

（1）2010～2021年，乡村振兴发展31个省区市都呈现上升的趋势，各项指标都出现向上的增长趋势；传统的农业强省（市）如浙江、上海、江苏、广东、河北等在乡村振兴发展上保持强劲的势头，而西部地区如西藏、甘肃、宁夏、青海等省份排名依旧靠后；产业兴旺方面，所有省份得分均在上升；生态宜居方面，所有省份得分均在上升，浙江、云南、江苏等省份的提升尤为突出；乡风文明方面，所有省份得分均有上升，天津表现得很突出；治理有效方面，全国所有省份均在上升，说明我国乡村治理大幅提升；生活富裕方面，全部省份得分都在上升，说明中国乡村变得越来越富足。

（2）2010～2021年，乡村振兴发展水平总体基尼系数呈现小幅下降的态势，说明乡村振兴发展水平的差异有逐渐缩小的趋势。东部和中部地区内的基尼系数逐渐缩小，说明东部、中部地区内发展较为均衡；西部内的基尼系数在这12年间没有太大变化，说明地区内的差异没有显著性变化。

（3）乡村振兴发展水平的地区间差距对总体基尼系数的贡献率最大，

这是造成我国乡村振兴发展水平总体差距的主要因素；其贡献率持续增大，说明地区间的差异要引起足够的重视，超变密度的贡献率最小，总体的发展平稳中略有下降，而地区间差距的贡献率处于中间位置，同样在波动中下降。

（4）通过 Kernel 核密度图形，从全国整体乡村振兴发展水平来看，2010 年、2016 年和 2021 年的图形基本均呈现单波峰、拖尾现象，且波峰越来越矮，说明全国乡村振兴发展水平存在地区间的差异。

（5）传统与空间 Markov 链分析表明各省区市维持本来乡村振兴水平等级的概率是最高的，在连续两年中，所有等级省区市向其他等级转移的概率较低，中低、中高和高水平有一定的概率实现等级的跨越，乡村振兴发展水平的空间上有集聚的特征；相邻省区市的滞后类型（即相邻省区市的乡村振兴发展等级）会对该省区市乡村振兴水平状态转移产生影响，在相邻省区市的空间滞后类型为低、中低水平时，其向更低一级的类型发生转移的概率会增加，在相邻省区市乡村振兴水平为中高或高水平时，乡村振兴水平较低的省市向更高等级的发展类型发生转移的概率增大，且可能导致跨等级变化，等级Ⅳ的省区市的乡村振兴发展水平不受任何发展等级的影响。

第三，经济社会高质量发展水平快速提升，呈现持续增长态势，地区间差异逐渐缩小。

（1）2010～2022 年，经济社会高质量发展 30 个省区市都呈现上升的趋势，各项指标都出现向上的增长趋势；传统的经济强省（市）如北京、上海、广东、浙江和江苏等在高质量发展上依旧保持强劲的势头，而西部地区如新疆、甘肃、宁夏等省份排名依旧靠后；经济发展方面，所有省份得分均在上升，只有黑龙江略有降低；创新驱动方面，所有省份得分均在上升，广东、江苏、浙江提升尤为突出；民生福祉方面，所有省份得分均有上升，天津略有下降；绿色生态方面，全国所有省份均在上升，说明我国绿色生态环境大幅提升；安全保障方面，全部省份得分都在上升，说明中国是一个治理有效、社会安定的国家。

（2）2010～2022 年，经济社会高质量发展水平的区域差异表现为：东部地区经济社会发展水平明显高于中部和西部地区；但中部地区也取得了长足的进步；西部地区与东部地区的差距较大，但其得分增长率高于东部地区的得分增长率。

（3）Dagum 基尼系数显示，经济社会高质量发展水平总体区域间差异呈现下降趋势，其地区间差距对总体基尼系数的贡献率最大，是造成我国经济社会高质量发展水平总体差距的主要原因。东—西地区间的差距最大，东—中地区间差异其次，中—西地区间的差异最小，但随着时间推移，都呈现下降趋势，说明地区间、地区内的差异在逐渐缩小，经济社会高质量发展越来越平衡；地区内和地区间的贡献率都呈下降的趋势，超变密度的贡献率最小。

（4）Kernel 核密度函数显示 2010～2022 年，东部、中部和西部地区具有集聚现象，整体水平右移，带宽变；全国高质量发展水平整体向右移动，说明发展水平越来越高；波峰由双波峰转变为单波峰，说明各省区市发展水平越来越集中，具有集聚现象；带宽逐渐变窄，说明全国各省区市之间差距逐渐缩小，发展越来越平衡。

（5）通过传统与空间 Markov 链分析，各省区市维持本来高质量发展水平等级的概率是最高的，在连续两年中，所有等级省区市高质量发展向其他等级转移概率较低，只有高质量为高水平时的省区市有跨越等级的变化。经济社会高质量发展水平的空间上有集聚的特征，相邻省区市的滞后类型（即相邻省区市的高质量发展等级）会对该省区市高质量发展水平状态转移产生影响，在相邻省区市的空间滞后类型为低或者中低水平时，其向更低一级的类型发生转移的概率会增加，在相邻省区市经济社会高质量发展水平等级为中高或高水平时，高质量水平较低的省区市向更高等级的发展类型发生转移的概率增大。

第四，乡村振兴及控制变量能稳定、持续地促进经济社会高质量发展，农业十强大省的乡村振兴发展水平比非农业大省更能进一步促进经济社会高质量发展水平。

（1）研究假设 H1 成立，即乡村振兴能推进经济社会高质量发展，有正向作用，对经济社会高质量发展有显著影响。加入所有的控制变量和逐步加入其他控制变量的模型（1）~（7）中，核心变量 RV 的系数为正数，且在 1% 的显著性水平下都通过了检验，模型拟合优度达到了 0.85 左右，说明了乡村振兴发展水平对经济社会高质量发展的影响是正向的，有着很强的促进作用。

（2）稳健性检验中，用作变量替换的农村农民人均可支配收入通过了 1% 的显著性检验，其系数为正，说明其对经济社会高质量发展有着正向的促进作用。而且每提高 1%，经济社会高质量发展水平就要提高 0.2054%；其作用和乡村振兴发展水平相近，影响方向一致，与基础回归模型符号一致。

（3）内生性检验中，将自变量乡村振兴发展水平替换为乡村振兴发展水平的一阶滞后项进行检验，结果通过了 1% 的显著性检验，系数为正，表明乡村振兴对经济社会高质量发展有正向的显著影响。同时，选取的工具变量，即乡村振兴发展水平的滞后一期项目的 Kleibergen-Paap rk LM 与 Cragg－Donald Wald F 统计量在 1% 显著性水平上显著，拒绝"工具变量的弱识别"原假设。因此，内生性问题对基础回归结果的影响不显著。

（4）研究假设 2 成立，即在异质性检验中，RV 与 AGR×RV 均通过了显著性水平为 1% 的检验，并且系数为正，这表明乡村振兴发展水平对经济社会高质量发展有正向影响，并且有驱动作用。乡村振兴发展水平每提高 1%，经济社会高质量发展水平就要提高 0.19%。AGR×RV 通过了检验，说明我国农业十大强省的乡村振兴发展水平更能驱动经济社会高质量发展水平，它们的乡村振兴水平每提高 1%，经济社会高质量发展水平就提升为 0.2313%；跟非农业十大强省相比，比它们多提高 0.0413%。

第五，乡村振兴发展水平对经济社会高质量发展存在空间上的溢出效应。

（1）我国经济社会高质量发展在空间上具有相关性，邻接省份和经济相近的省份之间都具有较强的相关性。即地理位置相近的省份形成集聚，经济发展相近的省份也形成集聚效应。呈现出高—高集聚和低—低集聚的现象。

（2）通过建立空间杜宾模型和对全国层面数据进行空间效应分解，得到的结论是乡村振兴发展水平 RV 在两个矩阵下的直接效应、间接效应与总效应都通过了 1% 显著性水平检验，系数均为正，说明乡村振兴发展对本省份的经济社会高质量发展有驱动作用，而且对相邻地区和经济相近地区的经济社会高质量发展水平都有驱动作用，乡村振兴对经济社会高质量发展具有显著的溢出效应。同时，控制变量科技创新 R&D、地方公共财政收入、金融发展水平、外商直接投资对经济社会高质量发展都存在着空间溢出效应，对其相邻省份和经济相近省份的经济社会发展具有驱动作用。而财政分权度对经济社会发展则没有溢出效应。

（3）研究假设 H3 成立，即乡村振兴可以通过空间溢出效应作用于周围的省区市的经济社会高质量发展。

第六，乡村振兴与经济社会高质量发展的耦合度高，而协调度较一般，即二者的各个要素之间的协调状况还需加强。

（1）从耦合度与协调度来看，乡村振兴与经济社会高质量发展呈现出高水平耦合，是构建新发展格局在"三农"问题领域的关键体现，且对全面推进乡村振兴战略、新型城镇化建设和整体经济社会高质量发展有重要且深远的意义。协调度值一直处于中度耦合协调的区间。

（2）按经济区域划分看，华东地区的经济发达，产业兴旺，农村发展相对较好，经济社会高质量发展的质量也高，使得乡村与高质量发展二者的整体协调程度也比较高。东北地区无论是乡村还是城市，协调度也一路下滑；华北地区和中南地区的经济主要依靠粮食生产、运输业和能源等，在经济结构转型过程中还有很长一段路要走，要明确地确立城市一体化，实现中部地区城市间协调合作；西南地区一直处于低度耦合协调度阶段，不过协调度的均值也在提高。

（3）乡村振兴战略与经济社会高质量发展的协调度 Markov 链转移矩阵中，等级存在跨越式转移，只能跨越一级并且越级的概率相对于保持当前或者转变为相邻等级的概率要低。我国乡村振兴战略与经济社会高质量发展的协调度等级演变总体上会受到邻域空间滞后类型的影响，但是由于高等级协调度的省区市自身的乡村振兴战略和经济社会高质量发展战略实施的情况很好，相邻省区市对其影响并不大。

政策性建议如下。

第一,乡村振兴在农业经济、农业现代化技术、乡村的经济结构转型、乡村数字化、城市带动乡村经济发展等方面亟须加强,经济社会高质量发展需要在科技创新发展、数字经济、供给侧结构性改革等方面有待提高。

综合来看,建立返贫的事前干预机制,构建返贫预警机制,通过发展乡村产业促进乡村经济发展,利用乡村数字化赋能乡村振兴,推动城乡机会均等化;推动城镇化进程,支持乡村绿色发展。这些方面能够使经济社会发展最薄弱的农村地区获得新的动力,有力推动全社会经济社会高质量发展。

第二,全国各省区市应当从产业兴旺、生态宜居、乡风文明、治理有效和生活富裕五个方面逐步提升,促进乡村振兴。

各省自治区应该大力发展特色产业,提高特色产业在总产值中的占比,做好农业生产的同时,大力发展非农产业,增加农业科技人才的培养,提高农业科技创新成果转化率,提高粮食产量,提高农业机械化水平,加大农产品的销售,降低农业贷款的不良贷款率,组织农户参加经济合作组织,提高产业兴旺发展水平。

提高生活污水处理水平,建设农村无害化卫生厕所,保护环境,增强村庄绿化率,建造农村公园绿地,建设农村道路,建设好农村自来水管网、天然气管网、宽带入户等,加大农村卫生服务和文化场所的建设,使农民健康和幸福指数提升,营造一个生态宜居的环境。

提高农村教育水平,增加教师的投入,提高农村人口平均受教育年限,加强农村教育服务,加大农村居民养老保险参保率,加大农村学校校舍和计算机的建设和投入,提高农村新型农村合作医疗参合率,做好农村养老服务,提高学龄前儿童入学率;加大农村卫生院、卫生室的建设投入,提高农村家庭支教支出比例,加大支教力度,增加农村公共文化设施的面积,加大财政投入保护发展地方优秀特色文化,并增强其市场转化率,采取以上措施提高乡风文明程度。

加大农村基层服务,在群众中多培养和发展党员,增大农民的民主参与度,提高村委会主任党员的比例,鼓励本科及以上学历的村民参加村委会工作，鼓励农民大力参与村里的选举等重大决策事项，定期召开农村党员大会，加强农村居民分配的公平性，保证农民安居乐业，减少刑事案例和纠纷的发生，提高有效治理水平。

加大发展农村经济，消除绝对贫困，防止脱贫返贫。国家应加大农村社会养老、医疗保障和最低生活保障的投入，鼓励农民利用闲暇时间发展副业，包括进城务工，发展乡村旅游等方式，增加工资性收入和财产性收入，提高生活水平，逐渐走上生活富裕的道路。

同时加大扶持中部和西部农村产业发展，调整产业结构，加大政府引导和资金投入，缩小东中西部乡村发展的差距。同时，增强相邻省份的产业链融合、资金融合，发展水平高的省份可以帮助相邻欠发达地区的乡村发展，让各省份的乡村振兴可以向更高级别转移。

第三，全国各省区市应当从经济发展、创新驱动、民生福祉、绿色生态和安全保障五个方面逐步提升，驱动经济社会高质量发展。

各省区市应该提高国内生产总值增长率，加大经济增长稳定性，扩大外贸依存度，提高常住人口城镇化率，驱动经济发展；提高 R&D 经费占比，鼓励发明创造，提高规模以上工业企业新产品销售收入，增加全社会研发经费投入，鼓励申请高价值的发明专利，提高创新驱动力。

提高人均可支配收入，保障居民人均可支配收入的增长，鼓励消费支出，扩大内需，鼓励灵活就业，加大医疗卫生的投入，增加医生人数，提高教育支出，缩小城乡居民收入差距，以此提高民生福祉，提高人民的幸福指数。

减少废水排放，降低能源消耗，降低二氧化碳排放，增大森林面积，开展植树造林，防风固沙，加大小区绿化率，加大生活垃圾处理力度，提升绿色生态发展水平。

保证粮食产量，保护耕地红线，减少能源消耗，提高卫生费用投入，提高生产力发展水平，尽量减少城镇居民和农村居民最低生活保障人数，增强人民安全保障感。

同时，加大扶持中部和西部产业发展，调整产业结构，加大政府引导和资金投入，缩小东中西部发展的差距；增强相邻省份的产业链融合、资金融合，发展水平高的省份可以帮助相邻欠发达地区的发展；加大建立城市圈的建设力度，让各省份的经济社会发展可以向更高级别转移。

第四，全面加快乡村振兴步伐，加快提升乡村振兴发展水平，发挥农业大省的带头作用，因地制宜制定地方政策促进经济社会高质量发展。

从宏观看，提高各个省区市的乡村振兴发展水平、地方公共财政收入、金融发展水平、财政分权度和外商直接投资的发展水平，能够促进经济社会高质量发展；充分发挥农业大省的带头作用，发挥横向合作的机制，帮助其他省份共同提高乡村振兴发展水平，从而提高经济社会高质量发展。

第五，制定乡村振兴发展战略时，充分考虑乡村振兴的空间溢出效应，提高自身经济社会高质量发展水平的同时，带动邻接省份和经济相近省份实现共同富裕。

乡村振兴对中国经济社会高质量发展水平的提升有着积极作用，但是不能忽视发展过程中乡村振兴的溢出效应。制定乡村振兴阶段性战略的时候可以考虑与邻接省份、经济相近省份的相互融合，相互合作，通过加大各自的科技创新 R&D 的投入、提高地方公共财政收入、大力提高金融发展水平、吸引外商直接投资等途径，在提高自身省份经济社会高质量发展水平的同时，带动邻接省份和经济相近省份的经济社会高质量发展水平的提高，实现共同富裕的目标。

第六，加强乡村振兴与经济社会高质量协调发展，需要继续不断尝试新的发展模式，使其协调度发展的状况更好。

前期东部地区对于乡村发展模式的探索可以让全国其他地区广大农村借鉴、学习，另外，要加大力度让一些高新科技企业和产业逐步由东部地区向中西部地区转移。

中部地区的资源相对西部地区要多，可以弥补部分经济发展中的缺陷，乡村发展起步相对东部较晚，应该加大国家补贴。

政府需要继续不断尝试新的发展模式，使得其协调度发展的状况更好。西部地区的乡村振兴与经济社会高质量发展要协调，产业、人才都是关键，且要发展各省区市自身特点和优势才能协调发展好两个战略，政府应该鼓励人才去西部援助贫困乡村，鼓励资本、技术、品牌、营销技术等综合体下乡，并且政府在政策上给予补贴，加大财政刺激力度，减免税收，提供上升渠道等。

9.2　研究展望

本书对乡村振兴和经济社会高质量发展只是一个初步研究，书中存在着一些不足，需要进一步深入研究。同时，新政策的不断出台，为研究方向和主题提供了新角度，也为后续研究埋下了伏笔。2022 年 9 月，根据最新中央网信办、农业农村部、工业和信息化部、国家市场监督管理总局等四部门印发《数字乡村标准体系建设指南》（以下简称《指南》），在乡村振兴未来的发展中数字乡村的建设成了重要的一环，《指南》中明确了数字乡村的标准体系框架，明确了"十四五"时期数字乡村标准化建设目标、内容和路径。

（1）在研究内容上，由于数字乡村标准化建设的提出，为乡村振兴研究的全面性又添加了一个新的视角，未来随着更多关于数字乡村的具体评价指标提出，会有越来越多的数字乡村的测度。随着其测度的完成，针对其影响因素、提升路径、空间分布和发展预测等均可以展开更加深入的研究。通过更多的文献研究、方法等去研究数字乡村的内容。

（2）在数据层面上，本书研究的数据均停留在省际宏观层面，针对全国的宏观乡村振兴与经济社会高质量发展进行测度，而在未来的研究中，相关研究可以针对乡村企业、高科技企业、扶贫产业链和研究所等微观企业数据展开系统研究，相关研究针对微观的乡村发展企业和高质量发展企业，通过一些企业数据从微观的视角展开调查研究，从而对宏观政策作出预测和判断，为相关单位和政府提供可参考的政策性建议。

参考文献

［1］陈耿宣，周小茜. 产业扶贫与乡村产业振兴的有效衔接：逻辑框架、挑战与路径［J/OL］. 重庆理工大学学报（社会科学版）：1-12［2023-02-19］.

［2］陈玲，薛澜. "执行软约束"是如何产生的？——揭开中国核电谜局背后的政策博弈［J］. 国际经济评论，2011（2）：147-160，6.

［3］陈龙. 新时代中国特色乡村振兴战略探究［J］. 西北农林科技大学学报（社会科学版），2018，18（3）：55-62.

［4］陈守东，王淼. 我国银行体系的稳健性研究——基于面板 VAR 的实证分析［J］. 数量经济技术经济研究，2011，28（10）：64-77.

［5］陈秧分，王国刚，孙炜琳. 乡村振兴战略中的农业地位与农业发展［J］. 农业经济问题，2018（1）：20-26.

［6］成春林，李涵，陶士贵. 长江经济带高质量发展指标体系构建与测度［J］. 统计与决策，2022，38（9）：99-103.

［7］段子渊，张长城，段瑞，等. 坚持科技扶贫　实现精准脱贫　促进经济发展［J］. 中国科学院院刊，2016，31（3）：346-350，264，383.

［8］范和生. 返贫预警机制构建探究［J］. 中国特色社会主义研究，2018（1）：57-63.

［9］冯颜利，曾咏辉. 六大新目标牵引"十四五"经济社会高质量发展［J］. 青海社会科学，2021（1）：31-36，70.

［10］傅秋子，黄益平. 数字金融对农村金融需求的异质性影响——

来自中国家庭金融调查与北京大学数字普惠金融指数的证据［J］．金融研究，2018（11）：68－84.

［11］高鸣，魏佳朔，宋洪远．新型农村集体经济创新发展的战略构想与政策优化［J］．改革，2021（9）：1－13.

［12］戈大专，龙花楼．论乡村空间治理与城乡融合发展［J］．地理学报，2020，75（6）：1272－1286.

［13］郭峰，王靖一，王芳，等．测度中国数字普惠金融发展：指数编制与空间特征［J］．经济学（季刊），2020，19（4）：1401－1418.

［14］郭健，张明媛，于倩，等．财政分权与高质量发展——兼论分权的"适度区间"［J］．财政研究，2021（11）：86－101.

［15］郝淑双．中国绿色发展水平时空分异及影响因素研究［D］．武汉：中南财经政法大学，2018.

［16］韩婷，周丽华，黄亚群，等．基于加权 PageRank 的异质网络影响力最大化［J］．计算机技术与发展，2022，32（3）：46－53.

［17］胡宏伟．城居保与家庭医疗消费支出负担：政策效应评估——基于工具变量方法与稳健性检验［J］．学海，2013（6）：59－66.

［18］胡月，田志宏．如何实现乡村的振兴？——基于美国乡村发展政策演变的经验借鉴［J］．中国农村经济，2019（3）：128－144.

［19］黄德才，戚华春．PageRank 算法研究［J］．计算机工程，2006（4）：145－146，162.

［20］黄鑫权．新时代乡村振兴问题研究［D］．贵州：贵州师范大学，2020.

［21］黄祖辉．准确把握中国乡村振兴战略［J］．中国农村经济，2018（4）：2－12.

［22］金碚．关于"高质量发展"的经济学研究［J］．中国工业经济，2018（4）：5－18.

［23］金书秦，牛坤玉，韩冬梅．农业绿色发展路径及其"十四五"取向［J］．改革，2020（2）：30－39.

［24］江孝君，杨青山，耿清格，等．长江经济带生态—经济—社会

系统协调发展时空分异及驱动机制［J］．长江流域资源与环境，2019，28
（3）：493 - 504.

［25］卡尔·马克思．资本论［M］．吴半农，译．北京：商务印书
馆，1936.

［26］寇业富，许文璐．我国财产保险公司竞争力评价结论稳健性检
验［J］．保险研究，2013（10）：11 - 18.

［27］李金昌，史龙梅，徐蔼婷．高质量发展评价指标体系探讨［J］．
统计研究，2019，36（1）：4 - 14.

［28］李娟，刘爱峰．数字经济驱动中国经济高质量发展的逻辑机理
与实现路径［J］．新疆社会科学，2022（3）：47 - 56.

［29］李晓园，钟伟．中国治贫 70 年：历史变迁、政策特征、典型制
度与发展趋势——基于各时期典型扶贫政策文本的 NVivo 分析［J］．青海
社会科学，2020（1）：95 - 108.

［30］刘传明，马青山．黄河流域高质量发展的空间关联网络及驱动
因素［J］．经济地理，2020，40（10）：91 - 99.

［31］刘合光．激活参与主体积极性，大力实施乡村振兴战略［J］.
农业经济问题，2018（1）：14 - 20.

［32］刘继，顾凤云．基于 BERT 与 BiLSTM 混合方法的网络舆情非平
衡文本情感分析［J］．情报杂志，2022，41（4）：104 - 110.

［33］刘家旗，茹少峰．中国高质量发展水平测度：人民群众感知视
角［J］．经济纵横，2021（5）：93 - 101.

［34］刘金全，张龙．我国货币政策的宏观经济时变效应及其稳健性
检验［J］．中国经济问题，2019（3）：14 - 24.

［35］刘锦怡，刘纯阳．数字普惠金融的农村减贫效应：效果与机制
［J］．财经论丛，2020（1）：43 - 53.

［36］刘竟文．绿色发展与田园综合体建设：模式、经验与路径［J］.
世界农业，2018（2）：35 - 41.

［37］刘明辉，卢飞．城乡要素错配与城乡融合发展——基于中国省
级面板数据的实证研究［J］．农业技术经济，2019（2）：33 - 46

［38］刘玉娟，王华华，张红阳．就近城镇化中生产要素集聚的驱动力问题研究［J］．经济问题，2022（9）：99-106.

［39］刘彦随．中国新时代城乡融合与乡村振兴［J］．地理学报，2018，73（4）：637-650.

［40］鲁邦克，许春龙，孟祥兰．中国省际乡村振兴发展速度测度与时空异质性研究——基于组合加权主成分分析的综合评价方法［J］．数理统计与管理，2021，40（2）：205-221.

［41］吕宾．乡村振兴视域下乡村文化重塑的必要性、困境与路径［J］．求实，2019（2）：97-108，112.

［42］吕承超，崔悦．乡村振兴发展：指标评价体系、地区差距与空间极化［J］．农业经济问题，2021（5）：20-32.

［43］吕普生．数字乡村与信息赋能［J］．中国高校社会科学，2020（2）：69-79，158-159.

［44］陆天华，于涛．基于社会网络分析的旅游地乡村社会空间重构研究——以南京世凹"美丽乡村"为例［J］．地理科学，2020，40（9）：1522-1531.

［45］毛艳．中国城市群经济高质量发展评价［J］．统计与决策，2020，36（3）：87-91.

［46］倪鹏飞，徐海东．面向2035年的中国城镇化［J］．改革，2022（8）：98-110.

［47］倪鹏飞，颜银根，张安全．城市化滞后之谜——基于国际贸易的解释［J］．中国社会科学，2014（7）：107-124，206-207.

［48］聂长飞，简新华．中国高质量发展的测度及省际现状的分析比较［J］．数量经济技术经济研究，2020，37（2）：26-47.

［49］秦炳涛，郭援国，葛力铭．公众参与如何影响企业绿色技术创新——基于中介效应和空间效应的分析［J］．技术经济，2022，41（2）：50-61.

［50］秦书生，王旭，付晗宁．我国推进绿色发展的困境与对策——基于生态文明建设融入经济建设的探究［J］．生态经济，2015，31（7）：

168 – 171，180.

［51］邱东．多指标综合评价方法［J］．统计研究，1990（6）：43 – 51.

［52］任保平，李禹墨．新时代我国高质量发展评判体系的构建及其转型路径［J］．陕西师范大学学报（哲学社会科学版），2018，47（3）：105 – 113.

［53］瑟尔沃 A P．发展经济学［M］．郭熙保，崔文俊，译．北京：中国人民大学出版社，2014.

［54］邵鹏，王齐，单英骥．基于文本分析的黄河流域生态保护与高质量发展研究［J］．干旱区资源与环境，2020，34（11）：78 – 83.

［55］邵晓翀，杜尔玏．金融助力乡村振兴的现实基础、理论逻辑与实践路径——基于新发展格局视角［J］．技术经济与管理研究，2021（10）：76 – 80.

［56］石俊．政府财政支出对经济高质量发展的影响机理研究［D］．南昌：南昌大学，2020.

［57］师荣蓉，张教萌．中国经济高质量发展的社会评价——基于微博情感分析的视角［J］．统计与决策，2021，37（24）：180 – 184.

［58］苏毅清，游玉婷，王志刚．农村一二三产业融合发展：理论探讨、现状分析与对策建议［J］．中国软科学，2016（8）：17 – 28.

［59］唐任伍．新时代乡村振兴战略的实施路径及策略［J］．人民论坛·学术前沿，2018（3）：26 – 33.

［60］田书芹，王东强．乡村人才振兴的核心驱动模型与政策启示——基于扎根理论的政策文本实证研究［J］．江淮论坛，2020（1）：10 – 17.

［61］童广印，张传洲，杨金磊．民族地区乡村振兴研究热点与趋势展望——基于 CNKI 期刊文献数据的共词网络分析［J］．西北民族大学学报（哲学社会科学版），2021（3）：154 – 163.

［62］涂端午．教育政策文本分析及其应用［J］．复旦教育论坛，2009，7（5）：22 – 27.

［63］涂建军，况人瑞，毛凯，等．成渝城市群高质量发展水平评价

[J]．经济地理，2021，41（7）：50 - 60.

[64] 万晓琼，王少龙．数字经济对粤港澳大湾区高质量发展的驱动 [J]．武汉大学学报（哲学社会科学版），2022，75（3）：115 - 123.

[65] 汪海凤，赵英．我国国家高新区发展的因子聚类分析 [J]．数理统计与管理，2012，31（2）：270 - 278.

[66] 王景新，支晓娟．中国乡村振兴及其地域空间重构——特色小镇与美丽乡村同建振兴乡村的案例、经验及未来 [J]．南京农业大学学报（社会科学版），2018，18（2）：17 - 26，157 - 158.

[67] 王宁．乡村振兴战略下乡村文化建设的现状及发展进路——基于浙江农村文化礼堂的实践探索 [J]．湖北社会科学，2018（9）：46 - 52.

[68] 王胜，余娜，付锐．数字乡村建设：作用机理、现实挑战与实施策略 [J]．改革，2021（4）：45 - 59.

[69] 王素洁，李想．基于社会网络视角的可持续乡村旅游决策探究——以山东省潍坊市杨家埠村为例 [J]．中国农村经济，2011（3）：59 - 69，90.

[70] 王晓慧．中国经济高质量发展研究 [D]．长春：吉林大学，2019.

[71] 韦家华，连漪．乡村振兴评价指标体系研究 [J]．价格理论与实践，2018（9）：82 - 85.

[72] 魏敏，李书昊．新时代中国经济高质量发展水平的测度研究 [J]．数量经济技术经济研究，2018，35（11）：3 - 20.

[73] 吴岸松．社会网络分析在企业知识管理中的应用 [J]．商场现代化，2007（19）：196 - 197.

[74] 武常岐，张昆贤，周欣雨，等．数字化转型、竞争战略选择与企业高质量发展——基于机器学习与文本分析的证据 [J]．经济管理，2022，44（4）：5 - 22.

[75] 吴九兴，黄贤金．中国乡村振兴发展的现状诊断与空间分异格局——地级市尺度的实证 [J]．经济与管理，2020，34（6）：48 - 54.

[76] 乌拉孜别克·热苏力汗，龚朝庭，陈敏．基于组合加权主成分

方法的新疆工会服务能力综合评价［J］. 数理统计与管理，2016，35
（4）：571 - 578.

［77］西奥多·舒尔茨. 改造传统农业［M］. 梁小民，译. 北京：商
务印书馆，2014.

［78］夏延芳，王国勇. 脱贫攻坚与乡村振兴的有效衔接——基于社
会质量理论的探究［J］. 西南民族大学学报（人文社会科学版），2022，
43（4）：101 - 107.

［79］谢守红，周芳冰，吴天灵，等. 长江三角洲城乡融合发展评价
与空间格局演化［J］. 城市发展研究，2020，27（3）：28 - 32.

［80］星焱. 普惠金融：一个基本理论框架［J］. 国际金融研究，
2016（9）：21 - 37.

［81］许梦博，潘远超. 互联网发展是否提升了中国地区生产
率？——基于动态空间面板模型的计量分析［J］. 科学决策，2022（1）：
21 - 31.

［82］薛飏. 区域经济增长的文化产业驱动效应研究——基于省级面
板数据的分析［J］. 人文地理，2016，31（5）：148 - 154.

［83］闫超栋，马静. 信息化对中国工业转型升级的空间溢出效
应——基于空间计量模型的实证分析［J］. 经济问题，2022（2）：79 -
87，129.

［84］杨立公，朱俭，汤世平. 文本情感分析综述［J］. 计算机应用，
2013，33（6）：1574 - 1578，1607.

［85］杨琴. 乡村旅游业高质量发展研究［D］. 湘潭：湖南科技大
学，2020.

［86］杨瑚. 返贫预警机制研究［D］. 兰州：兰州大学，2019.

［87］叶超，高洋. 新中国70年乡村发展与城镇化的政策演变及其态
势［J］. 经济地理，2019，39（10）：139 - 145.

［88］俞立平，潘云涛，武夷山. TOPSIS 在期刊评价中的应用及在高
次幂下的推广［J］. 统计研究，2012，29（12）：96 - 101.

［89］于战平，李春杰. 深刻认识国内外经验，创新中国乡村振兴模

式［J］．江苏农业科学，2021，49（5）：1－6.

［90］袁晓玲，李彩娟，李朝鹏．中国经济高质量发展研究现状、困惑与展望［J］．西安交通大学学报（社会科学版），2019，39（6）：30－38.

［91］曾福生，蔡保忠．农村基础设施是实现乡村振兴战略的基础［J］．农业经济问题，2018（7）：88－95.

［92］张爱婷，周俊艳，张璐，等．黄河流域城乡融合协调发展：水平测度、制约因素及发展路径［J］．统计与信息论坛，2022，37（3）：34－43.

［93］张春玲，刘秋玲．乡村振兴战略背景下农业高质量发展评价及路径研究［J］．经济论坛，2019（4）：141－146.

［94］张鸿，王浩然，李哲．乡村振兴背景下中国数字农业高质量发展水平测度——基于2015—2019年全国31个省市数据的分析［J］．陕西师范大学学报（哲学社会科学版），2021，50（3）：141－154.

［95］张金鑫．我国城市房地产风险空间溢出研究——基于35个大中城市的空间面板模型分析［J］．山东工商学院学报，2022，36（1）：74－85.

［96］张军扩，侯永志，刘培林，等．高质量发展的目标要求和战略路径［J］．管理世界，2019，35（7）：1－7.

［97］张龙耀，邢朝辉．中国农村数字普惠金融发展的分布动态、地区差异与收敛性研究［J］．数量经济技术经济研究，2021，38（3）：23－42.

［98］张双才，尹庆伟．金融发展对经济高质量发展水平提升的影响研究［J］．工业技术经济，2021，40（11）：156－160.

［99］张艳娥．关于乡村治理主体几个相关问题的分析［J］．农村经济，2010（1）：14－19.

［100］张燕刚，成全．基于文本挖掘的中国乡村振兴与田园综合体政策热点与趋势研究［J］．合肥工业大学学报（社会科学版），2021，35（5）：104－109.

［101］张挺，李闽榕，徐艳梅．乡村振兴评价指标体系构建与实证研

究 ［J］. 管理世界, 2018, 34 (8): 99 - 105.

［102］赵剑波, 史丹, 邓洲. 高质量发展的内涵研究 ［J］. 经济与管理研究, 2019, 40 (11): 15 - 31.

［103］赵伟. 县域经济发展模式——基于产业驱动的视角 ［J］. 武汉大学学报 (哲学社会科学版), 2007 (4): 481 - 486.

［104］赵留彦, 王一鸣. A、B 股之间的信息流动与波动溢出 ［J］. 金融研究, 2003 (10): 37 - 52.

［105］周红云, 孙海洋, 张欣欣. 基于社会网络分析的京津冀高质量发展网络结构演化分析 ［J］. 产业质量研究, 2021 (00): 198 - 211.

［106］周佳宁, 秦富仓, 刘佳, 等. 多维视域下中国城乡融合水平测度、时空演变与影响机制 ［J］. 中国人口·资源与环境, 2019, 29 (9): 166 - 176.

［107］周苗苗, 廖和平, 李涛, 等. 脱贫县乡村发展水平测度及空间格局研究——以重庆市城口县为例 ［J］. 西南大学学报 (自然科学版), 2022, 44 (5): 23 - 34.

［108］朱大锐, 王睿, 程文姬, 等. 基于改进 PageRank 算法的输电网关键节点辨识方法研究 ［J］. 电力系统保护与控制, 2022, 50 (5): 86 - 93.

［109］朱德全, 杨磊. 职业教育服务乡村振兴的贡献测度——基于柯布—道格拉斯生产函数的测算分析 ［J］. 教育研究, 2021, 42 (6): 112 - 125.

［110］朱峰, 吕镇. 国内游客对饭店服务质量评论的文本分析——以 e 龙网的网友评论为例 ［J］. 旅游学刊, 2006 (5): 86 - 90.

［111］朱静. 农业知识产权保护对绿色技术创新的空间溢出效应 ［J］. 技术经济与管理研究, 2022 (3): 34 - 39.

［112］朱启臻. 乡村振兴背景下的乡村产业——产业兴旺的一种社会学解释 ［J］. 中国农业大学学报 (社会科学版), 2018, 35 (3): 89 - 95.

［113］朱庆华, 李亮. 社会网络分析法及其在情报学中的应用 ［J］. 情报理论与实践, 2008 (2): 179 - 183, 174.

[114] Abresch J P, Bauer S, Hummelsheim S. Geschellschaftliche Funktionen Der Land Wirtschaft Im Ländlichen Raum [M]. Giessen: Metzler-Poeschel, 1996.

[115] Anselin L, Florax R, eds. New Directions in Spatial Econometrics [C]. New York: Springer, 1995.

[116] Arrow K J, Dasgupta P, Goulder L H, et al. Sustainability and the Measurement of Wealth [J]. Environment and Development Economics, 2012, 17 (3): 317 - 353.

[117] Benhabib J, Spiegel M M. The Role of Human Capital in Economic Development Evidence from Aggregate Cross-Country Data [J]. Journal of Monetary Economics, 1994, 34 (2): 143 - 173.

[118] Boateng R, Heeks R, Molla A, et al. E-Commerce and Socio-Economic Development: Conceptualizing the Link [J]. Internet Research, 2008, 18 (5): 562 - 594.

[119] Briedenhann J, Wickens E. Tourism Routes as a Tool for the Economic Development of Rural Areas-Vibrant Hope or Impossible Dream? [J]. Tourism Management, 2004, 25 (1): 71 - 79.

[120] Broekhuizen R, Van Der Ploeg J D. Over de Kwaliteit Van Plattelandsontwikkeling. Opstellen over Doeleinden, Sociaal-Economische Impact en Mechanismen [J]. 1997.

[121] Cai M. Beauty Economy: A Practical Approach to Effectively Link Poverty Alleviation with Rural Vitalization [C] //2021 International Conference on Social Development and Media Communication (SDMC 2021). Atlantis Press, 2022: 661 - 664.

[122] Chen C. Scarching for Intellectual Turning Points: Progressive Knowledge Domain Visualization [J]. Proceedings of the National Academy of Sciences of the United States of America, 2004, 101 (1): 5303 - 5310.

[123] Delors J. En quete d' Europe: Les Carrefours de la Science et de la Culture [M]. Rennes: Editions Apogée, 1994.

[124] Depoele L, Hetsen V, Frouws J. Rural Reconstruction in a Market

Economy ［M］. Wageningen： Agricultural University，1996

［125］ Dreze J，Sen A. India： Economic Development and Social Opportunity ［M］. New York： Oxford University Press，1999.

［126］ Gladwin C H，Long B F，Babb E M，et al. Rural Entrepreneurship： One Key to Rural Revitalization ［J］. American Journal of Agricultural Economics，1989，71（5）：1305 – 1314.

［127］ Harrison B. Lean and Mean： The Changing Landscape of Corporate Power in the Age of Flexibility ［M］. New York： Basic Books，1994.

［128］ Han J. Prioritizing Agricultural，Rural Development and Implementing the Rural Revitalization Strategy ［J］. China Agricultural Economic Review，2020，12（1）：14 – 19.

［129］ Huang X J. Spatial Differentiation Patterns and Influencing Factors of Agricultural High-Quality Development： A Case Study of Guangdong Province ［J］. Journal of Agricultural Resources and Environment，2021，38（4）：699 – 708.

［130］ Knight J. Rural Revitalization in Japan： Spirit of the Village and Taste of the Country ［J］. Asian Survey，1994，34（7）：634 – 646.

［131］ Kanwal S，Mehran M T，Hassan M，et al. An Integrated Future Approach for the Energy Security of Pakistan： Replacement of Fossil Fuels with Syngas for Better Environment and Socio-Economic Development ［J］. Renewable and Sustainable Energy Reviews，2022，156：111978.

［132］ Lesage J，Pace R K. Introduction to Spatial Econometrics ［M］. New York： CRC Press，2009：56 – 68.

［133］ Li X，Zhou Y L，Liu S，et al. The Characteristics of Local Government Debt Governance： Evidence from Qualitative and Social Network Analysis of Chinese Policy Texts ［J］. Economic Research-Ekonomska Istraživanja，2022，35（1）：6037 – 6066.

［134］ Marsden T，Murdoch J，Lowe P，et al. Constructing the Countryside ［M］. London： UCL Press，1993：1 – 10.

［135］Massey D S. Economic Development and International Migration in Comparative Perspective ［M］. Determinants of Emigration from Mexico, Central America, and the Caribbean. London：Routledge, 2019：13 –47.

［136］Mcguire R, Longo A, Sherry E. Tackling Poverty and Social Isolation Using a Smart Rural Development Initiative ［J］. Journal of Rural Studies, 2022, 89：161 –170.

［137］Nagatada T. Rural Revitalization with Sunflowers as Amenity Crops in a Japanese Countryside ［J］. Geographical Review of Japan, 2010, 82 （2）：78 –88.

［138］Onitsuka K, Hoshino S. Inter-Community Networks of Rural Leaders and Key People：Case Study on a Rural Revitalization Program in Kyoto Prefecture, Japan ［J］. Journal of Rural Studies, 2018, 61：123 –136.

［139］Piore M J, Sabel C F. The Second Industrial Divide：Possibilities for Prosperity ［M］. New York：Basic Books, 1984.

［140］Ploeg J D, Frouws J. On power and Weakness, Capacity and Impotence：Rigidity and Flexibility in Food Chains ［J］. International Planning Studies, 1999, 4 （3）：333 –347.

［141］Ray C. The EU Leader Programme：Rural Development Laboratory ［J］. Sociologia Ruralis, 2000, 40 （2）：163 –172.

［142］Saccomand V, Van der Ploeg J D. On the Impact of Endogenous Development in Agriculture ［M］. Beyond Modernization. the Impact of Endogenous Rural Development. Assen：Van Gorcum, 1995：10 –28.

［143］Silvia F. An Empirical Approach of the Distinctive Aspects for Socioeconomic Development ［J］. International Journal of Social Economics, 2013, 40 （11）：956 –970.

［144］Tabellini G. Culture and Institutions：Economic Development in the Regions of Europe ［J］. Journal of the European Economic Association, 2010, 8 （4）：677 –716.

［145］Thomas V. The Quality of Growth ［M］. Washington：World Bank

Publications, 2000.

［146］Van der Ploeg J D, Renting H, Brunori G, et al. Rural Development: from Practices and Policies towards Theory ［J］. Sociologia Ruralis, 2000, 40 (4): 391 −408.

［147］Wang D, Abula B, Lu Q, et al. Regional Business Environment, Agricultural Opening-Up and High-Quality Development: Dynamic Empirical Analysis from China's Agriculture ［J］. Agronomy, 2022, 12 (4): 974.

［148］Wang Y T. The Impact of Financial Development and Rural Revitalization on High − quality Economic Development——Empirical Analysis Based on Regional Provincial Data ［J］. Academic Journal of Humanities & Social Sciences, 2022, 5 (2): 54 −64.

［149］Weingast B R. The Economic Role of Political Institutions: Market-Preserving Federalism and Economic Development ［J］. Journal of Law Economics & Organization, 1995, 11 (1): 1 −31.

［150］Yang X, Wu P. How Can Agriculture Achieve High-quality Development in China? ［C］. 6th Annual International Conference on Social Science and Contemporary Humanity Development (SSCHD 2020). Atlantis Press, 2021: 494 −500.

［151］Zhou Y, Li Y M, Xu CC. Land Consolidation and Rural Revitalization in China: Mechanisms and Paths ［J］. Land Use Policy, 2020, 91: 104379.